날기새 2 : 엑소더스, 엑소더스, 엑소더스

날마다
기막힌
새벽 2

김동호 지음

날기새 2

엑소더스 엑소더스 엑소더스

EXODUS

EXODUS

EXODUS

규장

[CONTENTS]

PART 1 소명, 건짐 받은 이유가 있다

2
PART

출애굽, 광야에서 하나님의 길을 배우라

3
PART

계명, 진정한 자유를 위한 구속

4
PART 순종, 삶의 성전을 지으라

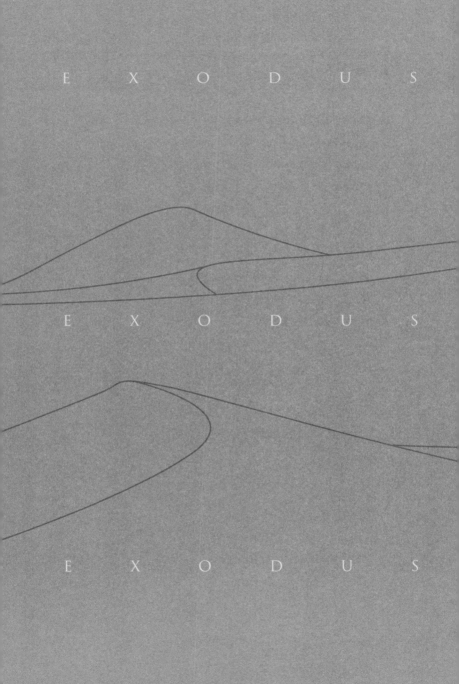

1
PART

소명, 건짐 받은
이유가 있다

1

이스라엘이 애굽의 노예가 된 까닭

출애굽기 1:1-11

1 야곱과 함께 각각 자기 가족을 데리고 애굽에 이른 이스라엘 아들들의 이름은 이러하니 2 르우벤과 시므온과 레위와 유다와 3 잇사갈과 스불론과 베냐민과 4 단과 납달리와 갓과 아셀이요 5 야곱의 허리에서 나온 사람이 모두 칠십이요 요셉은 애굽에 있었더라 6 요셉과 그의 모든 형제와 그 시대의 사람은 다 죽었고 7 이스라엘 자손은 생육하고 불어나 번성하고 매우 강하여 온 땅에 가득하게 되었더라 8 요셉을 알지 못하는 새 왕이 일어나 애굽을 다스리더니 9 그가 그 백성에게 이르되 이 백성 이스라엘 자손이 우리보다 많고 강하도다 10 자, 우리가 그들에게 대하여 지혜롭게 하자 두렵건대 그들이 더 많게 되면 전쟁이 일어날 때에 우리 대적과 합하여 우리와 싸우고 이 땅에서 나갈까 하노라 하고 11 감독들을 그들 위에 세우고 그들에게 무거운 짐을 지워 괴롭게 하여 그들에게 바로를 위하여 국고성 비돔과 라암셋을 건축하게 하니라

I.

"볼지어다 내가 문 밖에 서서 두드리노니 누구든지 내 음성을 듣고 문을 열면 내가 그에게로 들어가 그와 더불어 먹고

그는 나와 더불어 먹으리라"(계 3:20). 나는 이 말씀이 참 좋다. 하나님이 '나다' 하고 그냥 들어오시면 되는데 피조물에 죄인인 나의 문을 두드리신다니. 두드리시고 내가 문을 열어 줄 때까지 기다리시겠다는 이 말씀이 나는 참 좋았다.

2.

하나님은 피조물인 나를 피조물 취급 안 하신다. 물건 취급 안 하신다. 하나님과 동등한 인격을 가진 존재로 대해주신다. 그래서 '네가 열면 들어갈게'라고 하시며 내 의사를 존중해주시는 것이다. 하나님이 나를 인격적으로 대해주신다고 느꼈다. 정말 큰 감동이었다.

3.

이게 하나님의 사랑이다. 하나님께서는 우리를 사랑하시기 때문에 인격적으로 대해주시고, 그러기 위해서 우리에게 소중한 자유를 주셨다. 열 수도 있고, 열지 않을 수도 있는. 그리고 그것을 하나님이 존중해주신다. 이게 얼마나 감격스러운지 모른다.

4.

기독교에서 가장 소중한 것이 무엇일까? 자유다. 하나님은 우리에게 자유를 주셨다. 그래서 하나님은 언제나 우리를 인격으로 대해주시는 것이다. 내가 존경하는 선배 목사님이 인터뷰하는 것을 옆에서 들었던 적이 있다. 기자가 인터뷰 마지막에 평범하지만 굉장한 질문을 했다. "목사님은 왜 예수 믿으세요?"

기자의 질문도 놀라웠는데 선배 목사님의 답변이 참 근사했다. "자유하는 사람이 되고 싶어서 그랬습니다." 그냥 아무렇지도 않게.

5.

예수를 믿으면 자유해진다. 이 세상에 얽매이지 않는 자유로운 영혼이 된다. "높은 산이 거친 들이 초막이나 궁궐이나." 이게 자유다. 부한 데도 처할 줄 알고, 비천해도 괜찮다. 무화과나무에 열매가 있으면 좋지만, 없어도 괜찮다. 이게 자유다. 그래서 얽매이지 않는다. 누구에게도, 어떤 환경과 여건에도 얽매이지 않는다. 예수를 믿으면 자유해진다.

6.

출애굽기는 자유를 잃은 사람들의 이야기로 시작된다. 이스라엘 백성들이 7년 흉년 때에 하나님의 섭리, 하나님의 인도하심에 따라서 피난을 가게 된다. 하나님이 그 피난처를 요셉의 드라마틱한 인생을 통해 준비해주셨다. 피난길을 열어 애굽에 피난처를 마련해주시고 그곳에서 고생하지 말라고 요셉을 미리 보내어 총리가 되게 하셨다. 그래서 이스라엘 백성들은 '고센'이라고 하는 목축하는 사람들에게는 가장 좋은 땅을 얻어서 살게 되었다. 요셉의 가족이었기 때문에 귀족 대우를 받으며 살았을 것이다.

7.

이스라엘 백성을 피난시킬 때 하나님의 생각이 있으셨을 것이다. '흉년이 끝나면 다시 가나안으로 돌아와야 한다.' 왜? 가나안이 하나님이 이스라엘 백성에게 허락하신 땅이니까.

8.

그런데 이스라엘 백성들은 흉년이 끝나도 가나안으로 돌아가지 않았다. 왜 돌아가지 않았을까? 이유는 간단하다. 인간적인 눈으로, 세상의 가치관으로 보니까 고센이 하나님이 주신 땅 가나안보다 훨씬 좋았기 때문이다. 비교도 되지 않을 만큼. 그래서 돌아가지 않았다. 살다 보니 그곳에서 400년을 살았다. 하나님나라는 새카맣게 잊어버렸다. 세상이 너무 좋아서. 그래서 결국 어떻게 되었는가? 종이 되었다. 애굽 땅의 노예가 되었다.

9.

고센 땅에서 마냥 잘 살 수 없었다. 그것은 잠깐이었다. 한 7년 정도 살았으면 좋았을 건데, 400년을 살다 보니 그 좋은 땅에서 주인 노릇, 귀족 노릇 하지 못하게 됐다. 요셉을 알지 못하는 왕이 나왔기 때문이다. 그러자 탄압하기 시작했다.

무거운 짐을 지게 했다. 종살이를 시켰다. 그리고 잘 아는 바와 같이 아들을 낳으면 죽이라고 했다. 이제 이스라엘은 애굽 땅에서 멸절하게 되었다.

10.

이것은 굉장히 중요한 교훈이다. 출애굽기를 시작하면서 우리가 배워야 할 가장 중요한 메시지다. 고센 땅이 나쁜 것은 아니다. 세상의 부귀영화가 꼭 악한 것은 아니지 않은가? 선과 악을 얘기하는 것이 아니다. 악한 것은 아니지만, 나쁜 것은 아니지만 그것이 좋다고 하나님보다 더 좋아하고 하나님의 말씀보다 더 귀히 여기게 되면 우리는 그것의 종이 된다. 그러다 결국 그것 때문에 망한다. 이것이 출애굽기 전체의 교훈이다.

11.

이 원리는 우리에게도 그대로 적용된다. 하나님보다 더 좋은 것, 솔직히 있다. 돈 좋지 않은가? 그 유혹을 뿌리치기가 어렵다. 명예나 권력, 없을 때는 잘 모르지만 한번 맛 들이기 시작하면 대단하다. 조금 큰 교회의 담임목사만 돼도 잘못하면 왕같이 될 수 있다. 자기가 마음먹은 대로, 자기가 뜻한 대로 모든 것을 움직일 수 있게 되면 놓지를 못하게 된다. 자꾸 집착하게 된다. 떠나야 할 때가 있는데.

하나님이 허락하신 기한 동안 목회하다가 때 되면 성도로 돌아가야 하는데, 못 돌아간다. 원로, 공로, 명예, 세습 갖가지 모습으로 그 자리를 움켜잡는다. 그런데 이것이 고센 땅에 터 닦은 이스라엘 백성과 똑같은 짓이다.

12.

돈을 더 사랑하고, 권력을 더 사랑하고, 자리를 더 사랑하고, 세상의 쾌락을 더 사랑하다 보면 처음엔 좋다. 그런데 시간이 지나면 지날수록 우리는 그것의 주인이 되지 못하고 얽매여 사는 종이 되고 만다. 노예가 되고 만다. 세상에 돈의 노예, 자리의 노예, 명예의 노예, 권력의 노예가 된 수많은 크리스천들이 있다. 말만 크리스천이지, 크리스천이 아니다.

13.

출애굽기를 시작하면서 우리는 '출애굽'을 배워야 한다. 거기서 떠나야 한다. 떠나지 않으면 죽는다. 씨가 마른다. 아들이 다 죽는다. 일은 점점 힘들어질 것이다.

14.

"수고하고 무거운 짐 진 자들아 다 내게로 오라 내가 너희를 쉬게 하리라 나는 마음이 온유하고 겸손하니 나의 멍에를 메고 내게 배우라 그리하면 너희 마음이 쉼을 얻으리니"(마 11:28,29).

하나님의 멍에를 메는 게, 십자가를 지는 게 싫다. 그런데 예수님은 말씀하신다. '내 멍에는 쉽고 가벼워.' 내가 쓴 책 중에 《자유케 하는 멍에》라는 제목의 책이 있다. 멍에인데 그 멍에를 메면 자유로워진다. 그런데 자유케 하는 멍에로부터 자유하면 종이 된다.

15.

우리도 떠나야 할 고센 땅이 있다. 하나님보다 더 귀히 여기고 하나님보다 더 사랑하는 것들을 살펴보며 쉽지 않지만 벗어나야 한다.

16.

하나님을 먼저 사랑하면 다른 것은 다 따라온다. "그런즉 너희는 먼저 그의 나라와 그의 의를 구하라 그리하면 이 모든 것을 너희에게 더하시리라"(마 6:33).

하나님을 제일 사랑하고 귀히 여기면 하나님께서 다른 것들도 다 더하여주신다. 하나님만 앞에 있으면. 그런데 그것들을 하나님 앞에 세우면 우리는 그것의 종이 된다. 이런 미묘한 차이를 잘 깨달아야 한다. 하나님을 사랑하여 모든 것에 얽매이지 않고 자유인으로 살아갈 수 있기를 바란다.

●

주 예수보다 더 귀한 것은 없네

이 세상 부귀와 바꿀 수 없네

영 죽은 내 대신 돌아가신

그 놀라운 사랑 잊지 못해

세상 즐거움 다 버리고 세상 자랑 다 버렸네

주 예수보다 더 귀한 것은 없네

예수밖에는 없네

–

우리에게도 하나님보다 더 좋아하는 것들이 있습니다.

하나님보다 더 사랑하다가 그것의 종이 되는 일들이 비일비재합니다.

하나님, 우리가 출애굽을 배우게 하여주옵소서.

하나님 말씀보다 더 귀한 것이 없어질 수 있도록

우리의 삶을 축복하여주시옵소서.

2

축복의 목적

출애굽기 2:1-10

1 레위 가족 중 한 사람이 가서 레위 여자에게 장가 들어 2 그 여자가 입신하여 아들을 낳으니 그가 잘 생긴 것을 보고 석 달 동안 그를 숨겼으나 3 더 숨길 수 없게 되매 그를 위하여 갈대 상자를 가져다가 역청과 나무 진을 칠하고 아기를 거기 담아 나일 강 가 갈대 사이에 두고 4 그의 누이가 어떻게 되는지를 알려고 멀리 섰더니 5 바로의 딸이 목욕하러 나일 강으로 내려오고 시녀들은 나일 강 가를 거닐 때에 그가 갈대 사이의 상자를 보고 시녀를 보내어 가져다가 6 열고 그 아기를 보니 아기가 우는지라 그가 그를 불쌍히 여겨 이르되 이는 히브리 사람의 아기로다 7 그의 누이가 바로의 딸에게 이르되 내가 가서 당신을 위하여 히브리 여인 중에서 유모를 불러다가 이 아기에게 젖을 먹게 하리이까 8 바로의 딸이 그에게 이르되 가라 하매 그 소녀가 가서 그 아기의 어머니를 불러오니 9 바로의 딸이 그에게 이르되 이 아기를 데려다가 나를 위하여 젖을 먹이라 내가 그 삯을 주리라 여인이 아기를 데려다가 젖을 먹이더니 10 그 아기가 자라매 바로의 딸에게로 데려가니 그가 그의 아들이 되니라 그가 그의 이름을 모세라 하여 이르되 이는 내가 그를 물에서 건져내었음이라 하였더라

1.

신학생 시절에 책 좀 읽곤 했었다. 내 인생에 큰 영향을 끼친 책들을 그때 제법 읽었다. 그중 한 권이 에리히 프롬이 쓴 《소유냐 존재냐》란 책이다. 에리히 프롬은 그 책에서 사람을 '소유형 인간'(having mode)과 '존재형 인간'(being mode) 두 가지 유형으로 나눴다. '소유형 인간'이란 삶의 목적과 가치를 소유(to have), 즉 물질에 두고 사는 유형으로 보통 사람들이 대부분 여기에 속할 것이다. '존재형 인간'이란 소유를 무시하는 건 아니지만 삶의 의미와 목적을 소유에 두지 않고 인간답게 존재(to be)하는 데 두는 사람이다. 책의 제목이 암시하는 바와 같이, 정말 잘 사는 사람은 소유형 인간의 철학을 갖고 사는 사람이 아니라 인간답게 존재하는 데 목적을 두고 사는 사람이라는 것이다.

2.

내가 살면서 깨달은 가장 중요한 것은, 소유가 아무것도 아닌 것은 아니지만 소유의 넉넉함에 우리의 생명과 행복이 있는 게 아니라는 것이다. 나는 그 이유가 복음에 있다는 것을 깨달았다. 복음 중의 복음은 하나님이 나와 당신을 사랑하신다는 것이다. 사랑하면 사랑받는 대상이 존귀해진다. 내가 우리 아이들과 손주들을 사랑하기 때문에 나한테 그 아이들은 우주보다 더 크다. 그 아이들보다 더 귀한 건 당연히 없다.

3.

하나님이 우리를 사랑하시기 때문에 우리를 천하보다 크고 귀하게 창조하셨다. '천하를 다 얻고도 네 목숨 잃으면 무엇이 유익하겠니? 네가 더 귀하다. 내가 그렇게 만들었다. 왜 그런 줄 아니? 내가 널 사랑하기 때문이다'(막 8:36 참조).
이게 복음이다. 그래서 사람은 천하를 다 얻어도 채워지지 않는다. 우리가 천하보다 큰 존재이기 때문이다.

4.

솔로몬이 전도서에서 고백한 것처럼 강물이 연하여 바다로 흐르되 바다를 채우지 못한다. 세상에 모든 강물이 다 흘러들어와도 우리의 삶, '나'라고 하는 바다를 채우지 못한다. 그래서 그것에 만족하고 행복하려고 하는 일은 헛되다. 솔로몬이 그러지 않았는가. "헛되고 헛되며 헛되고 헛되니 모든 것이 헛되도다"(전 1:2).

5.

소유형 인간으로 살아서는 사마리아 여인처럼 "이 물을 마시는 자마다 다시 목마를" 것이며, 우리는 계속 갈증의 삶을 살아야 한다. 잘 살려면, 행복하려면, 구원의 삶을 살려면 인간답게 존재하는 데 목적을 두고 살아야 한다. 소유 가치보다 존재 가치에 눈을 두고 살아야 한다.

6.

그런데 존재 가치는 존재 목적에서 온다. 모든 존재하는 것에는 존재 목적이 있다. 목적 없이 존재하는 것은 없다. 내가 유튜브 '날마다 기막힌 새벽'을 녹화할 때 스마트폰으로 녹화를 하는데, 이 스마트폰에도 존재 목적이 있다. 전화를 걸거나 받고, 정보를 얻고, 여러 가지 기능을 담당하기 위한 목적으로 만들어졌다. 그 목적대로 존재하는 한 그 스마트폰은 가치가 있다. 하지만 언젠가 고장이 날 것이다. 녹음이 안 된다든지, 작동이 안 된다든지 목적을 잃어버리는 순간 스마트폰의 존재 가치도 없어진다. 그래서 존재 가치는 존재 목적에서 온다는 것을 알 수 있다. 그러므로 잘 살려고 하는 사람은 자신의 존재 목적을 찾아야 한다. 그래서 그 목적대로 존재할 때 그것이 인간답게 존재하는 것이다. 그럴 때 정말 잘 사는 사람이 되는 것이다.

7.

존재 목적에 매우 중요한 원칙이 있다. 모든 존재하는 것의 목적은 존재에서 연유하지 않는다는 것이다. 스마트폰의 목적을 스마트폰이 스스로 만들었을까? 아니다. 스마트폰을 개발한 사람이 만들었다. 세상에 존재하는 모든 것은 스스로 목적을 가지고 태어나지 못한다. 그것을 존재케 한 이로부터 목적이 발생한다.

8.

그러므로 '나'라는 인간의 존재 목적은 '내가' 세우는 것이 아니다. 무엇을 먹을까, 무엇을 입을까, 무엇을 마실까 하는 내 생각, 내 욕심을 채우는 것으로 존재 목적이 이루어지는 게 아니다. 나의 존재 목적은 나를 창조하신 하나님으로부터 오는 것이다. 하나님이 나를 존재케 하신 목적이 있다. 그게 하나님의 뜻이다. 그러므로 잘 살려면 예수님의 기도처럼 "내 뜻대로 마옵시고, 내 욕심대로 살게 하지 마옵시고, 아버지의 뜻대로, 아버지의 원대로 되기를 원하나이다" 하는 것이 잘 사는 기가 막힌 길이다.

9.

본문에서 모세의 이야기가 시작된다. 앞에서 얘기했듯이, 모세가 태어나던 당시에는 아들을 낳으면 다 죽여야 했다. 그 상황에서 레위 사람이 아들을 낳았는데, 자식을 어떻게 죽이겠는가? 몇 달을 숨겨서 키우다가 점점 아이가 자라며 울음소리가 커져 드러날 수밖에 없게 되자 할 수 없이 갈대 바구니에 역청을 바르고 아이를 넣어서 나일강에 띄웠다.

10.

때마침 바로의 딸인 애굽 공주가 목욕하러 나왔다가 바구니를 발견하고 건진다. 숨어서 지켜보고 있던 누이 미리암이 공주를 쫓아가 아이를 기르려면 유모가 필요할 테니 자기가 유모를 소개하겠다고 하고는 아이의 엄마를 소개해준다. 그래서 아이는 공주의 아들이 되고, 엄마는 유모가 되어 키우게 되었다.

11.

공주는 아이의 이름을 '모세'라고 지었다. '물에서 건졌다'라는 뜻이다. 모세는 죽을 수밖에 없었는데, 하나님의 특별한 은총과 섭리로 구원을 받았다. 엄청난 축복이다. 다들 죽어나가는데 거기서 살아남았다는 건 굉장한 특권 아닌가. 하지만 그것만으로 복 받았다고 만족하면 안 된다. 무엇을 생각해야 하는가?

12.

하나님이 모세를 건지실 때 모세 하나만 건지신 게 아니다. 이스라엘 백성이 애굽에 들어온 지 400년이 지난 지금, 이 모세의 때에 죽어가는 이스라엘 백성들을 살리시기 위하여 모세를 건지신 것이다. 모세를 건지신 것은 이스라엘을 구하기 위함이었고, 그게 구원의 목적이었다.

13.

모세가 만일 그 목적을 잃어버리고 산다면, 나 하나 구원받은 것으로 모든 것이 다 축복이라고 생각했다면, 그는 존재 목적을 이루지 못한 채 무의미한 삶을 살다간 평범한 사람이 되었을 것이다. 끝내 순종하여 하나님이 자기를 구원하신 목적을 이루어드렸을 때, 모세는 비로소 모세가 되었다.

14.

하나님은 이스라엘 민족을 선민으로 부르셨다. 여러 민족 중에 이스라엘을 딱 지명하여 선민으로 부르셨다. 그런데 하나님이 이스라엘을 선민으로 선택하신 목적이 있다. 그것은 이스라엘을 구원함으로 세상 모든 나라를 구원하시겠다는 것이었다.

그래서 이스라엘을 제사장 나라로 불렀다고 하지 않았는가? 그런데 이스라엘은 그 목적을 잊어버렸다. 자기가 선택받았다는 것만을 자랑스럽게 생각하고 자랑하다가 교만해져서 자기의 책임이자 존재 목적인 이방 사람들을 도리어 멸시하고 구원받지 못한 개라고 업신여기며 살아가는 그릇된 선민의식을 갖게 되었다.

15.

하나님은 우리도 다 모세처럼 건지셨다. 그리고 작든 크든 나름의 달란트를 주시고, 축복의 기회들을 주셨다. 그런데 우리는 복 받으면, 하나님의 은혜를 입으면 그것이 끝인 줄 안다. 물론 하나님께 감사는 드린다.

하지만 하나님은 그 감사를 받으시면서도 안타까워하실 것이다. '애, 너 감사만 하지 말고 할 일을 해야 하는데! 너 혼자

잘 먹고 잘 살라고 준 것이 아닌데!'

16.

나는 우리 아이들과 청년들에게 늘 이것을 가르쳤다. "하나님의 축복은 참 특이해. 보통 복은 '너 잘 먹고 잘 살아라'라고 하는데, 하나님의 복은 그렇지 않아. 창세기에 나온 것처럼 '너는 세상의 복이야. 너로 인하여 나라와 민족이 복을 얻는 거야'라고 늘 심어주시잖아."

17.

작은 것 하나라도 우리가 하나님께 무슨 복을 받았다면, 어떤 은총을 입었다면, 좋은 기회를 얻었다면 어리석은 부자처럼 "영혼아 … 평안히 쉬고 먹고 마시고 즐거워하자"(눅 12:19)라고 생각하지 말자. '하나님이 나에게 왜 이런 기회를 주셨을까' 고민하며 하나님이 나에게 먼저 주신 그 축복을 마중물 삼아 그것으로 오천 명을 먹이고 나라와 민족을 섬기고 많은 사람에게 그 구원의 복을 나누어주는 삶을 살아가게 되기를 바란다. 그럴 때 우리는 존재 가치가 있는 정말 잘 사는 사람, 정말 행복한 사람이 되는 줄 믿는다.

18.

모세의 구원이 모세를 물에서 건지고 끝났다면 엄청난 출애굽의 역사는 이루어지지 않았다. 하나님은 우리를 다 모세처럼 부르신다. '물고기 두 마리, 보리떡 다섯 개라도 드리겠습니다'라는 마음으로 우리에게 주신 복을 사용한다면, 하나님은 우리를 통해 큰 역사를 이루실 줄 믿는다. 소유 가치에 얽매여 사는 사람이 되지 말고 나의 존재 가치, 나를 부르시고 내게 복 주신 하나님의 목적을 생각하는 삶을 살자. 그래서 세상을 위해 잘 베풀며 살아가는 근사한 그리스도인이 되자.

●

내 평생 소원 이것뿐 주의 일 하다가
이 세상 이별하는 날 주 앞에 가리라

살같이 빠른 광음을 주 위해 아끼세
온 몸과 맘을 바치고 힘써 일하세

–

하나님, 우리도 모세처럼 살게 하옵소서.
내가 복의 끝이 되게 하지 마시고 복의 근원이 되게 하시사
우리에게 베풀어주신 모든 은혜를 마중물로,
나라와 민족이 먹고 사는 큰일에 쓰임 받는
모세 같은 삶, 우리도 살게 하여주옵소서.

좋은 부모가 되려면

출애굽기 2:11-15

11 모세가 장성한 후에 한번은 자기 형제들에게 나가서 그들이 고되게 노동하는 것을 보더니 어떤 애굽 사람이 한 히브리 사람 곧 자기 형제를 치는 것을 본지라 12 좌우를 살펴 사람이 없음을 보고 그 애굽 사람을 쳐죽여 모래 속에 감추니라 13 이튿날 다시 나가니 두 히브리 사람이 서로 싸우는지라 그 잘못한 사람에게 이르되 네가 어찌하여 동포를 치느냐 하매 14 그가 이르되 누가 너를 우리를 다스리는 자와 재판관으로 삼았느냐 네가 애굽 사람을 죽인 것처럼 나도 죽이려느냐 모세가 두려워하여 이르되 일이 탄로되었도다 15 바로가 이 일을 듣고 모세를 죽이고자 하여 찾는지라 모세가 바로의 낯을 피하여 미디안 땅에 머물며 하루는 우물 곁에 앉았더라

I.

나는 전쟁 중이던 1951년도에 피난지인 부산에서 태어났다. 전쟁으로 폐허가 된 나라에서 어린 시절을 보냈으니 당연히 세계에서 제일 가난한 나라의 아이가 되었다. 그때 우리나라는 정말 가난했었다. 1960년대까지 우리나라 국민소득이 아

마 백 불도 되지 않았을 것이다. 고등학교를 졸업하고 대학 진학에 실패한 후, 재수하는 것을 포기하고 세운상가 점원으로 1년 정도 일한 적이 있다. 그때 내가 처음 받았던 봉급이 만 원이었다.

2.

그만큼 가난했었는데, 반세기 만에 우리나라는 국민소득 3만 불이 넘는 선진국에 진입하게 되었다. 나처럼 전쟁 중에 태어나 국민소득이 백 불도 안 되는 가난한 시대를 살다가 당대에 3만 불을 넘어가는 일을 동시에 경험하는 일은 아마 세계 역사상 흔치 않을 것이다. 한국은 경제적으로 정말 비약적으로 발전한 대표적인 나라라고 할 수 있다.

3.

얼마 전에 일본과 '경제 전쟁'이라는 문제가 맞닥뜨렸다. 내가 대학교 다닐 때까지만 해도 우리나라와 일본의 경제 격차를 50년 정도로 잡았던 것 같다. 그런데 요즘 이야기를 들어보니 벌써 다 따라잡은 것 같다. 이제 우리나라 국민소득은 일본과 비등비등하거나 조금 떨어지는 정도다. IMF와 같은 경제기구에서 발표하는 것을 보면 4,5년 이내에 한국이 일본을 추월할 것이라는 전망이 나온다. 우리나라가 대단히 발전했다는 걸 알 수 있다.

4.

실제로 많은 개발도상국에서 우리나라를 연구하러 사람들을 보낸다. 이렇게 단기간에 발전한 나라가 없으니까 그 비결이 뭔지, 어떤 원인과 어떤 정책이 이렇게 나라를 발전하게 했는지 많은 사람이 연구하는데, 그들이 공통적으로 얘기하는 것 중 하나가 한국의 뜨거운 교육열이다.

5.

한국 부모들의 교육열은 참 남다르다. 어려운 시절에도 자녀를 학교에 보내 교육해야 한다는 생각이 아주 강했다. 삶을 발전시키고 신분 상승을 이룰 수 있는 길이 그것밖에는 없었으니까. 한국 부모들은 먹고 남은 돈으로 학교에 보내는 게 아니라 공부시키고 남는 돈으로 먹고 살았다. 남지 않으면 굶더라도 학교에 보냈다. 그 교육의 효과로 한국은 경제나 과학 등의 분야에서 상상을 초월할 발전을 일으켰다. 오죽하면 오바마 전 미국 대통령이 한국의 교육을 언급하면서 한국의 교육을 배워야 한다고 그랬을까.

6.

나는 기독교 교육을 공부했었다. 교육을 조금이라도 공부한 사람의 입장에서 볼 때, 우리나라 부모들이 하고 있는 것을 정말 교육이라고 할 수 있을까 싶을 때가 많다. 교육보다는 훈련에 가까운 것 아닐까. 영어 잘하고, 수학 잘하고, 공부 잘해서 대학 가도록 하는 일이 훈련이지 어떻게 교육일까? 교육이라고 하면, 좀 더 깊은 뜻이 있어야 하는 것 아닐까.

7.

옛날에 우리 선조들이 서당에서, 가정에서 아이들을 가르쳤던 것이 교육이다. 그때 뭘 가르쳤나. 아마 그때도 수학이나 과학을 배웠을 것이다. 하지만, 배우는 것이 또 있었다. 무엇인가 하면 '법도'다. 사람답게 살아가는 법도와 예의 같은 것들을 가르쳤다. 서당에서 또 가정에서. 그게 교육이다.

8.

그런데 지금 우리는 그저 좋은 학교에 가고, 좋은 성적 받고, 좋은 회사에 취직하길 원한다. 그래서 경제적으로는 발전했지만 도덕이라든지, 예의라든지, 법도라든지 이런 사람답게 사는 법 같은 것들은 무시해서 도리어 교육 부재의 시대가 된 것은 아닐까. 그래서 인문학이나 철학이나 도덕 같은 것들이 무너진 사회가 되다 보니, 이 세상이 더 어수선해진 것은 아닐까. 집을 지을 때도 기초를 튼튼히 하고 그 위에 올려야 하는데 우리 사회의 기초가 무너져버린 것은 아닐까.

9.

옛날에는 사람을 볼 때 가정교육이 잘 되었는지를 먼저 보았다. 그런데, 요즘엔 아버지가 뭐 하시는지, 어느 대학 나왔는지 같은 것들이 중요하지, 가정에서 교육한다는 개념이 없어졌다. 옛날에는 서당에서도 물론 기본 소양 교육이나 사람답게 사는 법도 교육을 해주었지만, 이런 교육은 주로 가정에서 이루어졌다. 그것은 부모의 역할이었다. 그래서 "부모를 보면 자식을 안다"는 말이 나왔지 않았을까.

10.

사람이 사람답게 살아가는 참교육은 학교가 아니라 가정에서 할 수 있는 것인데, 요즘 우리 가정이 그것을 잃어버렸다. 요즘 부모들이 그 사명과 소명을 잃어버렸다. 돈 열심히 벌어서 학원비 대고, 학비 대고, 좋은 대학 보내고, 좋은 스펙 쌓게 하는 것이 부모의 교육적 책임의 다인 것으로 착각하게 되었다.

11.

부모들이 가끔 이런 말을 한다. "내가 널 어떻게 키웠는데!" 그런데 그런 말할 자격이 있는 부모가 썩 많지는 않은 것 같다. 우리가 자식을 언제 키웠나? 돈 벌어서 학비만 댔지. 교육이 부재한 세상은 경제가 아무리 발전해도, 과학이 아무리 발전해도 기초 없는 고층 빌딩 같아서 무너지면 그 피해가 더 심각할 것이다.

12.

모세 이야기를 보는데 이런 생각이 얼핏 들었다.

13.

모세는 애굽 공주의 아들이 되었다. 히브리 사람인데, 태어나자마자 죽어야 할 운명인데, 살아난 것만도 감사한데 공주의 아들이 되어 왕족이 되었다. 그런데 이상하다. 본문을 보니, 애굽 사람이 히브리 사람을 고되게 하자 모세가 애굽 사람을 죽인다. 모세가 하는 이야기를 살펴보면 그는 자기를 히브리 사람으로 알고 있었다. 희한하게도 모세는 자기를 애굽 공주의 아들이라 생각하지 않고 히브리 사람이라는 정체성을 가지고 있었다. 쉽지 않은 일이다. 히브리 사람은 노예였다. 모세는 왜 애굽 왕족이 아닌 노예인 히브리 사람이라는 정체성을 가지고 있었을까?

14.

나는 본문을 보고 깜짝 놀랐다. 웬만한 사람 같으면 자기가 히브리 사람인 것을 감추고 "나는 공주의 아들이야. 나는 애굽 사람 중의 애굽 사람이야" 하며 살았을 텐데, 모세는 그러지 않았다. 종노릇하며 고생하고 핍박당하는 민족과 같이 "나도 히브리 사람이다. 왜 동포들끼리 싸우냐" 하며 나섰다. 그것은 당연히 유모 역할을 한 모세의 엄마 때문이었다.

모세의 엄마는 젖을 먹이면서, 잠을 재우면서, 아이와 놀아주면서 이야기했을 것이다. 출생에 관해 이야기해주고, 너는 히브리 사람이라는 걸 계속 가르쳐주었을 것이다. 그래서 모세는 자기를 애굽 사람으로 인식하지 않고 그 당시 노예였던 히브리 사람으로 인식할 수 있었다. 이것이 교육의 힘이다.

15.

유대인들의 자녀 교육은 탁월하다. 아버지는 집안에서 제사장 역할을 하고, 어머니는 선생 노릇을 한다. 아이들에게 성경을 가르치고, 삶을 가르치고, 율법을 가르친다.

이스라엘이 나라를 빼앗긴 세월이 무려 2천 년이다. 20년도 아니고, 200년도 아니다. 나라 없이 떠돌다 2천 년 만에 다시 나라를 회복했는데, 세계 각국에서 이스라엘 사람들이 회복된 고국으로 몰려와 그 민족을 잃어버리지 않았다. 그 힘이 어디에 있었을까? 바로 그것이 가정교육, 자녀 교육의 힘이라고 할 수 있다. 그래서 이스라엘 사람들은 그렇게 무서운 민족이 되었다.

16.

자녀 교육은 학교에서 이루어질 수 없다. 선생님 잘 만나는 것도 중요하지만, 자녀 교육에 있어서 신앙교육이나 인생교육, 삶의 법도 교육은 부모가 하는 것이다. 부모가 그 책임을 잃어버리면 그들의 자녀는 보증할 수 없다. 학교에 맡겨서 되는 일이 아니다. 돈으로 해결될 일이 아니다. 모든 부모가 모세의 어머니처럼, 이스라엘 사람들처럼, 옛날 우리 조상들처럼 자녀들에게 인생을 가르치고, 사람답게 사는 법도를 가르치고, 믿음과 신앙을 가르치는 좋은 스승이 되어야만 우리 자녀들을 훌륭한 인물로 바르게 키울 수 있다. 그 위에 학교 교육이 필요하고, 영어나 수학도 필요한 것이다. 좋은 학원 보내고, 어학연수 보내고, 유학 보내는 것도 중요하지만 부모가 자녀를 가르치는 교육을 무시하고는 아무 소용없다.

17.

자녀가 있다면, 그 책임을 회복해야 한다. 내 자녀에게 믿음은, 신앙은, 사람답게 사는 법도는, 삶의 철학과 가치관은 내가 가르쳐야 한다는 걸 깨닫기를 바란다. 아직 결혼 안 한 청년들도 결혼할 때 그 사명을 잊지 않길 바란다. 돈 벌어서 학비 대는 건 그다지 중요한 일이 아니다. 그보다 더 중요한 것은 삶을, 신앙을, 가치관을, 철학을 가르치는 것이다.

18.

우리가 아이들의 선생이 되어야 할 때 매우 중요한 것이 있다. 영어 선생님은 무엇을 잘해야 하는가? 수학은 못해도 된다. 하지만, 영어는 잘해야 한다. 영어를 못하는데 영어 선생님이 될 수는 없다. 수학 선생님은 영어를 못해도 상관없다. 그런데 수학을 못하면 수학 선생님 자격이 없다.

19.

그렇다면, 우리가 아이들에게 신앙의 스승이라면 다른 건 몰라도, 돈이 좀 없을지라도, 스펙이 좀 낮을지라도 신앙에는 실력이 있어야 한다. 아이들에게 믿음을 가르칠 만한 실력은 꼭 갖추어야 한다. 인생의 스승이라면 삶의 철학과 인생관과 가치관을 가르칠 만한 실력이 있어야 가르칠 수 있다. 실력이 없으면 자격도 없다. 그래서 말도 못 한다. 아이들이 다 아니까. 엄마가, 아빠가 실력 없는 건 누구보다도 아이들이 잘 아니까 부모는 삶을 가르치지 않고 학교 보내는 것으로 면피하려고 한다.

20.

부모들이 예수를 잘 믿어야 한다. 부모들이 인생을 바르게 살아야 한다. 하나님의 말씀대로 살아야 한다. 그것이 다 아이들에게 본이 되고 교육이 되는 것이다. 부모들이 아이들에게 존경받고, 인정받는 믿음의 사람이 되고, 바른 삶의 모범이 되어야 한다. 그래서 아이들에게 인생과 신앙과 바른 삶을 가르칠 수 있는 좋은 스승이 될 수 있기를 주의 이름으로 축원한다. 그래서 우리 자녀들이 세상적인 실력도 있지만 그에 그치지 않고 세상의 빛과 같은 아이로, 세상의 복이 되는 아이로 자라나길 바란다. 돈이 많아서 잘사는 것이 아니라 사람답게, 훌륭하게 잘 사는 자녀가 되길 원한다.

아침 해가 돋을 때 만물 신선하여라

나도 세상 지낼 때 햇빛 되게 하소서

주여 나를 도우사 세월 허송 않고서

어둔 세상 지낼 때 햇빛 되게 하소서

–

하나님, 우리가 우리 자녀들에게 하나님을 가르치고

믿음과 삶의 법도를 가르칠 수 있는 스승이 되게 하여주시옵소서.

모세의 어머니처럼

자녀들에게 신앙과 하나님과 민족과 철학을 가르치는

좋은 스승이 될 수 있도록 축복하여주옵소서.

소명이 주는 행복

출애굽기 3:1-12

¹ 모세가 그의 장인 미디안 제사장 이드로의 양 떼를 치더니 그 떼를 광야 서쪽으로 인도하여 하나님의 산 호렙에 이르매 ² 여호와의 사자가 떨기나무 가운데로부터 나오는 불꽃 안에서 그에게 나타나시니라 그가 보니 떨기나무에 불이 붙었으나 그 떨기나무가 사라지지 아니하는지라 ³ 이에 모세가 이르되 내가 돌이켜 가서 이 큰 광경을 보리라 떨기나무가 어찌하여 타지 아니하는고 하니 그 때에 ⁴ 여호와께서 그가 보려고 돌이켜 오는 것을 보신지라 하나님이 떨기나무 가운데서 그를 불러 이르시되 모세야 모세야 하시매 그가 이르되 내가 여기 있나이다 ⁵ 하나님이 이르시되 이리로 가까이 오지 말라 네가 선 곳은 거룩한 땅이니 네 발에서 신을 벗으라 ⁶ 또 이르시되 나는 네 조상의 하나님이니 아브라함의 하나님, 이삭의 하나님, 야곱의 하나님이니라 모세가 하나님 뵈옵기를 두려워하여 얼굴을 가리매 ⁷ 여호와께서 이르시되 내가 애굽에 있는 내 백성의 고통을 분명히 보고 그들이 그들의 감독자로 말미암아 부르짖음을 듣고 그 근심을 알고 ⁸ 내가 내려가서 그들을 애굽인의 손에서 건져내고 그들을 그 땅에서 인도하여 아름답고 광대한 땅, 젖과 꿀이 흐르는 땅 곧 가나안 족속, 헷 족속, 아모리 족속, 브리스 족속, 히위 족속, 여부스 족속의 지방에 데려가려 하노라 ⁹ 이제 가라 이스라엘 자손의 부르짖음이 내게 달하고 애

굽 사람이 그들을 괴롭히는 학대도 내가 보았으니 10 이제 내가 너를 바로에게 보내어 너에게 내 백성 이스라엘 자손을 애굽에서 인도하여 내게 하리라 11 모세가 하나님께 아뢰되 내가 누구이기에 바로에게 가며 이스라엘 자손을 애굽에서 인도하여 내리이까 12 하나님이 이르시되 내가 반드시 너와 함께 있으리라 네가 그 백성을 애굽에서 인도하여 낸 후에 너희가 이 산에서 하나님을 섬기리니 이것이 내가 너를 보낸 증거니라

1.

모세는 애굽 사람을 죽인 것이 탄로가 나고 바로가 죽이려 하자 미디안 광야로 도망했다. 거기서 미디안의 제사장인 이드로를 만나고 그 딸과 결혼했다. 미디안 광야에서 아내도 얻고, 자식도 낳고, 또 양 치는 기업도 얻어 안정된 삶을 살게 되었다.

2.

그렇게 자신의 삶에 만족하며 그 삶에 길들어가고 있던 그때, 하나님이 호렙산에서 모세를 부르신다. 하나님이 잘 살고 있는 모세에게 나타나셔서 뜬금없이 애굽으로 가라고 하신다. 그러면서 '지금 내가 애굽에서 내 백성들이 부르짖는 소리를 들었으니 네가 바로에게 가서 이스라엘 백성을 데리고 출애굽하라'는 엄청난 말씀을 주신다.

3.

나름 평안하게 잘 살고 있는데, 바로에게 가서 이스라엘 백
성을 인도하여내라니, 모세는 받아들이기 어려웠다. 어려울
뿐만 아니라 싫었다. 자신도 없었다. 그렇게 거창한 삶, 민족
을 구원하고 나라를 구하는 것 같은 일들은 자기가 하지도
못할뿐더러 할 마음도 없었다. 무서웠기 때문이다. 위험했기
때문이다. 죽을 수도 있었고, 성공할 가능성은 거의 없어 보
였다. 여기서 자식들 키우고 손주들 보며, 편히 살다가 가면
좋겠는데.

4.

그런데 하나님의 생각은 달랐다. '미디안에서 아들딸 낳고
너만 잘 먹고 잘 살다가 가라고 내가 널 부른 게 아니야.' 하
나님이 모세 하나만 살려주려고 구해주신 게 아니라 이스라
엘을 구원하시려고 모세를 구원해주신 것인데, 모세를 버려
두실 리가 없었다.

5.

모세의 이야기를 읽으면서 '이게 우리의 마음이구나'란 생
각을 했다. 우리 대부분 직장 생활 잘하고, 사업 잘돼서 가
정 안정되고, 아이들 원 없이 교육하고, 좋은 집 사고, 좋은
차 타고, 여행도 다니며 사는 것이 꿈 아닌가? 그런 게 잘 사
는 것 아닌가? 우리나라도 이제 어느 정도 삶의 수준이 올라

가다 보니 예전에는 꿈도 못 꾸던 일들을 누리게 되었다. 너무 좋지 않은가? 그런데 나라와 민족과 역사와 하나님을 위해 소명을 생각하라면 '아이고, 전 못 합니다. 제가 누구라고요. 전 그런 것 못 합니다'라고 하지 않겠는가? 아마 모세 같은 마음 아닐까 싶다.

6.

그런데 모세를 향한 하나님의 부르심은 우리를 향한 부르심이기도 하다. 하나님은 우리가 그렇게 사는 것을 원치 않으신다. "또 무리에게 이르시되 아무든지 나를 따라오려거든 자기를 부인하고 날마다 제 십자가를 지고 나를 따를 것이니라"(눅 9:23). 이 말씀을 알기는 아는데, 도대체 그 십자가가 뭘까? 여러 가지로 해석할 수 있지만, 나는 십자가가 '소명'이라고 생각한다.

7.

하나님은 우리에게 각자 소명을 주신다. 부르심이 있다. 나는 꼭 목사만 소명을 받았다고 생각하지 않는다. 목사만 성직자라고 생각하지 않기 때문이다. 무슨 직업을 가졌든지 간에 그것이 다 하나님의 부르심이다. 직업은 하나님이 우리에게 밥 벌어먹고, 집 사고, 편히 살라고 주신 게 아니다.

8.

직업은 소명이다. 세상에서 왕 같은 제사장 노릇을 하라고 주신 것이 직업인데, 우리는 그 직업적인 소명을 자꾸 외면한다. 그저 돈 벌어서 잘 먹고, 좋은 집 사고, 잘 사는 개인적인 욕심을 달성하는 데 목표를 두고 사는데, 그것은 예수를 잘 믿는 게 아니다. 무서워도, 힘들어도, 무거워 보여도 우리는 늘 소명을 생각하며 살아야 한다. 그래야 잘 산다. 그래야 행복하다.

9.

우리를 향하신 하나님의 뜻이 있다. 그것은 우리가 행복하게 잘 사는 것이다. 그래서 데살로니가전서 5장 16-18절에서 "항상 기뻐하라 쉬지 말고 기도하라 범사에 감사하라"라고 하시며 "이것이 그리스도 예수 안에서 너희를 향하신 하나님의 뜻"이라고 하시지 않았는가.

하나님의 뜻은 우리가 항상 기쁘고 행복하게 사는 것이다. 우리의 소원도 행복하게 잘 사는 것이다. 그런데 사람이 언제 행복한 줄 아는가? 미디안에서 양 잘 키우면서 경제적으로 넉넉해지고 아들딸 낳고 처자식과 함께 편히 살면 행복할까? 아니다. 그렇지 않다.

10.

사람의 행복은 사랑하고 사랑받을 때 온다. 죽을 만큼 사랑하는 사람이 있을 때 사람은 행복하다. 아들이 태어났을 때, 손주들이 태어났을 때 나는 행복했다. 나보다 더 귀한 아이들, 내 생명을 걸어도 좋을 만큼 귀한 아이들이 태어나니 정말 행복했다. 지금도 행복하다. 죽을 만큼 사랑하는 사람이 있을 때 사람은 행복하다.

II.

내가 좋아해서 여러 번 인용했던 시 중에 함석헌 선생의 〈그 사람을 가졌는가〉란 시가 있다. 이 시가 참 좋아서 늘 잊지 않고 산다.

만리길 나서는 길
처자를 내맡기며
맘 놓고 갈 만한 사람
그 사람을 그대는 가졌는가 (중략)

탔던 배 꺼지는 시간
구명대 서로 사양하며
'너만은 제발 살아다오' 할
그 사람을 그대는 가졌는가

나한테는 그럴 만한 사람이 몇이나 있다. 나이 들어보니, 그 이상 더 행복한 일이 없다. 그런 사람이 내게 있다는 것. 죽을 만큼 사랑하는 사람이 있을 때 행복하다.

I2.

사람은 또 죽을 만큼 사랑하는 일이 있을 때 행복하다. 나는
윤동주 시인의 〈십자가〉란 시도 참 좋아한다.

(상략)
괴로웠던 사나이
행복한 예수 그리스도에게처럼
십자가가 허락된다면

모가지를 드리우고
꽃처럼 피어나는 피를
어두워 가는 하늘 밑에
조용히 흘리겠습니다.

이 시에서 윤동주 시인이 엉뚱한 말을 한다. 십자가에 달려
서 돌아가시는 예수님이 부럽다고. 그러면서 '예수님이 얼마
나 행복하셨을까' 한다. 보통 '십자가' 하면 얼마나 고통스러
우셨을까, 얼마나 아프셨을까 생각하는데, 윤동주 시인은 얼
마나 행복하셨을까를 이야기한다.

13.

그런데 생각해보니까 맞다. 내 한목숨 십자가에 걸어도 좋을 만한 일이 있다는 것, 그건 참 행복한 일이다. 물론 얼마나 괴로우셨을까. 그래도 십자가에 달리시고 죽으시고 부활하시면서 예수님은 그러셨을 것 같다. "그때 행복했지. 그래서 많은 사람 살렸잖아. 너 살렸잖아."

14.

자기 한목숨을 십자가에 걸어도 좋을 만한 일이 있는 사람은 불행한 사람이 아니다. 행복한 사람이다. 그래서 십자가를 지지 않으면 행복은 없다. 그리고 십자가를 질 힘과 능력은 하나님이 주신다.

15.

조심스럽지만 개인적인 이야기를 해볼까 한다. 내가 사십 대 때, 장로회신학대학교와 미국의 맥코믹신학교가 협동하여 목회학 박사를 주는 과정이 있었다. 실제 목회하는 이들을 교육하고 학위를 주는 과정이었다. 그 과정을 다 마치고 논문을 써야 하는데, 그때 논문 주제로 하나님이 주신 마음이 교회 개혁에 대한 것이었다.

하나님이 교회의 주인이 되셔야 하는데, 교회 규모가 좀 커지다 보니 목사가 주인 되고, 장로가 주인 되고, 권사가 주인 되고, 오래 다닌 사람이 주인이 되어버렸다. 그래서 한국교회가 덩치는 커졌지만, 점점 힘이 없어진다는 것을 느끼고 이것을 바꿔야만 한국교회가 살겠다는 분명한 마음과 어떻게 하면 되겠다는 생각도 주셨다. 그걸 정리해서 쓰면 꽤 훌륭한 논문이 되리라 생각됐다.

16.

그런데 쓸 수 없었다. 무서워서. 그걸 쓰면 한국교회 기득권층에서 살아남을 수 없을 것이었다. 실제로 용기 있던 선배 몇 분이 그 이야기를 하다가 교단에서 쫓겨나 목회도 못 하고, 핍박받으며 어려움 당하는 걸 봤기 때문에 자신이 없었다. 결국, 비겁했지만 논문을 못 썼다. 다른 걸 써서 내면 졸업은 할 수 있었겠지만, 스스로 자격 없다고 느껴 창피해서 논문을 안 썼다. 그래서 수료만 했지, 박사학위를 받지 않았다. 받지 못했다.

17.

그런데 하나님은 끝내 나를 놓아주지 않으셨다. 그때 논문은 쓰지 못했지만, 그걸 책으로 냈다. 《생사를 건 교회개혁》이란 책이었다. 그 책을 내고는 이후 목회하는 과정 내내 책에 쓴 그대로 해보려고 피나는 투쟁을 했다. 가끔 그때를 떠올리며 "죽는 줄 알았다"고 얘기한다. 목회를 그만두려고도 했다. 내가 기득권층을 공격하니 교회에서도 어렵고, 노회에 가서도 어려웠다. 어른들이 나를 못마땅하게 여겨 공식 석

상에서 욕도 많이 얻어먹었다. 그것이 내 나름대로는 목회의 십자가였다. 그때 목회 못 할 줄 알았는데, 결국 나도 패배하고 죽는 줄 알았는데, 하나님이 살려주셨다. 무사히 넘겼다. 그리고 은퇴할 수 있었다.

18.

결론을 얘기하면, 그래서 지금 행복하다. 그때 그 일을 하지 않았으면 끝까지 부끄러웠을 것이다. 큰 교회에서 편히 목회하며 대우받으며 살 수도 있었겠지만, 십자가를 외면한 마당에 무슨 보람이 있었겠는가. 작지만, 하나님이 억지로 지워주시는 것 같았지만, 회피하지 않고 그 십자가를 졌더니, 부족하지만 그래도 '아, 목회했다. 감사하다'란 결론에 이르게 되었다.

19.

십자가 지는 일이 어찌 즐거울까. 본능적으로는 피하고 싶다. 하지만 하나님이 우리에게 주시는 것은 그냥 밥 잘 먹고 살라는 것이 아니다. 모든 사람에게 다 소명이 있다. 그 소명을 회피하지 말고 하나님이 주시는 힘으로 이길 생각을 하며 뚫고 나가야 한다. 그래야 인생의 끝이 아름답고 열매를 맺게 된다.

20.

모세도 "내가 누구이기에 바로에게 가겠습니까?"라고 하며 자꾸 회피했다. 모세 같은 마음이 지금 우리에게도 있다. 하지만 모세는 결국 순종했다. 우리도 다 하나님이 주시는 그 십자가, 그 소명을 외면하지 말아야 한다. 그 소명을 붙잡고 살아서 행복했던 예수 그리스도처럼 우리 삶에 주시는 행복과 영광의 면류관과 하나님의 칭찬과 축복의 증인들이 될 수 있기를 주의 이름으로 축원한다.

●

십자가를 내가 지고 주를 따라갑니다
이제부터 예수로만 나의 보배 삼겠네
세상에서 부귀영화 모두 잃어버려도
주의 평안 내가 받고 영생 복을 받겠네
–

십자가 없이는 면류관도 없습니다.
죽을 만큼 사랑하는 일이 없는 사람, 먹고 살기 위해 일하는 사람은
절대로 행복, 기쁨, 감사, 천국, 구원을 모르고 살 것입니다.
하나님, 우리가 하나님께 순종하여서 십자가를 지고 소명을 감당하여서
하나님이 주시는 면류관, 구원의 축복의 증인이 되게 하여주옵소서.

5

인생을 망치는 4가지 함정

출애굽기 4:10-17

10 모세가 여호와께 아뢰되 오 주여 나는 본래 말을 잘 하지 못하는 자니이다 주께서 주의 종에게 명령하신 후에도 역시 그러하니 나는 입이 뻣뻣하고 혀가 둔한 자니이다 11 여호와께서 그에게 이르시되 누가 사람의 입을 지었느냐 누가 말 못 하는 자나 못 듣는 자나 눈 밝은 자나 맹인이 되게 하였느냐 나 여호와가 아니냐 12 이제 가라 내가 네 입과 함께 있어서 할 말을 가르치리라 13 모세가 이르되 오 주여 보낼 만한 자를 보내소서 14 여호와께서 모세를 향하여 노하여 이르시되 레위 사람 네 형 아론이 있지 아니하냐 그가 말 잘 하는 것을 내가 아노라 그가 너를 만나러 나오나니 그가 너를 볼 때에 그의 마음에 기쁨이 있을 것이라 15 너는 그에게 말하고 그의 입에 할 말을 주라 내가 네 입과 그의 입에 함께 있어서 너희들이 행할 일을 가르치리라 16 그가 너를 대신하여 백성에게 말할 것이니 그는 네 입을 대신할 것이요 너는 그에게 하나님 같이 되리라 17 너는 이 지팡이를 손에 잡고 이것으로 이적을 행할지니라

I.

우리의 삶과 인생을 실패로, 좌절로, 멸망으로 이끄는 몇 가

지 함정들이 있다.

2.

첫째는 자기 자신을 너무 과신하는 것이다. '하나님 필요 없어. 운명아, 저리 비켜. 내가 간다.' 이런 사람들이 근사해 보이지만, 사실 미숙한 것이다. 나폴레옹이 그 대표적인 사람이었다고 할 수 있다. 나폴레옹은 천재였고, 아주 성실한 사람이었다. 그래서 많은 전투에서 승리하였다. 그러다 보니까 도를 지나쳤다. 교만해졌다. 자신한테는 불가능이 없는 것처럼 생각해서 사람들이 좋아하는 근사한 말을 남겼다.
"내 사전에 불가능이란 없다."

3.

미숙한 아이는 모른다는 것을 모르고, 못한다는 것을 모른다. 슈퍼맨, 마징가Z 같은 만화 영화 보고 목에다 보자기 묶고 날아다니는 아이들처럼. 아이들은 보자기만 묶으면 나는 줄로 생각한다. 미숙해서 그렇다. 나폴레옹이 "내 사전에 불가능이란 없다"라고 한 것은 바로 그와 같은 미숙함이다. 이게 우리를 실패로 이끄는 첫 번째 원인이다.

4.

우리가 실패하는 둘째 함정은 세상의 꾀, 요령, 악인의 꾀를 좇는 것이다. 악인의 꾀는 효과적인 것처럼 보이고, 그렇게

만 하면 성공할 것 같다. 하지만 시편에서 하나님이 가르쳐 주시지 않았는가? "복 있는 사람은 악인들의 꾀를 따르지 아니하며 죄인들의 길에 서지 아니하며 오만한 자들의 자리에 앉지 아니하고"(시 1:1).

5.

복 있는 사람은 악인의 꾀를 따르지 않는 사람이다. 그렇다면 반대로 복 없는 사람은 악인의 꾀를 따라 사는 사람이다. 그러면서 복 있는 사람과 복 없는 사람에 대해 말씀하시는데, 그 표현이 근사하다. "그는 시냇가에 심은 나무가 철을 따라 열매를 맺으며 그 잎사귀가 마르지 아니함 같으니 그가 하는 모든 일이 다 형통하리로다 악인들은 그렇지 아니함이여 오직 바람에 나는 겨와 같도다"(시 1:3,4).

복 있는 사람은 시냇가에 심긴 나무 같지만, 복 없는 사람은 바람에 나는 겨와 같다. 겨는 모양은 제대로 갖췄지만, 알맹이가 없다. 그래서 바람에 이리저리 흩날린다. 모양새는 그럴듯해 보이나 실속이 없다. 악인의 꾀를 쫓아 살게 되면 우리는 바람에 나는 겨와 같이 된다. 그러나 여호와의 율법을 즐거워하여 주야로 그것을 묵상하는 자는, 하나님의 법을 좇아 사는 사람은 시냇가에 심은 나무와 같아서 철을 따라 열매를 맺는다. 하나님이 그렇게 말씀해주셨다.

6.

셋째로 우리가 인생에서 실패하게 되는 가장 중요한 이유는, '큰 물주'이다. 살다 보면 나에게 큰 힘이 되어줄 만한 사람들이 보인다. 권력 있는 사람, 똑똑한 사람, 높은 지위에 있는 사람. 그 끈을 잘 붙잡으면 성공하리라 생각하고 그를 따라다니는 경우가 참 많다.

7.

후배 목사 중 한 명이 유학 가서 박사학위 과정도 다 마치고 돌아왔는데, 학교에 자리도 없고 마땅한 임지도 없어서 한 1년 동안 굉장히 낙심했었다. 선배라고 날 찾아와서 이런저런 얘기하다가 이런 말을 툭 던졌다. "끈 떨어진 연 같아요. 제 마음이."

사랑하는 후배라서 직언을 해줬다. "네가 끊어졌다는 끈은 끈 아니야. 그건 끊어진 게 아니라 본래 끈이 아니었어. 끈은 하나밖에 없어. 그 끈을 붙잡아야 살아. 그 끈은 보이지 않지만, 붙잡으면 끊어지지 않지."

8.

내가 얘기했던 끈은 하나님이었다. 우리는 하나님만 끈으로 삼고 살아야 한다. 그런데 사실은 썩은 동아줄인데 하나님보다 더 든든해 보인다고 그걸 끈으로 여기는 경우가 참 많다. 사람을 의지하고, 도움을 구하러 애굽으로 내려가면 실패하고 멸망하게 된다.

9.

마지막 넷째로 '모세 신드롬'이라고 말하고 싶다. '신드롬'이란 말을 붙일 수 있는지 모르겠지만, 모세처럼 '나는 못해요, 나는 그럴 만한 인물이 아니에요' 하는 것이다. 나폴레옹과 정반대이다. 나폴레옹은 '나는 무엇이든지 다 할 수 있어'라고 말했지만, 미디안 광야에서 모세는 '난 아무것도 할 수 없어요. 난 그냥 양치기예요. 하나님이 생각하시는 것처럼 전 그렇게 대단한 인물이 아니에요'라고 했다.

10.

이 네 가지 함정에 빠지게 되면 우리 인생은 승리할 길이 없다. 성공할 수가 없다.

11.

사도 바울은 빌립보서에서 이렇게 고백한다. "내게 능력 주시는 자 안에서 내가 모든 것을 할 수 있느니라"(빌 4:13).
'내가 모든 것을 할 수 있다'는 말이 꼭 나폴레옹의 '내 사전에 불가능이란 없다'는 말처럼 여겨진다. 그런데 나폴레옹은 전제가 없었지만, 사도 바울에게는 전제가 있다. 그 전제가 무엇인가? 바로 내게 능력 주시는 자 안에 있을 때.

12.

'나 혼자서는 아무것도 할 수 없다'는 모세의 마음을 바울은 가지고 있었다. 하지만, 나는 아무것도 할 수 없는 나약한 존재이지만, 내가 하나님 안에 있으면, 하나님께 붙들리면 무엇이든지 다 할 수 있다고 했다. 내게 능력 주시는 자 안에서 내가 모든 것을 할 수 있다는 것이다. 이것이 성공하고, 승리하고, 구원 얻는 삶의 유일한 길이고 지혜이다.

13.

하나님이 모세에게 '애굽으로 가라'고 하셨을 때, 바로에게 가서 할 말과 바로를 이겨낼 수 있는 길도 예비하지 않으시고 무작정 죽음의 길로 모세를 내모셨을까? 하나님이 우리에게 무엇을 하라고 하셨을 때, 우리는 우리가 할 수 있느냐 없느냐를 생각할 필요 없다. 하나님이 하라고 하셨으면 그냥 하면 된다. 왜냐하면 그것을 감당할 만한 힘과 능력은 하나님이 주시기 때문이다.

14.

나는 목회를 정리하면서 교회를 분립하고 '열매나눔재단', '열매나눔인터내셔널' 같은 재단을 만들어 NGO 사역을 열심히 하다가 은퇴했다. 탈북자들에게 마음이 있어서 '그들을 어떻게 도와줄까' 고민하다가 그냥 돈을 주는 것은 저들에게 도움이 안 된다는 생각을 했다. 열심히 일할 수 있는 일터를

만들어주고, 일하면 먹을 수 있는 환경을 만들어주고, 훈련
시켜야 한다고 생각해서 예배당을 짓지 않고 그 돈으로 재단
을 만들어 탈북자들을 돕기 위한 공장을 세웠다.

15.

제일 먼저 세운 공장이 벌써 10년이 지났다. 박스를 만드는
공장이었다. '박스'의 '박'자도 모르는 사람들, 그것도 남한
노동자들도 아니고 북한 노동자들을 스물세 명 정도 고용하
고 한 달에 124만 원 주기로 하고는 공장을 세웠을 때, 교인
들 특히 장로님들이 걱정을 많이 했다. 사업을 해본 적이 없
는, 사업가도 아닌 목사가, 탈북자들을 데리고 공장을 한다
니, "우리 목사님 뜻은 좋은데, 세상 물정을 너무 모르신다.
백이면 백 다 실패할 일인데 어떻게 그 일에 그렇게 큰 돈을
쓰겠다는 것인가" 많이들 걱정했다.

16.

그때 설교 중에 엉뚱한 얘기를 했다. 좀 불경스러운 표현을
써서 "여러분, 하나님은 됐다가 어디에 쓸 겁니까?"라고 했
다. 그때 하나님이 그 말을 불쾌하게 생각하지 않으시고 좋
아하신다는 마음이 들었다. '내 말이 그 말이다' 이렇게 말씀
하시는 것 같았다. '저 사람들이 주여 믿습니다 큰 소리는 해
도 나 하나도 안 믿어. 자기가 할 수 있으면 할 수 있다고 생
각해. 할 수 없으면 할 수 없다고 생각해. 나는 뭐냐? 전능하

사 천지를 만드신 하나님을 믿는다고 말만 하지, 진짜 중요한 결단을 할 때는 안 믿어. 난 뭐냐?'

그날 설교 제목을 아주 근사하게 뽑았었다. '미션 임파서블.' 그렇지만 하나님이 함께하시면 가능하다. 그것이 바로 내게 능력 주시는 자 안에서 내가 모든 것을 할 수 있다는 말이다.

17.

물론, 쉽지는 않았다. 몇 번이나 사업을 접어야 할 위기가 있었지만, 지금 13년째 버텨내며 공장을 잘 운영하고 있다. 사업을 모르는 목사가 탈북자들을 데리고 공장을 시작했지만, 13년째 버티고 있다는 것만 해도 대단한 일 아닌가.

18.

이게 나의 능력이었을까? 하나님이 탈북자들을 위해 일을 하라는 마음을 주셨을 때, 하나님이 그 마음을 주셨으면 할 수 있는 길도 열어주실 것이라 믿었다. 그 작은 믿음이 이 작은 성공을 가져오게 했다고 할 수 있다.

19.

우리는 아브라함을 '믿음의 조상'이라고 말한다. 왜 '믿음의 조상'이라고 하는가. 갈 바를 알지 못하면서도, 그 당시는 고향과 친척과 아버지의 집을 떠나서는 살 확률이 거의 없는 시대였는데도, 하나님이 가라 하시니까 묻지도 따지지도 않고 떠나지 않았는가. 아브라함에겐 이런 마음이 있었을 것이다. '무섭지만, 나는 능력이 없지만, 하나님이 가라 하셨으면 그 가는 길을 지켜주시겠지.' 이것이 믿음 아닌가.

20.

바울이 유명한 말을 했다. "오직 의인은 믿음으로 말미암아 살리라 함과 같으니라"(롬 1:17).

그 믿음이 무엇인가? 하나님을 믿는 믿음이다. 하나님이 우리에게 애굽으로 가라 하셨으면 그냥 가면 된다. 당연히 무섭다. 자신도 없다. 그렇지만 하나님이 가라 하시면, 소명이 분명하면 그냥 순종하면 된다. 그래서 모세가 어떻게 되었는가? 바로에게 죽임을 당했는가? 아니면 이스라엘 백성을 출애굽 시켰는가?

21.

우리는 결론을 알고 있다. 오직 의인은 믿음으로 말미암아 사는 것이다. 안 그래도 힘들고 어려운 세상에서 계속 십자가의 길, 좁은 길을 이야기하고 있는데, 그 삶을 살아낼 힘은 우리에게 있는 것이 아니라 하나님께 있다. 하나님을 믿는다면, 하나님을 믿는 믿음으로 도전하고 또 공격해서 승리하는 삶을 쟁취해낼 수 있기를 주의 이름으로 축원한다.

주 믿는 사람 일어나 다 힘을 합하여
이 세상 모든 마귀를 다 쳐서 멸하세
저 앞에 오는 적군을 다 싸워 이겨라
주 예수 믿는 힘으로 온 세상 이기네
믿음이 이기네 믿음이 이기네
주 예수를 믿음이 온 세상 이기네

'난 뭐든지 다 할 수 있어. 내 사전에 불가능이란 없어.'
이것은 멸망으로, 실패로, 추락으로 이끄는 어리석음입니다.
악인의 꾀를 좇아 살고, 세상의 요령을 피우며 사는 것도
넓은 길로 가는 것이지 좁은 길은 아니어서 생명으로 인도하지 못합니다.
하나님, 우리가 세상의 끈이 아닌, 세상의 큰 물주가 아닌
오직 하나님을 믿는 믿음으로
승리할 수 있도록 우리를 축복하여주시옵소서.

6

불순종이 별것 아닌 사람

출애굽기 8:8-15

8 바로가 모세와 아론을 불러 이르되 여호와께 구하여 나와 내 백성에게서 개구리를 떠나게 하라 내가 이 백성을 보내리니 그들이 여호와께 제사를 드릴 것이니라 9 모세가 바로에게 이르되 내가 왕과 왕의 신하와 왕의 백성을 위하여 이 개구리를 왕과 왕궁에서 끊어 나일 강에만 있도록 언제 간구하는 것이 좋을는지 내게 분부하소서 10 그가 이르되 내일이니라 모세가 이르되 왕의 말씀대로 하여 왕에게 우리 하나님 여호와와 같은 이가 없는 줄을 알게 하리니 11 개구리가 왕과 왕궁과 왕의 신하와 왕의 백성을 떠나서 나일 강에만 있으리이다 하고 12 모세와 아론이 바로를 떠나 나가서 바로에게 내리신 개구리에 대하여 모세가 여호와께 간구하매 13 여호와께서 모세의 말대로 하시니 개구리가 집과 마당과 밭에서부터 나와서 죽은지라 14 사람들이 모아 무더기로 쌓으니 땅에서 악취가 나더라 15 그러나 바로가 숨을 쉴 수 있게 됨을 보았을 때에 그의 마음을 완강하게 하여 그들의 말을 듣지 아니하였으니 여호와께서 말씀하신 것과 같더라

I.

모세가 바로에게 가서 이스라엘 백성들을 내보내라고 했을
때, 당연히 바로가 듣지 않았다. 그래서 일어났던 일이 열 가
지 재앙이었다.

2.

성경을 보며 하나님께 복을 받고 또 하나님의 영광을 위해
서 성공적으로 사는 사람들의 공통점과 특징이 있다는 것을
발견하였다. 그것은 자기 죄에 대해서는 아주 철저하고, 남
의 죄에 대해서는 관대하다는 것이다. 보통 우리는 반대다.
자신의 죄에 대해서는 관대하고, 남의 죄에 대해서는 철저하
다. 그러니 다른 사람이 어떤 죄를 지으면 '사람이 어떻게 그
럴 수 있어' 하며 신경을 곤두세우고, 똑같은 일을 자기가 할
때는 '사람이 그럴 수도 있지'라며 관대하다. 나쁜 사람들의
모습이 아니라 우리의 보편적인 모습이다.
하나님의 사람들에겐 이것이 바뀌어 있다. 그들은 자기 죄에
대해서는 아주 민감하다. 그리고 아파한다. 하지만 남의 죄
에 대해서는 너그럽게 용서하고 관대한 모습을 보이는데, 이
렇게 바뀌는 일이 참 쉽지는 않다.

3.

사도 바울을 보자. 바울처럼 하나님 앞에 충성하고 헌신한
사람이 어디 있는가. 그런데 그럴수록 바울은 자기를 죄인으

로 여겼다. "오호라 나는 곤고한 사람이로다 이 사망의 몸에서 누가 나를 건져내랴 우리 주 예수 그리스도로 말미암아 하나님께 감사하리로다 그런즉 내 자신이 마음으로는 하나님의 법을 육신으로는 죄의 법을 섬기노라"(롬 7:24,25).

아주 통탄을 하더니 나중에는 이렇게까지 고백한다. "죄인 중에 내가 괴수니라"(딤전 1:15).

4.

왜 그럴까? 하나님의 사람들은 하나님의 법을 마음에 지니고 산다. 마음으로 하나님의 법을 섬기니까 이렇게 예민해지는 것이다. 하나님의 말씀은, 율법은 마치 엑스레이와 같다. 하나님의 말씀에 나를 비추면 비출수록 '내가 부족하구나, 내가 죄인이구나, 내가 하나님의 말씀대로 살기에 부적합한 사람이구나' 하는 것을 깨닫게 된다. 하지만, 하나님의 법을 멀리하는 사람은 반대로 '내가 뭐 어때서? 이만하면 잘 사는 것 아니야?'라며 둔감해지는 것이다. 그러니까 하나님의 말씀대로 살려고 하는 사람들은 늘 자기 죄에 민감하다.

5.

"하늘을 우러러 한 점 부끄럼이 없기를." 이것이 윤동주 시인의 소원이었다. 하나님께 부끄러움이 없는 삶을 살고 싶다는 것이. 그러더니 "잎새에 이는 바람에도 나는 괴로워했다"고 했다. 난 이 말이 참 좋다. 한 점 부끄러움이 없기를 바라는 마음을 품고 사니까 그게 안 된다는 걸 아는 것이다. 자꾸 흔들리기 때문이다. 흔들릴 때마다 괴로웠는데, 그가 쓴 표현이 정말 좋다. 잎새에 부는 바람도 아니고, 잎새에 떠는 바람도 아니고, 잎새에 이는 바람에도.

나뭇잎에 바람이 불면 흔들리는 것을 다 안다. 떠는 바람은 밖에선 잘 모르고 자기만 한다. 그런데 윤동주 시인이 괴로워했던 바람은 '이는' 바람이었다. 자기도 잘 못 느끼는 바람이다. 그 바람이 일기만 해도 그는 참 괴로워했다.

6.

내가 좋아하는 시인이 한 명 더 있는데, 이해인 수녀다. 《민들레의 영토》라는 유명한 시집에 〈큰 소리로 말씀치 않으셔도〉라고 하는 연작시가 있다. 그중 내가 마음에 늘 기억하고 품고 있는 구절이 있다. "죄는 많으며도 뉘우침조차 사무쳐 오지 않는 불모의 사막."

자기의 마음이 점점 무뎌져가는 것, 죄에 대해 무뎌져가는 것을 안타까워하는 마음이었다. 죄는 많은데 이제는 뉘우침조차 사무치지 않아, 내 삶이, 내 마음이, 내 영이 불모의 사막 같다는 탄식이다. 그러곤 안타까이 이렇게 이야기한다. "종을 치세요. 종을 치세요." 자기 좀 깨우쳐달라고.

7.

하나님의 사람들은 죄에 대해서 민감한 사람들이다. 그래서 하나님이 말씀하시면 찔림을 받고 회개한다. 회개의 영이 살아 있기 때문에 죄에 깊이 빠지지 않고, 죄를 지었다가도 돌이키고 또 하나님의 말씀에 순종하는 삶을 살아가게 되는 것이다.

8.

죄와 불순종이 아픈 사람이 있고, 죄와 불순종이 하나도 안 아픈 사람이 있다. 디모데전서 4장에 "자기 양심이 화인을 맞아서 외식함으로 거짓말하는 자들이라"(딤전 4:2)라는 말씀이 있지 않은가. 양심이 화인을 맞았다고 한다. 하나님의 말씀을 듣고도 불순종하기 시작하면 처음에는 조금 떨릴지 몰라도, 가면 갈수록 우리의 마음이 화인 맞은 양심처럼 되고 만다. 그래서 이제 웬만하면 떨리지도 않고, 웬만하면 무섭지도 않다. 그렇게 연단되면 자꾸 죄를 지어도 괜찮은 것 같아진다. '이렇게 사는 것도 괜찮네' 하다 보면, 나중엔 하나님의 말씀으로 돌이킬 수 없는 그런 삶을 살 수밖에 없는 것이다.

9.

바로의 열 가지 재앙이 남의 이야기가 아니다. 바로는 하나님이 이적을 베풀어서 재앙이 오면 잘못했다며 이스라엘 백성을 데리고 나가라고 했다가 그 재앙이 그치면 또 번복했다. 번복하고, 번복하고, 또 번복하고. 이게 열 번이었다. 결국 마지막에 애굽의 모든 장자를 치심으로 자기 아들이 죽자 할 수 없이 내보냈다. 그런데 내보내고도 또 번복하여 이스라엘 백성을 추격하다가 결국 홍해에서 애굽 군대가 다 수장되고 말았다.

10.

이 마음이 바로 디모데전서 4장 2절이다. 양심에 화인을 맞은 사람. 양심에 화인을 맞게 되니까 바로는 돌이킬 수 없는 사람이 되었다. 열 가지 재앙을 만나고, 하나님의 경고를 받고도 돌이킬 수 없는 그런 불행한 사람이 되고 말았다.

11.

우리는 지금 바로와 같은 삶을 살고 있는가, 아니면 사도 바울과 같은 삶을 살고 있는가? 우리는 대부분 자기가 바울인 것처럼 착각한다. 그렇지 않다. 그러기가 쉽지 않다. 우리 양심도 얼마나 무뎌졌는지 모른다. 자꾸 죄를 지으며 살다 보니, 그래도 하나님이 봐주시고 봐주시고 하니까 하나님을 업신여긴다. 세상 식대로 사는 것이 편하고 좋아지면 하나님이 말씀하셔도 돌이킬 수가 없다. 그렇게 되면 우리는 결국 사망에 이를 수밖에 없다.

12.

하나님의 말씀에 불순종하는 삶은 사실 참 힘든 삶이다. 하나님은 요나에게 니느웨로 가서 40일 후면 망한다는 말씀을 전하라고 하셨다. 그것은 40일 안에 회개하라는 메시지였다. 요나는 가기 싫었다. 니느웨 사람들이 회개해서 구원을 얻을까봐 다시스로 달아났다. 그러다 하나님이 큰 풍랑을 일으키심으로 바다에 던져져 큰 물고기 배 속에 들어갔다가 결국 니느웨로 가지 않았는가. 하나님의 말씀대로 사는 길을 어길 수 없다. 니느웨로 가겠다고 했으면 니느웨로 가야 한다.

13.

요나가 선택할 수는 있었다. 하지만 니느웨로 갈 것이냐, 다시스로 갈 것이냐는 결정할 수 없었다. 니느웨는 결정된 것이다. 그런데 니느웨로 가는 방법은 요나의 선택이었다. 배타고 가든지 물고기 배 속에 담겨 가든지. 그런데 배 안 타고 도망가니까 물고기 배 속에 담기고 말았다.

요즘 아이들 식으로 표현하면 "그냥 갈래, 맞고 갈래"이다. 우리는 꼭 맞아야 간다. 맞고라도 가면 열 가지 재앙에도 정신 못 차린 바로보다는 낫다. 이것이 습관이 되면 맞아도 못 간다. 결국은 사망에 이르게 된다.

14.

하나님의 말씀을 듣고 무겁고, 힘들고, 도망가고 싶어도 순종하는 연습을 하기 바란다. 그렇다고 해서 우리가 다 순종할 수 있는 것은 아니다. 우리는 그렇게 완전한 자가 아니다.

그러니 자꾸 노력해야 하고, 그래야 넘어질 때 아프다. 잎새에 이는 바람에도 괴로울 수 있다. 괴롭기 때문에 힘들어도, 괴롭기 때문에 하나님 말씀에 순종하는 삶으로 나아가게 된다. 그리고 구원 얻고 승리하는 삶을 살 수 있게 되는 것이다.

15.

바로의 재앙을 남의 일로 여겨선 안 된다. 우리도 바로처럼 될 수 있다. 이미 서서히 우리 믿음의 양심이 굳어져가고 있는지 모른다. 세상에 길들여가고 있는지 모른다. 하나님께 민감하고 예민한 하나님의 사람이 될 수 있으면 좋겠다. 바울처럼. 윤동주 시인처럼.

16.

송아지가 태어나서 어느 정도 크면 코뚜레를 뀐다. 코뚜레를 당기면 아프니까 끌려온다. 그런데 소가 안 끌려간다고 버티면 어떻게 되는가? 코가 찢어지는 수밖에 없다. 코가 뚫린 상황에서는 가는 수밖에 없다. 방법은 하나다. 끌려가든지 좇아가든지. 끌려가면 아프다. 좇아가면 코가 뚫렸어도 안 아프다.

17.

사도 바울은 주 예수께 받은 사명, 은혜의 복음을 삶의 푯대로 삼았다. 그리고 푯대를 향하여 좇아갔다. 위에서 부르신

부름의 상을 위하여 좇아갔다. 바울은 하나님께 코가 뚫렸다. 그런데 끌려가지 않았다. 그냥 좇아갔다. 그랬더니 코가 아프지 않았다. 우리는 하나님께 붙잡힌 사람이다. 하나님께 끌려가지 말고 하나님께 붙잡힌 바 된 것을 잡으려고 좇아가는, 바울과 같은 사람이 다 되기를 바란다.

●

어디든지 예수 나를 이끌면 어디든지 예수 함께 가려네
예수 함께 아니 가면 낙 없고 예수님과 동행하면 겁 없네
어디를 가든지 겁낼 것 없네 어디든지 예수 함께 가려네
-

하나님의 말씀에 민감한 사람이 되게 하여주시옵소서.
예민한 사람이 되게 하여주시옵소서.
잎새에 이는 바람에도 괴로워할 줄 아는
그런 사람이 되게 하여주시옵소서.

고난을 넘어가는 방법

출애굽기 12:1-14

1 여호와께서 애굽 땅에서 모세와 아론에게 일러 말씀하시되 2 이 달을 너희에게 달의 시작 곧 해의 첫 달이 되게 하고 3 너희는 이스라엘 온 회중에게 말하여 이르라 이 달 열흘에 너희 각자가 어린 양을 취할지니 각 가족대로 그 식구를 위하여 어린 양을 취하되 4 그 어린 양에 대하여 식구가 너무 적으면 그 집의 이웃과 함께 사람 수를 따라서 하나를 취하며 각 사람이 먹을 수 있는 분량에 따라서 너희 어린 양을 계산할 것이며 5 너희 어린 양은 흠 없고 일 년 된 수컷으로 하되 양이나 염소 중에서 취하고 6 이 달 열나흗날까지 간직하였다가 해 질 때에 이스라엘 회중이 그 양을 잡고 7 그 피를 양을 먹을 집 좌우 문설주와 인방에 바르고 8 그 밤에 그 고기를 불에 구워 무교병과 쓴 나물과 아울러 먹되 9 날것으로나 물에 삶아서 먹지 말고 머리와 다리와 내장을 다 불에 구워 먹고 10 아침까지 남겨두지 말며 아침까지 남은 것은 곧 불사르라 11 너희는 그것을 이렇게 먹을지니 허리에 띠를 띠고 발에 신을 신고 손에 지팡이를 잡고 급히 먹으라 이것이 여호와의 유월절이니라 12 내가 그 밤에 애굽 땅에 두루 다니며 사람이나 짐승을 막론하고 애굽 땅에 있는 모든 처음 난 것을 다 치고 애굽의 모든 신을 내가 심판하리라 나는 여호와라 13 내가 애굽 땅을 칠 때에 그 피가 너희가 사는 집에 있어서 너희를 위하여 표적이 될지라 내가

피를 볼 때에 너희를 넘어가리니 재앙이 너희에게 내려 멸하지 아니하리라 14 너희는 이 날을 기념하여 여호와의 절기를 삼아 영원한 규례로 대대로 지킬지니라

I.

암 판정을 받았을 때 누구나 그러는 것처럼 '왜 하필 나지?' 하는 생각이 들었다. 조금 억울하기도 했고, 하나님께 섭섭한 마음도 들었다. 그런데 다행히 거기에 휩쓸리지 않고 금방 답을 찾았다. '너는 왜 안 돼? 너는 왜 안 되는데. 너는 좀 특별해? 암에 걸리는 사람은 너만 못 해서 걸리는 거야?' 이 질문 앞에 금방 풀렸다. 우리의 죄로 창조의 질서가 파괴됐기 때문에 누구에게나 일어날 수 있는 보편적인 현상이라는 걸 알게 되었다. 어쩌다 내가 걸린 것일 뿐, 하나님이 나를 특별히 미워해서, 관심이 없으셔서 당한 건 아니라는 해답을 얻을 수 있었다.

2.

살다 보면 믿는 사람도 암에 걸리고, 안 믿는 사람도 암에 걸린다. 믿는 사람이 부자가 되기도 하고, 잘 믿는데 가난하기도 하다. 그래서 이 세상은 보편적이고 어떤 면에선 공평하다고도 할 수 있다. 그런데 문제가 하나 생긴다. 그러면 예수님을 믿는 게 좀 억울해진다. 물론 예수 믿는 우리에게는 하

나님나라가 있고, 영생과 구원이 있으니 세상에서 믿지 않는 사람과 똑같이 당한다 할지라도 그것 때문에 '예수 믿어야 할 이유가 뭐냐?'라고 따질 수는 없다. 그래도 하나님나라와 하나님의 축복이 내세에만 있는 것은 아니니 예수님을 믿든 안 믿든 세상살이는 크게 상관없다고 한다면, 예수 믿어서 얻는 유익이 좀 작은 것 아닌가 싶어진다.

3.

그런데 가만히 보니, 모든 일이 보편적으로 일어나는 것 같은 이 세상에서도 하나님이 특별한 예외의 길, 쉽게 말하면 축복의 길은 따로 뽑아놓으셨다. 하나님의 공평하심에 어긋나지 않게. 그것이 무엇인가 하면, 하나님이 길을 만들어놓으시고 '이 길로 가' 하셨는데, 그것이 율법이고 말씀이다. 믿고 그 길을 가는 사람은 재난과 재앙과 역경을 피할 수 있고, 그것을 믿지 않는 사람은 그 길로 안 갔으니 피할 수 없다. 그것이 또 하나님의 공평하심 아닌가?

4.

나는 그것이 본문에 기록된, 구약에서 가장 중요한 사건이라고 말할 수 있는 '유월절 사건'에서 분명히 드러난다고 생각한다. 열 번째 재앙이 실현되던 그 저주의 날에, 처음 난 것이라면 사람은 물론 짐승까지도 다 죽던 그때, 이스라엘 백성들은 그 저주를 피했다. 죽음의 천사가 두루 다닐 때, 하나님이 말씀하신 대로 어린 양을 잡고 그 피를 문설주에 바른 집은 뛰어 넘어갔다. 그래서 '패스오버'(Passover), 유월절이다.

5.

나는 이 말씀을 읽다가 '우리가 사는 세상에도 유월절이 있다. 패스오버가 있다. 그때는 양을 잡아서 피를 바르는 것으로 하였지만, 지금은 또 이 시대와 어울리게 주신 유월절의 정신, 패스오버의 길이 있다'는 사실을 알게 되었다.

6.

우리 시대에 유월절 문설주에 바르는 어린 양의 피는 무엇일까? 나는 세 가지를 생각했다. 첫째는 '예수 그리스도의 십자가'이고, 두 번째는 '말씀'이고, 세 번째는 '기도'다.

7.

내 인생에서 가장 힘들었을 때, 살 수 없을 것 같고 살고 싶지 않았을 때, 목회든 뭐든 다 포기하고 두 달간 두문불출하며 폐인처럼 있었을 때, 나는 십자가를 붙들고 살아났다. 그 십자가가 나에게 말을 걸어왔다. '난 너 죽는 꼴 못 봐. 내가 무슨 수를 써서라도 너는 살려.'

그 말씀 듣고 내가 살아났다. 그리고 그날 알았다. 십자가가 유월절 어린 양의 피구나. 그걸 붙잡기만 해도, 깨닫기만 해도 '패스오버' 하는구나. 실제로 내가 그 십자가를 붙들고 패스오버하여 오늘에 이르렀다. 예수 그리스도의 십자가는 유월절 어린 양의 피, 바로 그 자체다.

8.

두 번째는 말씀이다. "주의 말씀은 내 발에 등이요 내 길에 빛이니이다"(시 119:105).

말씀 속에 길이 있다. 암담한 일을 당할 때, 깜깜한 일을 당할 때, 사방을 둘러봐도 길이 없을 때, 내가 길을 찾는 방법은 성경책을 들고 책상 앞에 앉는 것이다. 메모지를 들고, 볼펜을 들고 가만히 앉는다. 그러면 그동안 설교했던 말씀, 설교하려고 읽었던 말씀, 또 신학교 졸업하려고 엄청나게 외웠던 말씀들이 툭툭 떠오른다. 그 어려움과 연관된 말씀들이다. 그러면 성경사전을 찾아서 다 살피면서 적는다. 적어 보면 유형으로 나뉜다. A 유형, B 유형, C 유형. 그것이 길이다. 이럴 때는 이렇게, 저럴 때는 저렇게 하라는 길을 말씀 속에서 찾는다. 왜? 주의 말씀은 길이니까.

9.

그런데 찾기는 찾는데 그 길을 보면, 막막하다. 좁은 길이기 때문이다. 십자가의 길이기 때문이다. 인간적인 내 기준으로 보자면 살라고 주신 말씀이 아니라 죽으라고 주신 말씀 같다. 그래도 감사하게도 하나님의 말씀을 믿는 믿음이 내 안에 조금은 있으니까 '이게 맞아. 이래야 사는 거야, 내 생각이 틀린 거야' 하며 받아들이게 된다. 그 길이 힘드니까 기도한다. "하나님, 이 말씀대로 살게 해주세요!" 그러고는 눈 딱 감고 말씀 속에서 찾은 길로 가기 시작한다. 처음엔 힘든데, 처음엔 좁은데 갈수록 넓어진다. 나중엔 "하늘 가는 밝은 길이 내 앞에 있으니" 찬송이 터져 나온다. 하나님의 말씀은 유월절 어린 양의 피다. 유월절의 길이다.

10.

마지막 세 번째는 기도다. "구하라 그리하면 너희에게 주실 것이요 찾으라 그리하면 찾아낼 것이요 문을 두드리라 그리하면 너희에게 열릴 것이니"(마 7:7).

나는 말씀과 십자가를 붙잡았던 경험이 있으니까 그것이 유월절, 패스오버의 길임을 어렵지 않게 찾고 누릴 수 있었다. 그런데 나는 기도가 약했다. 나라를 위해서, 어려운 교인들을 위해서, 하나님의 나라와 의를 위해서는 기도한다. 그런데 나 자신을 위한 기도가 그렇게 쑥스러워서 잘 안 됐다. 지금도 잘 안 된다.

11.

내 마음에도 '암 재발이 안 됐으면 좋겠다, 암 잘 졸업하고 건강 관리 잘하다가 암으로 죽지 않고 설교하다가 죽었으면 좋겠다, 하나님이 에녹처럼 데려가시면 좋겠다' 하는 소원이 있다. 그런데 그 소원 가지고 기도하려니 자꾸 암 친구들이 맘에 걸린다. 재발하여 진통제 없이는 하루도 버티지 못하는 친구들이 있다. 그런데 나만 그 일을 안 겪게 해달라는 게 참 입이 안 떨어진다.

12.

그런데 계속해서 날기새를 통해 하나님의 말씀을 살피면서 주시는 마음이 '얘, 그것도 건방진 거야. 너도 물론 그럴 수도 있겠지만 그때는 나름대로 길이 또 있지. 그러나 지금 네가 할 것은 그때를 생각할 것이 아니라 지금 있는 그 자리에서 기도하는 거야. 재발하지 않게 해달라고 기도해' 하는 것이었다.

13.

우리 부모님, 장인어른을 비롯해 나와 가까운 분들이 죽음의 복을 받으셨다. 왜 돌아가셨는지도 모르게 그렇게 편안히 잘 가셨다. 나도 그 복 받고 싶다. 그래서 그 기도를 하려고 한다. 하나님 말씀대로 열심히 순종하며 살 테니 죽음의 복을 달라고, 큰 고통 없이 설교하다가, 기도하다가, 교인들 축복 하다가 호흡 멈추게 해달라고 기도할 것이다. 하나님이 자꾸 시키신다. 그것이 지금 이때, 이 고난을 넘어서서 패스오버 할 수 있는 유월절 어린 양의 피이기 때문이다.

14.

당신의 현재 처지는 어떠한가? 힘들어도 낙심하지 말아라. 지금 처한 처지에서 야곱이 환도뼈가 부러져도 놓지 않았던 것처럼 끝까지 매달려라. 기도하는 자에게는 문설주에 어린 양의 피를 발라 죽음을 면했던 것과 같이 넘어가게 해주시리라고, 이겨낼 수 있게 해주시리라고 믿는다.

"내가 산을 향하여 눈을 들리라 나의 도움이 어디서 올까 나의 도움은 천지를 지으신 여호와에게서로다"(시 121:1,2).

●

내 눈을 들어 두루 살피니 산악이라
날 돕는 구원 어디서 오나 그 어디서
하늘과 땅을 지은 여호와
날 도와주심 확실하도다

-

말씀 속에 길이 있고, 십자가 속에 구원의 길이 있고,
기도 속에 피할 길이 있다는 것을 깨닫게 해주셔서 감사합니다.
하나님 앞에 간구와 기도로 약속받은 유월절의 축복,
그 증인들이 다 되게 하여주옵소서.

은혜는 돌에, 원수는 물에

출애굽기 12:15-20

15 너희는 이레 동안 무교병을 먹을지니 그 첫날에 누룩을 너희 집에서 제하라
무릇 첫날부터 일곱째 날까지 유교병을 먹는 자는 이스라엘에서 끊어지리라
16 너희에게 첫날에도 성회요 일곱째 날에도 성회가 되리니 너희는 이 두 날
에는 아무 일도 하지 말고 각자의 먹을 것만 갖출 것이니라 17 너희는 무교절
을 지키라 이 날에 내가 너희 군대를 애굽 땅에서 인도하여 내었음이니라 그
러므로 너희가 영원한 규례로 삼아 대대로 이 날을 지킬지니라 18 첫째 달 그
달 열나흗날 저녁부터 이십일일 저녁까지 너희는 무교병을 먹을 것이요 19 이
레 동안은 누룩이 너희 집에서 발견되지 아니하도록 하라 무릇 유교물을 먹는
자는 타국인이든지 본국에서 난 자든지를 막론하고 이스라엘 회중에서 끊어
지리니 20 너희는 아무 유교물이든지 먹지 말고 너희 모든 유하는 곳에서 무교
병을 먹을지니라

I.

옛날 어른들의 말씀 중에 "은혜는 물에 새기고 원수는 돌에
새긴다"라는 말이 있다. 출애굽기 12장 15-20절은 그 교훈

을 가장 잘 표현한 말씀 중 하나가 아닐까 싶다. 우리는 대개 원수를 돌에 새긴다. 자기 때 원수 못 갚으면 자식들에게 유언한다. 원수 갚아달라고. 옛날 중국 무술영화를 보면 대부분이 그런 주제였다. 부모의 원수를 갚기 위해서 도사를 찾아가 무림의 고수가 되는.

2.

그런데 원수는 갚는다고 없어지는 것이 아니다. 원수를 돌에 새기고 갚으려 하면 할수록 우리는 '로미오와 줄리엣'과 같은 저주에 빠지게 된다. 로미오하고 줄리엣은 서로 사랑했지만, 자기들과는 아무런 상관 없이 집안 대대로 내려오는 원수 가문이었다. 그래서 결국은 사랑을 이루지 못하고 죽음으로 비참한 결말을 맞는 비극으로 끝났다.

3.

그런데 우리의 삶에 원수를 돌에 새기는 것보다 더 나쁜 것이 있다. 그것은 은혜를 물에 새기는 것이다. '유월절을 지켜라, 무교절을 지켜라, 초막절을 지켜라'라는 말씀들이 출애굽 하면서부터 이스라엘 백성에게 계속 주어졌다. 절기를 지키면 무슨 주술적인 효과가 있어서 하나님이 가르치신 것이 아니다. 기독교는 주술적인 효과와 관련이 없다. 그러면 하나님이 구체적인 날짜를 지정하고 세세한 규칙들을 달면서 절기를 꼭 지키라 하신 의도가 무엇일까?

4.

나는 하나님의 교육이라 생각했다. 잊지 말라고, 내가 너희와 너희 민족을 구원했다는 사실을 잊지 말라고. 은혜를 잊는 사람들에게는 축복이 없다. 그래서 은혜를 잊지 않게 하기 위한 교육으로 절기를 지키라 하셨다고 생각한다.

5.

이스라엘 사람들은 수천 년이 지난 지금까지도 이 말씀대로 유월절 제사를 그대로 지킨다. 무교절에는 유교병을 먹지 않고, 초막절에는 들판에 나가지 못하면 아파트 베란다에라도 초막을 치고 거기서 잠잔다. 아이들이 물으면 가르친다. 이스라엘은 하나님께서 자기 민족에게 어떻게 하셨는지에 대해 수천 년 동안 교육으로 이어온 나라이다. 그것 때문에 2천 년 동안 나라 없이 살았는데도 다시 나라를 건국하고 지금까지 아주 강한 나라로 이어가고 있지 않은가.

6.

은혜를 잊지 않는 것은 참 중요하다. 은혜를 잊지 않으려면, 먼저 은혜를 받아야 한다. 은혜를 받아야만 잊든 안 잊든 하지 은혜를 받지도 못한 사람이 어떻게 기억하겠나. 하나님의 은혜를 기억하고 사는 일은 참 중요하다. 그러려면 은혜를 사모하며 살아야 한다. 은혜를 받는 것이 중요하다.

7.

나는 은혜에 대해 조금 건방졌었다. 예전에 나는 새해에 복 많이 받으라고 인사를 하면, 그 말을 듣고 건방진 생각을 했었다. 나는 이미 복을 많이 받았는데, 무슨 복을 더 받냐는 것이었다. 그래서 하나님께 기도했다. 나 신경 쓰실 것 없다고. 다른 사람한테 은혜 주시라고. 나는 그것이 성숙한 믿음인 줄 알았다. 하지만 아니다. 은혜는 사모해야 한다. 다른 사람의 복을 기도하기 전에 내가 먼저 복을 받아야 하지 않겠나. 은혜와 축복을 사모해야 한다.

8.

은혜를 어떻게 받을 수 있는지 생각해보았다. 은혜를 받는 법은 구해야 한다. 간절히 기도해야 한다. 그래서 구하라, 찾으라, 두드리라고 말씀하신 것이다. 그런데 구하지 않으면 하나님께서 은혜를 안 주실까? 축복 안 해주실까? 기도 안 한 사람은 다 죽고 망하는 건가? 그렇지는 않다. 야곱이 기도를 안 했으면 에서의 손에 죽었을까? 그때 정황을 보면 사실 그렇지 않다. 기도 안 해도 살고, 기도 안 해도 누릴 복 누리는 사람도 많다. 그러면 기도는 왜 해야 할까?

9.

기도하지 않고 받은 은혜와 축복은 수명이 짧다. 그런데 기도하고 매달려서 얻은 응답은 잊히지 않는다. 잊지 않기 위해서는 받아야 하는데, 받으려면 공짜로 받으려고 하지 말고 기도해서 받아야 한다. 그래서 하나님은 우리에게 기도하라고 가르치셨다.

10.
마지막으로 은혜를 잊지 않고 사는 길은 감사하는 것이다. 감사는 하나님의 은혜를 오래오래 보존하고 저장하는 창고와 같다. 감사할 줄 모르는 사람은 은혜를 쉽게 잊어버린다. 은혜를 돌에 새길 수 있다면, 원수를 물에 새길 수 있다면 우리의 삶은 이 땅에서도 천국이 될 것이다.

11.
여러 해 전, 독일에서 유럽 코스타를 한 적이 있다. 코스타 기간에 내 생일이 있었는데 생일이라고 광고할 수도 없고 해서 그냥 지나가려고 했다. 설교가 끝나고, 집회도 다 끝났는데 갑자기 불이 꺼졌다. 그러고는 생일 케이크에 촛불을 켜서 생일 축하한다고 깜짝 파티를 해줬다. 참 감사했다. 그 수많은 청년들의 축하를 받았으니까.
그때 강사로 와 있던 CCM 가수에게 축가를 부탁했는데 그 친구가 엉뚱한 찬송을 불렀다. "아 하나님의 은혜로 이 쓸데없는 자." 나도 웃고 거기 있는 학생들도 다 웃었다. 그러자 그 가수가 나한테 죄송하다며 꾸벅 절을 하고는 말했다.
"친구들끼리 생일 축하 파티할 때 우리는 이 노래를 합니다.

조금 더 심하게 부릅니다."

그날 큰 감동을 하였다. 은혜를 받았다. 그 찬양의 고백이 내 마음속에 있는 말이었기 때문이다. 내가 그 자리에서 말했다. 제일 좋아하는 찬송이라고.

12.

내가 나를 아는데, 하나님이 어떻게 나를 코스타 강사가 되게 하시고, 목사가 되게 하시고, 남편이 되게 하셨을까. 그래서 내가 간증한 적이 있었다. 나의 나 된 것은 하나님의 은혜다. 십자가 외에는 자랑할 것이 없다. 마음속에 있는 한, 은혜는 잊히지 않는다. 은혜가 잊히지 않으면 사람 구실을 한다. 그리고 정말 패스오버가 된다. 그 복을 지금까지 누리며 살고 있다.

13.

이 세상은 마치 출애굽 전날 밤과 같다. 우리도 다 거기에 노출되어 있다. 그런데 하나님이 그것을 넘어갈 수 있는 패스오버의 길을 만들어주셨다. 이후의 본문에 보면 유월절 잔치하고 무교절을 지키는 것, 그래서 하나님의 은혜를 잊지 않게 하는 것을 교육하셨다.

14.

요즘 유월절의 피, 문설주에 바르는 피는 말씀이다. 십자가

다. 기도다. 이것을 하면 하나님이 우리를 넘겨주신다. 나도 넘어가고 싶다. 우리가 모두 넘어갔으면 좋겠다. 지금 형편과 처지가 어떻다 할지라도 절대로 낙심하지 말고, 환도뼈가 부러져도 매달려 놓지 않았던 야곱처럼 끝까지 매달려서 유월절 패스오버의 축복을 다 함께 누리길 바란다.

●

아 하나님의 은혜로 이 쓸데없는 자
왜 구속하여주는지 난 알 수 없도다
내가 믿고 또 의지함은 내 모든 형편 아시는 주님
늘 보호해주실 것을 나는 확실히 아네

–

하나님, 우리도 마치 재앙의 날을 살아가는 이스라엘 백성과 같습니다.
그러나 하나님의 말씀과 기도와 십자가를 붙듦으로
유월절의 복을 간증하며 살 수 있도록 축복하여주시옵소서.

9

최고의 유산, 최고의 복

출애굽기 13:17-22

17 바로가 백성을 보낸 후에 블레셋 사람의 땅의 길은 가까울지라도 하나님이 그들을 그 길로 인도하지 아니하셨으니 이는 하나님이 말씀하시기를 이 백성이 전쟁을 하게 되면 마음을 돌이켜 애굽으로 돌아갈까 하셨음이라 18 그러므로 하나님이 홍해의 광야 길로 돌려 백성을 인도하시매 이스라엘 자손이 애굽 땅에서 대열을 지어 나올 때에 19 모세가 요셉의 유골을 가졌으니 이는 요셉이 이스라엘 자손으로 단단히 맹세하게 하여 이르기를 하나님이 반드시 너희를 찾아오시리니 너희는 내 유골을 여기서 가지고 나가라 하였음이더라 20 그들이 숙곳을 떠나서 광야 끝 에담에 장막을 치니 21 여호와께서 그들 앞에서 가시며 낮에는 구름 기둥으로 그들의 길을 인도하시고 밤에는 불 기둥을 그들에게 비추사 낮이나 밤이나 진행하게 하시니 22 낮에는 구름 기둥, 밤에는 불 기둥이 백성 앞에서 떠나지 아니하니라

I.

모세가 백성들을 이끌고 출애굽 한 것은 요셉이 총리가 되고 이스라엘이 애굽 땅에 정착한 지 400년쯤 지난 후의 일이다.

그런데 모세가 애굽에서 나올 때 요셉의 유골을 가지고 나왔다. 400년 전에 요셉이 자기 조상들에게 했던 유언을 기억하고 있었던 것이다.

2.

나는 이 말씀을 읽을 때 소름이 끼쳤다. '아, 이게 이스라엘 민족이구나.' 400년이 지나 애굽의 왕은 요셉을 다 잊어버렸을 때인데 이들은 요셉을 기억했을 뿐만 아니라 요셉의 유언도 기억했다. '하나님이 너희들을 기억하시고 출애굽 시키실 터인데 그때가 언제가 될지는 모르지만 난 뼈도 여기 있고 싶지 않아. 가나안 땅에 가고 싶어.' 이게 요셉의 마지막 유언이었는데, 그 유언을 지켰다는 것, 이것이 이스라엘 민족의 강력한 전통이다.

3.

유월절, 무교절, 초막절을 이야기할 때, 이스라엘 민족이 교육으로 하나님이 행하신 역사와 하나님이 베풀어주신 은혜를 잊지 않으려고 했다는 것, 그 전통을 지금까지 이어오고 있다는 것을 이미 언급했다. 이스라엘 민족의 힘은 믿음의 유산과 믿음의 전통을 이어가는 것이 아닐까 생각했다.

4.

우리는 후손들에게 물려줄 전통이 있는가? 유산이 있는가?

우리는 유산을 남겨주는 일에 관심이 크지 않은가? 자녀들에게 얼마의 재산을 물려줘야 고생을 안 하고 살 수 있을까 하는. 그것이 아무것도 아닌 것은 아니지만, 그것보다 중요한 것이 있다. 가문의 전통, 정신, 신앙과 같은 것들이다. 우리에게는 자녀에게 물려줄 정신이 있는가? 가치가 있는가?

5.

내가 목회하면서 소원 중 하나가 기독교 학교를 세우는 것이었다. 결국 천안에 '높은뜻씨앗스쿨'이라는 대안학교를 세워서 몇 년 전에 초등학교 첫 졸업생이 나왔고, 지금은, 우리는 7학년이라고 부르는데, 중학교 과정도 시작했다. 학교에는 다 교훈이 있다. 높은뜻씨앗스쿨의 교훈은 "세상에 복이 되는 사람"이라고 정했다. 이것은 내가 학교를 세우면서 우리 학생들에게 가르치고 싶었던 것일 뿐 아니라 아들 셋을 낳아 기르면서 우리 아이들에게도 가르치고 싶었던 정신이다.

6.

아이들이 어렸을 때부터 돈의 몫을 가르쳤다. "하나님이 네게 허락하신 네 몫이 있다. 그것은 네가 하고 싶은 대로 써도 된다. 그런데 하나님의 몫을 건드리면 안 된다. 그건 십일조다." 또 내가 아이들에게 꼭 가르쳐서 뼈에 새겨주고 싶었던 정신이 정직하게 힘써서 번 돈 중에 가난한 자의 몫이 있다는 것이다. 그래서 이삭줍기를 가르쳤다. 네 귀퉁이 정도 남기고 살라고. 너 혼자 잘 먹고 잘 살려고 해서는 안 된다고.

7.

우리 막내아들은 빈티지 가게 사장을 하며 목회를 하는, 조금 특별한 목회를 하고 있다. 만만치 않은 일인데 하나님의 은혜로 그래도 아직 나한테 손 빌리지 않는 것이 참 용하다. 그런데 이제 자꾸 직원을 고용하려고 한다. 가게도 늘리고. 그렇게 되면 자기 몫이 줄어드는데 그래도 그 아이에게는 이런 정신이 있다. '사업의 규모가 작든 크든 혼자 먹고살려고 하는 것이 아니라 같이 먹고살려고 하는 것이다'. 난 이것이 우리 집안의 정신에서 발단했다고 생각한다. 아들이 힘든 것은 안타깝지만, 그래도 우리 집안의 정신이 이어져가고 있다는 생각에 감사했다.

8.

나중에는 이삭줍기나 귀퉁이 떼는 것보다 더 큰 것을 가르치려고 힘썼다. 이것이 내가 자주 언급하는 '희년 정신'이다. 나는 항상 아이들에게 오천 명분을 혼자 먹는 사람이 되지 말고, 오천 명을 먹이는 사람이 되라고 말했다. 공부해서 남 주냐고 하지 말고, 공부해서 남 줘라. 돈 벌어서 남 줘라. 출세해서 남 줘라. 예수 믿어서 남 줘라. 복의 근원이 되라. 이것을 늘 가르치며 살았다.

우리가 자녀들에게 이런 정신을 유산으로 심어줄 수 있기를,

우리가 끝까지 존경받는 삶을 잘 살아서 믿음의 가문으로 이어지는 복을 꼭 받기를 바란다.

9.

하나 더 생각해보고 싶은 게 있다. 본문 중에 우리에게 큰 위로가 되고 격려가 되는 말씀이 있다. "여호와께서 그들 앞에서 가시며 낮에는 구름 기둥으로 그들의 길을 인도하시고 밤에는 불 기둥을 그들에게 비추사 낮이나 밤이나 진행하게 하시니"(출 13:21).

나는 이 말씀이 가끔은 잘 이해가 가지 않는다. 자기를 따르고 좋아하고 신뢰하는 사람이라면, 하나님이 이렇게 하실 수 있다. 낮에는 구름 기둥으로, 밤에는 불 기둥으로 지키고 떠나지 않으실 것이다. 그런데 하나님이 그렇게 지키셨던 이스라엘 민족이 어떤 민족인가? 400년 동안 고센 땅에서 하나님 잊고 살다가 죽게 되니까 그제야 부르짖었던 민족 아닌가? 그런데도 하나님은 자기 자녀라고, 자기 백성이라고 그 부르짖는 소리에 조금도 버티지 않으시고 대번에 응답하셨다. 모세를 내세우셔서 출애굽 시키시고, 더울까봐 낮에는 구름 기둥으로, 어둡고 추울까봐 밤에는 불 기둥으로 인도하셨다. 이런 분이 우리 하나님이시다. 우리가 잘나서가 아니다. 우리가 훌륭해서가 아니다. 우리가 그분의 자녀이기 때문이다. 우리는 그것을 잊으면 안 된다.

IO.

"내가 산을 향하여 눈을 들리라 나의 도움이 어디서 올까 나의 도움은 천지를 지으신 여호와에게서로다"(시 121:1,2). 교인들이 힘들고 어려워할 때마다 늘 읽고 기도해드렸던 말씀이다. 내가 힘들 때도 이 말씀을 붙잡고 많이 묵상했다.

내가 이번에 암에 걸렸을 때, 집안에 다른 어려움이 있을 때 집중해서 외웠던 말씀이 시편 23편이다. "여호와는 나의 목자시니 내게 부족함이 없으리로다 그가 나를 푸른 풀밭에 누이시며 쉴 만한 물가로 인도하시는도다"(시 23:1,2).

나는 다윗의 이 표현이 좋다. "부족함이 없으리로다." 우리는 무슨 수를 써도 부족함이 있다. 어떤 힘 있는 사람을 붙잡아도 그는 완벽하지 않다. 여기서 문제가 생기고, 저기서 문제가 생긴다. 부족함이 있는 나에게 넘치지도 않고 모자라지도 않게, 지나치지도 않고 부족하지도 않게, 적절하게 부족함 없이 나를 인도하실 분은 하나님밖에 없다.

II.

양은 눕지 않는다. 연약한 동물은 누워서 자지 못한다. 언제 강한 동물이 공격할지 모르니까 불안해서. 웅크리고 있다가 바스락 소리만 나면 뛰고 본다. 양이 눕지 않는다는 것을 나도 아는데, 목동 출신이었던 다윗이 몰랐을까? 다윗은 반어법으로 이 글을 쓴 것이다. 나는 누워서 잔다고. 그러니까 사람들이 '네가 어떻게 누워 자냐. 너 죽으려고 그래? 이제 그만 살고 싶어?'라고 묻는다. 그럴 때, 답은 간단하다. "여호와가 나의 목자시니!" 그 하나다. 하나님이 나를 지켜주시기 때문이다.

12.

다윗의 시편을 보면 이와 비슷한 말씀이 많다. "군대가 나를 대적하여 진 칠지라도"(시 27:3). "천만인이 나를 에워싸 진친다 하여도"(시 3:6). 그러면서 이런 표현을 쓴다. "내가 누워 자고 깨었으니 여호와께서 나를 붙드심이로다"(시 3:5).

그러면 사람들이 말한다. "지금 잠이 와? 너를 죽이겠다고 군대가 진을 쳤어! 천 명이 아니라 천만 명이 에워쌌는데 어떻게 잠을 자?" 그러면 다윗은 역시 간단하게 대답한다. "여호와께서 나를 붙드심이로다!"

13.

나는 암 환자다. 암 환자의 가장 큰 어려움이 무엇인지 아는가? 바로 두려움이다. 공포다. 그래서 깊이 잠들지 못한다. 앞으로 큰일이 일어날 가능성이 높기 때문이다. 재발한다든지, 암이 더 발전해서 고통을 준다든지, 그러다 잘못되면 죽을 수도 있다. 항암을 하는 동안 내 싸움은 물론 치료를 열심히 받고 약 열심히 먹는 것이기도 하였지만, 잘 자는 것이었다. 하나님이 주신 평안을 누리는 것이었다. 두려워하면 창피한 것이라며 누워서 자려고 애썼다.

14.

암만 힘든가? 세상 사는 일이 다 힘들다. 암이 아니라도 삶의
위기와 어려움에 처한 모든 믿음의 동지들이 누워서 편히 잘
수 있길 바란다. 그러려면 하나님이 주시는 말씀을 마음에
꼭 붙잡아야 한다. 400년 동안 잊었다가 겨우 기억하고 하나
님을 부르짖은 자기 백성들을 낮에는 구름 기둥으로, 밤에는
불 기둥으로 지키시며 낮의 해도 상치 못하게, 밤의 달도 상
치 못 하게 애쓰시는 하나님이 나의 하나님이고, 우리의 하
나님이다.

●

예수가 거느리시니 즐겁고 평안하구나
주야에 자고 깨는 것 예수가 거느리시네
주 날 항상 돌보시고 날 친히 거느리시네
주 날 항상 돌보시고 날 친히 거느리시네
‒

우리는 자식들에게 돈, 재산만을 남기려고 힘씁니다.
믿음의 전통, 정신을 남기는 데 실패하지 않을까 두렵습니다.
하나님, 우리 자손들에게 하나님과 하나님의 은혜와 믿음의 전통과
그 자존심을 지켜나갈 수 있는
믿음의 유산을 남길 수 있도록 축복하여주옵소서.

2
PART

출애굽, 광야에서
하나님의 길을 배우라

10

자유로부터 도망치는 사람들

출애굽기 14:10-12

10 바로가 가까이 올 때에 이스라엘 자손이 눈을 들어 본즉 애굽 사람들이 자기들 뒤에 이른지라 이스라엘 자손이 심히 두려워하여 여호와께 부르짖고 11 그들이 또 모세에게 이르되 애굽에 매장지가 없어서 당신이 우리를 이끌어 내어 이 광야에서 죽게 하느냐 어찌하여 당신이 우리를 애굽에서 이끌어 내어 우리에게 이같이 하느냐 12 우리가 애굽에서 당신에게 이른 말이 이것이 아니냐 이르기를 우리를 내버려 두라 우리가 애굽 사람을 섬길 것이라 하지 아니하더냐 애굽 사람을 섬기는 것이 광야에서 죽는 것보다 낫겠노라

I.

《소유냐 존재냐》를 쓴 에리히 프롬은 《자유로부터의 도피》라는 책도 썼다. 사람은 자유를 빼앗기게 되었을 때 자유가 아니면 죽음을 달라면서 투쟁하지만, 막상 자유를 누리게 되면 도망가려고 하는 본능이 있다는 내용이다. 왜 그런가? 자유는 공짜가 아니기 때문이다. 'Freedom is not free'(자유는 거저 주어지지 않는다)란 말이 있지 않나. 자유는 한번 얻었다

고 공짜로 누릴 수 있는 것이 아니다. 자유를 얻기 위해서는 대가를 지불해야 하지만, 얻은 후에도 누리기 위해서 지불해야 할 대가가 있고 또 자유에는 책임이 뒤따르기 때문이다.

2.

이스라엘 백성들이 애굽에서 죽게 되었을 때 하나님께 부르짖었다. 살려달라고. 애굽에서 자유롭게 해달라고. 결국, 하나님이 부르짖음에 응답하셔서 이스라엘 백성들을 출애굽시키셨다. 그렇게 애굽에서 벗어나게 되었는데, 그 삶이 만만치 않았다.

3.

자유를 누리긴 했지만, 광야의 삶이었고 어려운 일도 당했다. 그럴 때마다 이스라엘 백성들은 자꾸 도피하려고 했다. 바로의 군대에 쫓김을 당했을 때나 홍해를 만나게 되었을 때나 쓴 물이 있을 때나 여기서 죽는 것보다 애굽의 종이 되는 게 낫지 않냐며 불평했다. 살려달라고 할 때는 언제고 이제 와서 우리가 언제 애굽에서 나오겠다고 그랬느냐며 엉뚱한 말을 한다.

4.

이스라엘 백성들은 수시로 자유를 얻은 것을 후회하고 애굽을 그리워한다. 그리고 참 기막힌 소리를 한다. 가끔이지만 거기에서는 부추도 먹고, 고기도 먹었다고. 이것은 이스라엘 사람들의 문제만이 아니다. 보편적인 일상에 일어나는 우리 삶의 문제이기도 하다.

5.

정말 자유를 지키다 죽는 것보다 종으로 살아도 애굽에서 사는 것이 더 좋은 걸까? 우리는 성경을 통해서 이스라엘과 애굽 사이에 일어났던 역사의 결론을 알고 있다. 그런데 그 현장에 있는 애굽 사람이나 바로나 이스라엘 사람들은 흥해면 흥해, 죽게 되면 죽게 된 상황, 그 상황만 알지 자신들의 결말을 알지 못한다. 이스라엘 백성들이 불평은 했지만 결국 애굽으로 돌아가지 않고 모세의 인도를 따른다. 그리고 비록 40년이 걸리기는 했지만, 결국은 가나안 땅에 들어가 정착했다. 그러나 애굽, 바로의 군대는 어떻게 되었는가? 엄청난 세력을 가지고 이스라엘 백성들을 향해 돌격했던 애굽의 군사들은 다 수장되지 않았는가.

6.

그때 만일 이스라엘 백성들이 모세에게 대항하고 고집을 부려 애굽으로 돌아갔다면, 지금 이스라엘은 없었을 것이다. 더 혹독한 노동에 시달렸을 것이다. 그리고 더 무서운 것이 있다. 아들을 낳으면 죽이라던 바로는 애굽에서 이스라엘을 멸절할 계획을 세우고 있었다. 애굽으로 돌아갔다면, 이스라엘은 결국 역사에서 사라지고 말았을 것이다.

7.

두렵지만, 자유를 지키기 위해서 종노릇을 포기하는 용기와 믿음이 우리의 삶에도 꼭 필요하다. 우리는 자유를 위해 대가를 지불할 줄 알아야 한다. 아무리 혹독하고 힘든 일이 있어도 죽는 것보다 종노릇하는 것이 낫다는 비겁한 말을 해서는 안 될 것이다. 특히 우리 예수 믿는 사람들은.

8.

왜 그런가. 하나님은 하나님의 백성이 하나님 아닌 세상의 누구에게도, 어떤 것에도 굴복하지 않길 원하신다. 어느 부모가 자식이 종노릇을 하며 남에게 굴복하는 것을 좋아하겠는가. 하나님은 우리가 세상의 그 어떤 것에도 노예가 되지 않고 자유하는 사람으로 당당하게, 근사하게 살아가기를 원하고 계신다.

9.

그런데 자유하는 사람으로 당당하고, 근사하게 살아가려면 필요한 것이 무엇일까? 나는 그 첫째가 '용기'라고 생각한다.

10.

'폴 틸리히'라는 신학자는 《존재의 용기》라고 하는 아주 유명한 책을 썼다. 인간이 인간답게 존재하기 위해서 필요한 것은 '용기'다. 그 용기가 없으면 이스라엘 백성들처럼 '차라리 종이 좋아. 애굽에 돌아가는 게 낫겠어. 죽는 것보다 그게 낫지 않아?'라는 비겁한 말을 할 수밖에 없기 때문이다. 그래서 우리 삶에 가장 소중한 가치 중 하나는 용기다.

II.

그런데 그 용기는 어디서 올까? 용기는 믿음에서 온다. 하나님을 믿는 믿음에서 오는 가장 중요한 축복 중의 하나가 용기다.

12.

우리 막내가 여섯 살 때 손잡고 골목길을 내려가는데 5학년 아이와 마주쳤다. 그 아이를 보더니, 우리 아이가 나에게 일렀다. "아빠, 저 형아가 나 때렸어."
복수해달라는 말이다. 지금 때린 것도 아니고 어른인 내가 아이에게 위협할 수도 없어 그냥 못 들은 척했더니 우리 막내가 억울했던 모양이다. 내 손을 뿌리치고 뚜벅뚜벅 가서 5학년 아이를 발로 차주고 왔다. 과연 무사했을까? 여섯 살짜리가 5학년을 발로 찼는데? 당연히 무사했다. 내가 옆에 있었기 때문이다.

13.

그때 굉장히 중요한 걸 깨달았다. 나는 다윗이 골리앗을 어떻게 이겼는지 알았다. 다윗은 6세, 골리앗은 5학년, 하나님은 80킬로그램. 지금은 몸무게가 많이 빠졌지만, 그때는 80킬로그램도 넘었었다. 만일 내가 없었으면 우리 막내는 그때 도망가야 했다. 줄행랑쳐야 했다. 그런데 80킬로그램짜리 든든한 아빠가 있으니까 6세짜리인데도 조금의 망설임 없이 가서 발로 찰 수 있던 것이다.

14.

다윗이 그 믿음으로 골리앗을 이긴 것이다. 자기가 힘이 있어서, 물맷돌을 잘 던져서가 아니다. "너는 칼과 창과 단창을 가지고 나오지만 나는 만군의 주 여호와의 이름을 가지고 네게 나아간다"는 이 믿음에서 말미암은 용기. 이게 다윗이 아닌가. 용기가 없다는 것은 믿음이 없다는 것이다.

15.

자유로부터 도피하려고 하거나 자꾸 종노릇을 사모한다는 것은 하나님을 믿지 못한다는 것이다. 하나님을 믿으면 그렇게 살 수 없다. 그러므로 세상이 두렵고 떨리고 무섭지만 굴복하지 않고, 옳지 않은 일에 무릎 꿇지 않고, 하나님을 믿는 믿음으로 당당하게 자유하는 사람으로 살아가길 바란다.

16.

내 자유를 지키는 것도 중요하지만 그에 못지않게 더 중요한 것이 있다. 그것은 남의 자유를 존중하고 보호해주는 것이다. 그런데 사람은 힘만 생기면 자꾸 약자를 지배하려 든다. 억압하려 하는 본능이 있다. 상대방의 자유를 빼앗아서 자기의 유익으로 삼으려는 본능이 있다.

17.

옛날엔 강한 나라들이 약한 나라들을 침략해서 식민지로 만들었다. 그리고 그 백성들을 노예로 삼아 착취했다. 지금은 그 역사가 끝났을까? 아니다. 겉모양은 좀 그럴듯하게, 점잖게 바뀌었지만 지금도 세계 정치는 다 똑같다. 강한 나라가 약한 나라를 섬기지 않고 이용해서 자국의 유익을 구하려고 하는 것, 그것이 역사고 정치다.

18.

그것은 한 번도 바뀐 적이 없다. 타락한 인간은 강자가 약자를 억압하고, 지배하여 그 자유를 빼앗는다. 그리고 그들의 자유를 자신들의 유익을 위한 도구로 삼는 일이 오늘도 계속 이어지고 있다. 지금도 강대국은 정치나 경제 문제를 해결할 때, 힘으로 밀어붙이려고 하지 않는가. 그래서 약하고 힘없는 나라들은 굴복할 수밖에 없고, 자유를 포기할 수밖에 없고, 알게 모르게 그들의 종노릇을 할 수밖에 없는 그런 구도가 이 세상의 구도가 아닐까 싶다.

19.

그런데 예수님을 믿는 사람들은 그렇게 살아서는 안 된다. 예수님을 믿는 사람은 하나님 외에는 그 누구에게도 무릎을 꿇지 않는 당당함과 자존감이 있어야 하지만, 다른 사람도 나에게 무릎 꿇게 하지 않는 것도 중요하다. 내가 힘이 있을 때 굴복시킬 수 있지만, 억압할 수 있지만, 저들의 자유를 빼앗아서 내 유익으로 삼을 수 있지만, 그렇게 하지 않는 것이 내 자유를 지키는 것보다 더 소중한 일이 될 수도 있다. 내 자유가 중요하다면 남의 자유도 중요한 줄 알아야 한다. 우리는 하나님 앞에 한 형제다.

20.

하나님을 섬기는 하나님의 자녀들은 하나님께만 절한다. 하나님께만 무릎을 꿇는다. 사탄이 예수님을 시험할 때 나에게 절하면 천하만국의 영광을 준다고 했다. 자기에게 무릎을 꿇으라고. 하나님의 자녀들은 그러면 안 된다. 우린 하나님만 섬기는 백성이다.

나도 하나님만 섬기고, 다른 사람들도 하나님만 섬겨야 한다. 내가 섬김을 받으려고 해서는 안 된다. 남의 자유를 소중히 여기려면 하나님 외에 다른 사람을 섬기지 말아야 하고, 다른 사람들에게 내가 섬김을 받으려고 해서도 안 된다.

우리가 높아지려고 해서는 안 된다. 창세기부터 계속 이어져 오는 강력한 사상이 있지 않은가. 너는 세상의 복이다. 너로 말미암아 나라와 민족이 복을 얻을 것이다. 예수님은 하나님의 아들이시면서도 사람이 되셨고, 사람이 되셔서도 낮은 종의 자세로 제자의 발을 씻기는 모습을 우리에게 보여주지 않으셨는가.

21.

우리가 자유하는 사람이 될 수 있기를 바란다. 자유를 향한 투쟁이 힘들고 어려워도 종노릇을 하려는 비겁한 마음은 버려야 한다. 하나님을 믿는 믿음의 용기로 자유를 쟁취하고, 자유를 지키고, 남의 자유도 보호해주면서 살아가는 이 시대의 근사한 그리스도인들이 될 수 있기를 기도한다. 하나님 외에는 무릎을 꿇지 말고, 누구도 나한테 무릎을 꿇게 하지 말고, 그리스도인답게, 직장에서나 가정에서나 세상에서 아름답게 살아가길 바란다.

●

천성을 향해 가는 성도들아 앞길에 장애를 두려워 말라

성령이 너를 인도하시리니 왜 지체를 하고 있느냐

앞으로 앞으로 천성을 향해 나가세 천성 문만 바라고 나가세

모든 천사 너희를 영접하러 문 앞에 기다려 서 있네

하나님이 광야로 내모시는 이유

출애굽기 14:21-28

21 모세가 바다 위로 손을 내밀매 여호와께서 큰 동풍이 밤새도록 바닷물을 물러가게 하시니 물이 갈라져 바다가 마른 땅이 된지라 22 이스라엘 자손이 바다 가운데를 육지로 걸어가고 물은 그들의 좌우에 벽이 되니 23 애굽 사람들과 바로의 말들, 병거들과 그 마병들이 다 그들의 뒤를 추격하여 바다 가운데로 들어오는지라 24 새벽에 여호와께서 불과 구름 기둥 가운데서 애굽 군대를 보시고 애굽 군대를 어지럽게 하시며 25 그들의 병거 바퀴를 벗겨서 달리기가 어렵게 하시니 애굽 사람들이 이르되 이스라엘 앞에서 우리가 도망하자 여호와가 그들을 위하여 싸워 애굽 사람들을 치는도다 26 여호와께서 모세에게 이르시되 네 손을 바다 위로 내밀어 물이 애굽 사람들과 그들의 병거들과 마병들 위에 다시 흐르게 하라 하시니 27 모세가 곧 손을 바다 위로 내밀매 새벽이 되어 바다의 힘이 회복된지라 애굽 사람들이 물을 거슬러 도망하나 여호와께서 애굽 사람들을 바다 가운데 엎으시니 28 물이 다시 흘러 병거들과 기병들을 덮되 그들의 뒤를 따라 바다에 들어간 바로의 군대를 다 덮으니 하나도 남지 아니하였더라

1.

하나님은 이스라엘 백성을 홍해로 이끄셨다. 그러고는 바로의 군대를 곧바로 뒤쫓게 하셨다. 이스라엘은 출애굽 하자마자 진퇴양난에 처하게 되었다. 살려고 출애굽 했는데 도리어 며칠도 되지 않아 죽게 되었다. 꼼짝없이 전멸하게 되었다. 그런데 이 일을 누가 하셨나? 하나님이 하셨다. 하나님이 그렇게 인도하시고, 그렇게 계획하시고, 그렇게 실행하셨다.

2.

왜 그렇게 하셨을까? 이유는 단 하나였다. 하나님이 밝히셨다. 하나님을 알게 하시려고. 이스라엘 백성들에게 하나님이 어떤 존재인지를 알게 하시려고. 하나님을 믿지 아니하는 애굽 군대들, 애굽 사람들에게 여호와 하나님이 계신다는 것과 그 하나님이 어떤 분인지 알게 하려고 하나님은 이와 같은 일을 계획하셨다.

3.

출애굽기 14장 13절을 보면 이런 말씀이 나온다. "모세가 백성에게 이르되 너희는 두려워하지 말고 가만히 서서 여호와께서 오늘 너희를 위하여 행하시는 구원을 보라."

하나님을 보여주시려고. 이스라엘 백성들에게 하나님을 보여주시려고 홍해에 배수진을 치고 애굽 군대가 쫓아오는 상황을 연출하셨다. 18절에 보면 이런 말씀도 있다.

"내가 바로와 그의 병거와 마병으로 말미암아 영광을 얻을 때에야 애굽 사람들이 나를 여호와인 줄 알리라 하시더니."
애굽 사람들에게 하나님이 누구인지를 알리시려고. 또 이스라엘 백성들에게 자기를 구원한 하나님이 어떤 하나님인지 알게 하시려고 광야로 내몰고, 홍해로 내몰고, 애굽 군대가 쫓아오는 일들을 만나게 하셨다.

4.

성경을 보면 하나님이 쓰시는 사람들, 하나님께 귀히 쓰임을 받았던 모든 사람은 광야의 체험이 있다. 광야의 경험들이 있다. 예수님도 그러셨고, 다윗도 광야에서 사울에게 쫓기지 않았는가. 모세는 물론이고, 이스라엘도 마찬가지다. 왜 하나님은 하나님의 백성들을 자꾸 광야로 내모시는 걸까?

5.

처음 안식년을 할 때 성지순례를 갔었다. 히브리대학에서 고고학 박사를 하고 있던 우리 교회 청년 출신 목사가 있었는데, 내가 온다니까 직접 일정을 짜서 성지순례를 할 수 있도록 해줬다. 그 청년 목사가 제일 먼저 데리고 간 곳은 유대 광야였다. 유대 광야는 정말 돌밖에 없다. 아무것도 없다. 그 때 청년 목사가 나한테 물었다.
"목사님, 광야를 히브리어로 뭐라 그러는지 아세요?"
내가 기억을 못 했다. 그래서 기억이 안 난다고 했더니, "목사님, 광야를 히브리어로 '미드바르'라고 그래요. '다바르'가 하나님의 말씀이거든요. 그런데 어미가 좀 바뀌어서 '미드바르'라고 발음해요. 하나님의 말씀이 있는 곳이라는 뜻이에요"라고 얘기해주었다. 그때 정말 벼락 맞는 것 같았다. 그대로 그 말이 이해되었다.

6.

광야는 사방이 다 막힌 곳이다. 세상의 소망이 다 끊어진 곳이다. 아무것도 없다. 기댈 것도 없다. 소망도 없다. 세상의 소리가 다 끊긴다. 절망의 상황인데, 그때 하나님의 사람들은 위를 본다. 하나님을 찾는다. 하나님밖에 없기 때문이다. 사방은 막혔어도 위는 뚫렸으니까. 하나님의 음성을 듣고, 하나님의 말씀을 만난다. 하나님의 말씀이 있는 곳에서 하나님의 말씀을 찾음으로 삶의 승리를 얻는다.

7.

왜 그런 훈련을 시키시는가. 세상에 소망을 두지 말고 오직 소망을 하나님께 두며, 하나님만 의지하고 사는 훈련을 시키기 위해서다. 하나님은 하나님의 백성들을 진퇴양난, 앞에는 홍해가 있고 뒤에는 애굽 군대가 있는, 광야 같은 상황으로 몰아서 하나님만 붙잡게 하는 훈련을 시키시는 것이다.

8.

공부를 잘했던 큰아이가 고등학교를 졸업하고 한동대학교에 진학했다. 아무리 기독교 대학이라고 해도 생긴지 얼마 안 된 학교고, 지방에 있는 학교라 가고 싶지 않았을 텐데, 한동대에 갔으면 좋겠다고 한 내 권면을 좋게 들어주었다. 한 학기 동안 학교를 다니면서 큰아이는 학교가 너무 좋다고, 마음에 든다고 자랑을 많이 했었다. 그래서 나는 아들이 학교에 만족한다고 생각했다. 그런데 방학이 끝나고 2학기 등록하려고 할 때 아이가 머뭇머뭇거리며 말했다. "아버지, 재수하면 안 될까요?"

9.

그 이야기를 듣고 깜짝 놀랐다. 학교를 너무 좋아하던 아이가 갑자기 재수한다고 하니, 그래서 물었다. "왜 학교가 싫으냐? 학교가 마음에 안 드냐?" 그랬더니 그건 아니라면서 이유를 설명했다. 대학교에 진학한 후에야 아이는 한국 사회를 알게 됐다. 한국은 학연, 지연이 있어야 서로를 끌어주는데, 한동대에는 선배가 없었다. 그 학교를 나와서는 한국에서 살아남을 길이 없겠다 싶어서 재수해서 소위 말하는 일류대학에 가고 싶었던 것이다.

10.

나는 아이에게 네 인생의 문제니 네가 기도하고 결정하라고 했다. 그래서 그 길로 기도하기 위해 아이는 배낭 싸들고 어느 기도원에 사흘 기도를 작정하고 올라갔다가 이틀만에 내려왔다. 하나님의 말씀을 읽다가 답을 얻고 내려온 것이다. 그것이 이사야서 31장 1-3절 말씀이었다.

"도움을 구하러 애굽으로 내려가는 자들은 화 있을진저 그들은 말을 의지하며 병거의 많음과 마병의 심히 강함을 의지하고 이스라엘의 거룩하신 이를 앙모하지 아니하며 여호와를 구하지 아니하나니 여호와께서도 지혜로우신즉 재앙을 내리실 것이라 그의 말씀들을 변하게 하지 아니하시고 일어나사 악행하는 자들의 집을 치시며 행악을 돕는 자들을 치시리니 애굽은 사람이요 신이 아니며 그들의 말들은 육체요 영이 아니라 여호와께서 그의 손을 펴시면 돕는 자도 넘어지며 도움을 받는 자도 엎드러져서 다 함께 멸망하리라."

II.

좋은 대학 가는 것이 꼭 애굽으로 가는 것은 아니지만, 그때 우리 아이는 하나님을 의지하지 않고 선배를 의지하려는 것이 도움을 구하러 애굽으로 내려가는 것이었다는 걸 인정하고 하나님만 믿는 믿음으로 대학을 선택하여 졸업했다. 그리고 그 결말은 내가 안다. 하나님이 일류대학에 간 것보다 더 좋은 길로, 그 이상 더 좋을 수 없는 길로 인도해주셔서 나와 우리 아이는 그때 하나님을 선택한 것이 옳았다는 것을 잘 알고 있다.

12.

말은 쉬운데, 하나님 편에 서는 것이 그렇게 쉽지는 않다. 상황은 나쁘고, 죽게 생겼고, 하나님은 안 보이시고, 애굽 군대는 병거를 몰며 들어오는데, 그때 하나님 편에 서서 애굽에 저항한다는 것이 말처럼 쉽지 않다.

13.

그런데 그보다 더 어려운 상황이 있을 수 있다. 그것은 우리 아들과 같은 상황이다. 애굽이 그 막강한 힘을 가지고 우리를 죽이려 하는 것이 아니라 도와주겠다고 할 때이다. '하나님이 어디 계시냐? 하나님이 보이냐? 우리가 도와줄게. 우리는 말도 있잖아. 병거도 있잖아. 우리가 세계를 지배하고 있거든. 네가 우리 편에 서면 너도 승리할 거야'라고 하면서 자기 편에 서라고 하는데, 그때 보이지 않는 하나님을 믿고 '나는 하나님 편이야. 네 편 안 할 거야. 네 도움 받지 않을 거야'라고 하는 건 쉽지 않다.

14.

어느 민족, 누구에게나 결단을 내려야 할 때가 있다. 우리에게 닥치는 모든 순간에 세상을 선택할 것인가, 하나님을 선택할 것인가. 그럴 때 하나님의 편에 설 것인지 사람의 편에 설 것인지를 정확히 결단해서 언제나 하나님의 편에서 승리하는 삶을 살아갈 수 있기를 주의 이름으로 축원한다.

어느 민족 누구게나 결단할 때 있나니
참과 거짓 싸울 때에 어느 편에 설 건가
주가 주신 새 목표가 우리 앞에 보이니
빛과 어둠 사이에서 선택하며 살리라

–

하나님, 도움을 구하러 애굽으로 내려가지 말고
늘 하나님 편에 서서 하나님의 도움만 바라고 살아갈 수 있는
믿음의 장부들이 될 수 있게 축복하여주시옵소서.
그리하여 마침내 승리하게 하옵소서.

고난 중에 받은 복을 기억하면 생기는 일

출애굽기 15:19-26

19 바로의 말과 병거와 마병이 함께 바다에 들어가매 여호와께서 바닷물을 그들 위에 되돌려 흐르게 하셨으나 이스라엘 자손은 바다 가운데서 마른 땅으로 지나간지라 20 아론의 누이 선지자 미리암이 손에 소고를 잡으매 모든 여인도 그를 따라 나오며 소고를 잡고 춤추니 21 미리암이 그들에게 화답하여 이르되 너희는 여호와를 찬송하라 그는 높고 영화로우심이요 말과 그 탄 자를 바다에 던지셨음이로다 하였더라 22 모세가 홍해에서 이스라엘을 인도하매 그들이 나와서 수르 광야로 들어가서 거기서 사흘길을 걸었으나 물을 얻지 못하고 23 마라에 이르렀더니 그 곳 물이 써서 마시지 못하겠으므로 그 이름을 마라라 하였더라 24 백성이 모세에게 원망하여 이르되 우리가 무엇을 마실까 하매 25 모세가 여호와께 부르짖었더니 여호와께서 그에게 한 나무를 가리키시니 그가 물에 던지니 물이 달게 되었더라 거기서 여호와께서 그들을 위하여 법도와 율례를 정하시고 그들을 시험하실새 26 이르시되 너희가 너희 하나님 나 여호와의 말을 들어 순종하고 내가 보기에 의를 행하며 내 계명에 귀를 기울이며 내 모든 규례를 지키면 내가 애굽 사람에게 내린 모든 질병 중 하나도 너희에게 내리지 아니하리니 나는 너희를 치료하는 여호와임이라

I.

내가 중고등학교에 다닐 때는 교회 다니는 아이들이 그렇게 많지 않았다. 친구들에게 교회 가자고, 예수님을 믿자고 전도하면 아이들이 쉽게 받아들이지 않았다. 빈정거리며 공격적인 질문들을 하곤 했었다. "예수님이 물 위를 걸으셨다며? 바다 위를 걸으셨다며? 하나님이 홍해를 가르셨다며? 또 물고기 두 마리와 보리떡 다섯 개로 오천 명을 먹이셨다는데, 그게 말이 되냐? 그런 엉터리가 어디 있냐?"는 식이었다.

2.

그때 나는 친구들에게 이렇게 얘기했다. "네가 얘기하는 건 사람, 내가 얘기하는 건 하나님이고 예수님이야. 사람은 당연히 물 위로 못 걷지. 사람이 물 위로 걸었다? 그건 거짓말이지. 그런데 하나님이 물에 빠졌다? 그게 말이 되냐? 세상에 물에 빠지는 하나님이 어디 있냐? 하나님이니까 좀 바쁘시면 물 위를 걷기도 하는 건데, 하나님이 걸으셨다는 것이 왜 문제가 되냐? 홍해? 홍해를 만드신 분이 하나님인데 그까짓 것 뗐다 붙였다 왜 못 하냐? 그러니까 하나님을 믿지."

3.

중학교 때였던 것 같은데, 그때 나는 이런 믿음과 이해가 있었다. 하나님이 홍해를 가르시면 가르신 것이고, 예수님이 바다 위를 걸으시면 걸으신 것이다. 그러니까 하나님이고,

그러니까 믿는다. 바다도 못 걷고 홍해도 못 가르는 하나님을 뭐하러 믿겠냐는 마음이 나에게 있어서 친구들의 말에 흔들리지 않았다.

4.

이스라엘 백성들이 홍해를 건너는 엄청난 기적 중의 기적을 경험했다. 그런데 좀 놀라운 일이 있다. 우리는 성경을 보고 믿는다. 그런데 이스라엘 백성들은 현장에서 경험했다. 홍해가 갈라지는 것, 홍해에 길이 나는 것, 그 마른 길을 걸은 것, 애굽 군대가 수장당하는 것을 다 보았다. 당연히 이스라엘 백성들은 놀랍고 놀라워서 하나님을 찬양하고, 춤추며 하나님께 영광을 돌리고 감사했다. 15장의 첫 부분은 모세와 모세의 누이 미리암의 찬양이다. 온 백성이 함께 찬양하고 춤췄다. 그럴 만하지 않은가.

5.

그런데 이해가 안 되는 부분이 있다. 그 놀라운 기적을 몸소 체험하고 홍해를 건넌 지 사흘밖에 되지 않았는데, 물을 얻지 못하니 하나님을 원망한다. 물론 거긴 광야니까 당연히 물을 얻는 것이 어려웠을 것이다. 사흘 동안 물을 얻지 못하다가 겨우 '마라'라고 하는 곳에서 물을 얻었는데 너무 써서 먹을 수가 없었다. 그랬더니 대번에 하나님을 원망하고 모세를 원망한다.

6.

홍해가 갈라진 일이 몇 년 전 일이라면 잊을 수도 있다. 하지만, 사흘 전의 일인데 그새 홍해의 기적을 잊어버리고 물이 쓰다고 하나님을 원망하는 것이 이해되는가? 홍해를 갈라서 구원하신 하나님이 그까짓 쓴 물 하나 달게 만들지 못할까? 그런 믿음이 없다는 게 이해가 되는가?

7.

왜 그랬을까? 어떻게 이스라엘 사람들은 그럴 수 있었을까, 생각해봤다. 은혜를 사흘 만에 잊어버렸기 때문이다. 사흘 전에 있었던 홍해의 기적을 잊었기 때문이다. 어떻게 그렇게 빨리 잊을 수 있을까?

8.

기도하지 않았기 때문이다. 홍해를 건너긴 건넜는데, 홍해를 앞두고 하나님 앞에 살려달라고 간절히 부르짖은 적이 없다. 모세만 그랬다. 그때도 이스라엘 백성들은 원망만 했지 부르짖지는 않았다. 기도하지 않았다. 그런데 하나님이 모세의 기도를 들어주시고 홍해를 건너게 하셨다. 당장은 좋아서 은혜를 찬송하고 춤도 췄던 사람들이지만, 그 은혜가 오래 가지는 못했다.

9.

부르짖지 않고, 간구하지 않고, 하나님 앞에 매달리지 않아서 받은 은혜는 값싼 은혜가 된다. 오랫동안 우리의 삶에 남지 못한다. 그러면 고난을 겪을 때마다 하나님을 원망하고 불평하는 불신앙적인 삶을 살아갈 수밖에 없다.

10.

나는 다윗의 시편을 참 좋아한다. 다윗의 시편을 보면 하나의 패턴이 있다. 글에는 과거형의 문장도 있고, 현재형의 문장도 있고, 미래형의 문장도 있는데 다윗의 시편은 그게 모두 섞여져 나온다. 시편을 연구할 때 고난 시, 탄원 시, 찬양 시, 이런 식으로 유형을 나누는데 다윗의 시에는 '고난 시'가 많다. 사울을 피하여 다닐 때, 압살롬에게 반역을 당하고 내려갈 때, 피난을 떠날 때, 사방이 꽉 막혀서 죽게 되었을 때 등 고난을 겪을 때 쓴 시다. 그런데 그 고난 속에 쓴 시가 '탄원 시'다. 그는 고난을 겪으면 낙심하거나 절망하지 않고 하나님께 매달린다. 그래서 다윗의 시는 '고난 시'인 동시에 '탄원 시'이다.

11.

고난과 탄원은 시제로 얘기하면 현재에 당하는 일이니 현재형이다. 그러다 문장의 시제가 과거형으로 바뀌며 갑자기 과거로 돌아간다. 고난 중에서 탄원하다가 갑자기 현재의 고난을 뒤로 하고 과거의 고난을 기억한다. 그때도 하나님 앞에 탄원했던 것을 기억한다. 그런데 은혜로 그것에서 벗어났다. 그때 받았던 은혜를 기억해낸다. 그러면 믿음이 생긴다. '아, 그때도 살려주시고 구원해주셨으니 이번에도 살려주시고 구원해주시겠구나' 하는 믿음이 생긴다. 그러면 또다시 시제가 미래로 바뀐다. 언제인지는 모르겠지만 이 문제가 해결되어서 하나님 앞에 찬송할 날을 믿음으로 본다. 그리고 다시 현재로 돌아와서 지금의 고난을 다 잊어버린다. 하나님 앞에 매달리며 탄원하던 것, 간구하던 것을 잊어버린다. 다윗의 시는 고난 시, 탄원 시로 시작했다가 마지막은 찬양 시로 끝을 맺는다.

12.

그런데 찬양 시는 미래가 아니라 오늘 고난의 자리에서 이루어진다. 이래서 다윗의 시편이 기가 막힌 것이다. 이것이 다윗의 믿음이다.

13.

우리는 다윗처럼 살아가고 있을까? 아니면 이스라엘 백성들처럼 살아가고 있을까? 살아가는 동안 우리에게 고난만 있었을까? 하나님의 은혜와 축복이 더 많았을까?

14.

은혜를 물에 새기면 기도하지 않게 된다. 공짜로 받은 은혜는 쉽게 잊어버린다. 은혜를 잊어버리면 고난을 이길 힘을 얻지 못한다. 그건 믿음이 아니다. 은혜는 꼭 돌에 새기고 기억해야 한다.

15.

돌아보면 받은 은혜가 많다. 이스라엘은 홍해를 건넜지만 우리는 홍해를 못 건넜다. 그런 기적과 역사는 없었다. 그렇다고 우리가 살아가는 세상이 만만했나? 현재도 만만하지는 않지만, 과거의 삶도 넉넉하지 않았다. 나쁘면 더 나빴지 좋을 것이 뭐가 있었겠나. 그런데 다 건너서 여기까지 오지 않았는가. 그것을 잊어버리니 오늘의 작은 고난도 이겨내지 못하고 불평과 원망과 낙심과 좌절에 빠져 사는 것이 아닌가.

16.

어려운 일을 당할 때는 포기하지 말고 하나님께 부르짖어야 한다. 공짜로 넘어가려고 하지 말고, 낙심하지 말자. 하나님이 주실 때까지, 해결해주실 때까지 구하고, 찾고, 두드려서 은혜와 축복과 천국을 쟁취하길 바란다.

17.

하나님은 구하지 않아도 주시지만, 우리가 구하기를 원하신다. 왜? 그래야 은혜가 되니까. 은혜를 알아야만 고난을 이겨낼 수 있다. 고난을 이겨낼 수 있는 믿음을 갖게 되면 현재 상황과 전혀 상관없이 다윗처럼 고난 중에도 하나님을 찬양하는 정말 근사한 그리스도인의 삶을 살아낼 수 있지 않겠는가. 사탄이 기가 막혀서 졸도할 만큼 근사한 삶 말이다.

18.

암 투병 중인 지금 어쩌면 나는 내 인생에서 제일 힘든 시간을 보내는 중인지도 모른다. 그런데 이 말씀을 다시 기억하고 내가 받은 은혜를 기억하니까 이건 게임이 안 된다. 이것 가지고 불평하면 안 된다. 받은 복이 정말 많다. 그리고 그런 복음을 주셨던 하나님이시니까 포기하지 않고 하나님 앞에 매달려 간구하면 이 고난도 유월절처럼 넘겨주실 줄을 믿는다.

19.

당신의 현재는 어떠한가. 대개 우리는 고난의 삶을 산다. 만만한 삶이 어디 있을까. 고난 중에도 기도해서 축복을 받으면 그 은혜를 잊지 말고 평생 기억해야 한다. 지금 당하는 고난은 장차 올 영광과 족히 비교할 수 없다던 바울의 고백처럼 날마다 승리의 삶을 살아가길 주의 이름으로 축원한다.

세상 모든 풍파 너를 흔들어 약한 마음 낙심하게 될 때에

내려주신 주의 복을 세어라 주의 크신 복을 네가 알리라

받은 복을 세어 보아라 크신 복을 네가 알리라

받은 복을 세어보아라 주의 크신 복을 네가 알리라

–

하나님, 어려운 일을 당할 때 다윗의 믿음을 주시옵소서.

포기하지 않고 하나님께 매달려 기도할 줄 아는 사람이 되게 하여주시옵소서.

다윗처럼 고난을 겪을 때, 고난에 빠져들지 않고

과거에 주셨던 은혜를 기억하고 그 은혜로 고난을 이겨내고

하나님 앞에 부르짖다가 결국에는 찬양으로 영광을 돌리며 끝내는

그런 근사한 믿음과 승리의 삶을 우리도 살게 하여주시옵소서.

13

믿는 자만 치료하시는 하나님?

출애굽기 15:22-26

22 모세가 홍해에서 이스라엘을 인도하매 그들이 나와서 수르 광야로 들어가서 거기서 사흘길을 걸었으나 물을 얻지 못하고 23 마라에 이르렀더니 그 곳 물이 써서 마시지 못하겠으므로 그 이름을 마라라 하였더라 24 백성이 모세에게 원망하여 이르되 우리가 무엇을 마실까 하매 25 모세가 여호와께 부르짖었더니 여호와께서 그에게 한 나무를 가리키시니 그가 물에 던지니 물이 달게 되었더라 거기서 여호와께서 그들을 위하여 법도와 율례를 정하시고 그들을 시험하실새 26 이르시되 너희가 너희 하나님 나 여호와의 말을 들어 순종하고 내가 보기에 의를 행하며 내 계명에 귀를 기울이며 내 모든 규례를 지키면 내가 애굽 사람에게 내린 모든 질병 중 하나도 너희에게 내리지 아니하리니 나는 너희를 치료하는 여호와임이라

I.

우리는 예수님을 믿는다. 예수님을 믿으니 당연히 성경도 믿는다. 그런데 성경에 있는 말씀을 다 이해하는가?

2.

목사는 성경을 읽으면 다 이해가 될까? 그렇지 않다. 나도 이해가 안 되는 말씀이 참 많다. 성경이 이해가 안 되어도 크게 문제 삼지 않는 중요한 이유가 있다. 중요한 것을 깨달았기 때문이다. 이해가 먼저가 아니라 믿음이 먼저다.

3.

사람들은 이해를 통해서 믿음에 가는 줄로 생각한다. 그래서 전도하면 대개 이해가 안 돼서 못 믿겠다고 말한다. 그런데 진리는 이해를 통해서 믿음에 이르는 것이 아니라 믿음을 통해서 이해에 이르는 것이다.

4.

우리가 모르는 길을 갈 때 내비게이션을 이용한다. 길을 모르기 때문에 내비게이션을 믿고 간다. 그리고 그다음부터는 길을 알고 가게 된다. 믿음이 먼저지 이해가 먼저는 아니다. 그래야 이해가 안 돼서 하나님을 못 믿겠다는 생각에서 벗어날 수 있다. 먼저 하나님을 믿으면 된다. 믿고 가면 된다.

5.

시험 문제를 풀 때, 아는 문제도 있고 모르는 문제도 있다. 그러면 문제를 풀 때 순서대로 푸는가, 아니면 아는 것부터 푸는가? 시험 문제는 아는 것부터 푸는 것이다. 모르는 문제를 붙들고 있다 시간 다 보내면 아는 문제도 못 푸는 법이다.

6.

성경을 읽는 것도 마찬가지다. 성경에도 이해가 되고 은혜가 되는 말씀들이 많다. 또 이해가 안 되는 말씀도 있다. 도무지 이해가 안 되는 말씀만 붙잡고 있다 보면 은혜받을 기회를 놓친다. 그래서 나는 성경 읽을 때 모르는 문제가 나오면 좀 풀어보려고 애쓰다가 정 안 되면 넘긴다. 그것 모른다고 천당 가는 데 아무 지장 없다. 은혜받는 말씀만 쭉쭉 풀어나가다 보면 나중에 이해되지 않던 말씀도 깨달아지는 때가 있다. 사는 동안 못 깨달으면 이다음에 천국 가서 물어보면 된다. 지금은 거울을 보는 것처럼 희미하지만 그때는 얼굴을 볼 텐데, 진리의 얼굴로 볼 텐데. 그래서 나는 이해 안 가는 말씀들이 크게 문제가 되지 않는다.

7.

이 이야기를 하는 이유는, 사실 본문 중에 이해가 가지 않는 부분이 있어서다. 마라에서 이스라엘 백성들이 원망하는데 하나님께서 크게 책망을 안 하신다. 그리고 나뭇가지를 꺾어서 물에 던지게 하심으로 단물로 만들어주시면서 이스라엘 백성들을 훈련하기 위해 조건을 거신다. '나하고 약속하자. 너희들이 내 계명과 규례를 지키고 나에게 순종하면 내가 약속하겠다. 애굽 사람들이 당했던 그 질병, 너희들은 안 걸리게 해줄게. 혹시 걸리면 치료해줄게' 하면서 우리 같은 암 환자들, 어려운 병에 걸린 사람들이 정말 좋아하는 "나는 너희를 치료하는 여호와임이라"라는 말씀을 하신다.

8.

그런데 나는 이 말씀이 이해가 안 갔다. 의문이 생겼다. 예수님을 믿는 사람은 병에 안 걸리고, 애굽 사람만 병에 걸리나? 그건 아니지 않나? 병은 누구나 다 걸리는 것이다. 하나님이 말씀하시는 것을 보면 예수님을 믿으면 암에도 안 걸리고, 어떤 병에 걸려도 다 낫는 것 같다. 그런데 예수님을 잘 믿고, 하나님께 기도해도 암으로 죽는 사람들이 있다. 고난을 당하기도 한다. 이게 이해가 안 간다. 하나님께서 이렇게 말씀하시면 곤란하실 텐데, 금방 반박당하실 텐데, 왜 이렇게 말씀하셨을까?

9.

'이 말씀이 정말일까?' 하는 생각이 들자, 본문을 건너뛰고 도망가고 싶었다. 내가 설교했는데 다른 사람이 나에게 물어보면 내가 뭐라고 설명하겠는가? 나는 대답 못 한다. 설명 못 한다. 설명하지 못할 설교를 하기는 쉽지 않다. 그런데 도망가지 않고 설교를 하기로 했다.

10.

이해 안 된다. 그런데 이해하려 들지 않고 이 말씀을 받아들이려 한다. 하나님의 말씀을 우리는 신약, 구약으로 나눈다. 그건 약속이다. 언약. 그러니까 말씀은 하나님의 약속이고, 하나님이 우리와 맺으려고 하시는 계약이다. 하나님은 우리에게 조건을 거신다. '네가 이렇게 하면, 내가 이렇게 해주겠다.' 하나님의 말씀은 이런 약속들로 이루어져 있다.

11.

본문의 말씀은 하나님이 이스라엘 백성들에게 제시하신 약속, 즉 계약이다. '너희들이 규례를 순종하고 말씀을 지키면 내가 너를 치료해주겠다. 모든 문제를 다 해결해주겠다. 나는 치료하는 하나님이다.'

12.

내가 운영하는 유튜브 채널 이름이 '날마다 기막힌 새벽'이다. 예전에 내가 날마다 새벽기도를 인도하면서 받았던 기막힌 은혜, 거기에서 생겨난 제목이다. 새벽에 일어나 성경을 한 장 한 장 읽을 때마다 주시는 은혜가 정말 놀라웠다. 그때 내가 이런 표현을 썼다. "아침에 배달된 조간신문을 읽는 느낌이다." 어제도 아니고, 내일도 아니고, 오늘 당장 나에게 주시는 살아 계신 하나님의 말씀이다. 기가 막혔다. 찾아서 읽는 게 아니고 순서대로 읽는 말씀이었다. 사실 레위기는 힘들었다. 그런데도 레위기에서 과거의 말씀이 아니라 오늘 나에게 주시는 하나님의 말씀을 찾아내면 기가 막힌다고 감탄했다.

13.

본문 말씀은 수천 년 전 이스라엘 사람들에게 주셨던 말씀이다. 그런데 우리는 지금 그 역사를 읽는 것이 아니다. 이 말씀을 오늘 내가 읽었으면 그 말씀은 과거 이스라엘 백성들에게 주셨던 말씀이 아니라 오늘 나에게 주시는 말씀이다. 그건 내 말씀이다. 나는 그래서 본문 말씀을 과거 이스라엘의 역사로 듣지 않고, 오늘 나에게 주시는 말씀으로 받는다.

'김동호 목사, 너 나하고 약속하자. 계약하자. 너 병 낫고 싶지? 건강해지고 싶지? 죽음의 복을 받고 싶지? 하나님의 일을 잘하다가 아름다운 모습으로 하나님 앞에 가고 싶지?'

'당연하지요.'

'그럼 나하고 약속해. 네가 이렇게 하면 내가 그렇게 해줄게. 치료해줄게. 낫게 해줄게.'

14.

오늘의 내가 어떤 사람인가? 암 환자다. 걸리고 보니까 제일 무서운 병 중에 하나가 암이다. 많은 암 환자를 만났는데, 재발하여 고통당하는 분, 통증으로 고생하는 분, 그것 때문에 두려워하는 분들을 보면 있는 힘껏 위로하고 격려하고 기도

한다. 그런데 나도 무섭다. 그 일이 나에게 일어날까 봐. 두려운 마음이 나라고 왜 없겠나. 벗어나고 싶다. 이 문제에서 해방되고 싶다. 유월의 축복을 받고 싶다. 이 담장을 뛰어넘고 싶다. 그렇게 간절한 나에게 하나님이 출애굽기 15장 26절의 말씀으로 제안하신다.

'여생 동안 내 규례와 법도를 더 잘 지키고, 순종하고, 말씀대로 살면 내가 치료해줄게.'

15.

솔직히 잘 안 믿어진다. 나도 하나님께 어떻게 그런 일이 있을 수 있냐고 묻고 싶다. 그런데 생각해보니 내가 지금 그것을 따질 군번이 아니다. 하나님께 캐물어서 답을 안다고 한들 그게 지금 나한테 뭐가 중요하겠는가. 천지를 창조하신 분, 말씀에 일점일획도 변함이 없으신 하나님이 나한테 조건을 제시하셨으면 묻지도 따지지도 말고 잡아야 한다. 하나님의 마음이 변하시기 전에 얼른 사인해야 한다. '네! 저 그렇게 할게요. 하나님, 저 사인했어요. 정말 그렇게 살겠어요. 그러니까 하나님, 약속 지키세요'라고 해야 한다. 그러고는 순종하며 하나님의 말씀을 지키다 손해가 났다 할지라도, 힘들더라도 하나님 말씀을 붙잡고 더 열심히 예수님을 믿는 기회로 삼는다면, 이 말씀은 나한테 축복이다.

16.

이해가 도무지 안 돼서 하나님께 얼마든지 질문하고 따질 수도 있는 말씀이다. 하지만, 그러길 포기하고 그냥 붙잡으면 이 말씀은 축복의 말씀이 될 줄을 믿는다.

17.

성경 말씀을 읽을 때 의심이 생기지 않는가? 질문이 있지 않은가? 이해가 안 되는 부분이 있지 않은가? 그까짓 것 생각할 것 없다. 하나님이 좋은 조건으로 계약하자 하실 때 얼른 붙잡고 사인하라. 하나님은 어기지 못하신다. 어기지도 않으신다. 하나님의 약속을 쟁취해서 우리가 치료하시는 하나님의 증인들이 될 수 있기를, 그래서 승리할 수 있기를 바란다.

18.

나는 사인하고, 지켜서 하나님께 치료의 약속을 축복으로 받아낼 것이다. 승리할 것이다. 출애굽 할 것이다. 우리 함께 가자. 같이 가서 승리하는 모두가 되기를 바란다. 꼭 암만 문제겠는가. 다른 질병도 마찬가지고, 마음의 고난과 역경도 다 마찬가지다. 우리 모두 사인해서 출애굽의, 치료의, 축복의 증인들 되기를 주의 이름으로 축원한다.

19.

힘든 세상, 약속의 말씀을 붙잡고 나아가자. 이 말씀을 하나님에게서 멀어지고 의심하고 원망하는 기회로 삼지 말고, 위기와 고난 속에서 하나님께 더 가까이 다가가고 하나님을 더 잘 믿게 되는 기회로 삼아서 승리하는 우리가 되기를 바란다. 그럴 줄을 믿는다.

●

이 눈에 아무 증거 아니 뵈어도 믿음만을 가지고서 늘 걸으며
이 귀에 아무 소리 아니 들려도 하나님의 약속 위에 서리라
걸어가세 믿음 위에 서서 나가세 나가세 의심 버리고
걸어가세 믿음 위에 서서 눈과 귀에 아무 증거 없어도

–

하나님, 솔직히 이 말씀이 안 믿어집니다.
하나님께서 그냥 말씀만 그러신다는 생각이 들어 믿기 어렵습니다.
그런데 하나님, 이해해서 믿는 것이 아닌
믿음으로 이해하려는 마음을 주셔서 감사합니다.
이것은 살아 계신 하나님이 오늘 나에게 약속하시는,
치료하시는 하나님의 말씀입니다.
이 절호의 기회를 놓치지 않고 하나님의 약속을 받아내 승리하겠습니다.
저와 우리 사랑하는 친구들 다 이 말씀의 증인들이 되게 하여주시옵소서.

욕심내는 사람 vs. 감사하는 사람

출애굽기 16:16-20

16 여호와께서 이같이 명령하시기를 너희 각 사람은 먹을 만큼만 이것을 거둘 지니 곧 너희 사람 수효대로 한 사람에 한 오멜씩 거두되 각 사람이 그의 장막에 있는 자들을 위하여 거둘지니라 하셨느니라 17 이스라엘 자손이 그같이 하였더니 그 거둔 것이 많기도 하고 적기도 하나 18 오멜로 되어 본즉 많이 거둔 자도 남음이 없고 적게 거둔 자도 부족함이 없이 각 사람은 먹을 만큼만 거두었더라 19 모세가 그들에게 이르기를 아무든지 아침까지 그것을 남겨두지 말라 하였으나 20 그들이 모세에게 순종하지 아니하고 더러는 아침까지 두었더니 벌레가 생기고 냄새가 난지라 모세가 그들에게 노하니라

I.

하나님이 천지 만물을 창조하셨다. 하나님이 창조하신 이 세상을 보면 완벽하다. 그리고 위대하고 아름답다. 하나님의 창조 중에서도 두드러져 보이는 것들이 있는데, 나는 그중 하나가 '균형'이라고 생각한다. 하나님의 창조에는 균형이 잡혀 있다. 한쪽으로 치우치지 않고 중심이 잡혀 있다. 치우

치지 않고, 흔들리지 않는 그 균형. 그래서 이 세상이 아름답고 위대하게 느껴진다.

2.

서울대 교수님 한 분이, 아마 장로님이셨던 것 같은데, 우리 교회에서 강의한 적이 있다. 과학자였던 그 분은, 과학적인 내용을 학문적으로 접근하는 것이 아니라 아주 쉽게 강의해 주셨는데 그것이 아직도 기억에 남는다.

3.

하나님이 창조하신 세상을 생산자, 소비자, 분해자로 구분하면서 생산자는 식물, 소비자는 동물, 분해자는 미생물이라고 설명하였다. 이 땅에 식물들은 생산자인데, 그것을 소비자인 동물들이 먹고 산다.

그리고 동물이 죽으면 미생물이 동물을 먹는다. 그걸 쉽게 '썩는다'라고 한다. 그래서 미생물이 동물의 사체를 다 먹어서 썩히면 사체가 쌓이지 않고 다 없어진다. 이제 미생물이 땅에 녹아들면 그 미생물을 생산자인 식물들이 먹는다. 이렇게 순환이 이루어지는 것이다.

식물은 동물이 먹고, 동물은 미생물이 먹고, 미생물은 다시 식물이 먹고. 이렇게 환원되면서 그 균형이 깨지지 않는다는 것이다.

4.

동물이 동물을 먹기도 한다. 강한 동물이 약한 동물을 먹는다. 그런데 아무리 강한 동물이라도 자기가 먹을 만큼만 먹는다. 배부르면 사냥하지 않는다.

그래서 강한 동물만 살아남고 약한 동물은 씨가 마르는 일은 하나님의 창조 세계에서는 절대로 일어나지 않는다. 그렇기 때문에 균형을 유지한다.

5.

그런데 이렇게 완벽한 하나님의 창조 세계의 균형을 깨는 것이 인간이다. 인간은 먹기 위해서만 사냥하지 않는다. 먹기 위해서만 돈 벌지 않는다. 사람들은 쌓아 놓기 위하여, 과시하기 위하여 있는 힘껏 사냥한다. 다 먹지도 못하면서. 그러면서 그것을 자랑한다.

사자는 그런 것을 자랑하지 않는다. 사자는 '너, 몇 마리 잡아놨냐? 네 창고에는 몇 마리나 있냐?'며 힘을 자랑하지 않는다. 먹기 위해서 사냥하고 그것으로 끝이다. 그러니까 아무리 강한 자가 있어도 약한 자들의 씨가 마르는 법이 없다. 그런데 인간은 그렇지 못하다. 욕심으로 산다.

6.

다 먹지도 못하면서 쌓아 둔다. 그렇게 쌓아 놓은 것은 썩는다. 공해가 된다. 그런데 한쪽에서는 말도 못하는 결핍이 일어난다. 한쪽에서는 엄청난 부를 누리고 사는데 한쪽에서는 하루에 1불도 벌지 못해서 굶어 죽고 물도 제대로 마시지 못하는 그런 이상한 세상을 만들어간다. 그러면서 공해가 발생한다. 평화가 깨진다. 그리고 전쟁이 일어난다. 이것이 우리 인간들이 벌이는 세상의 모습이다.

7.

그것만이 아니다. 그렇게 쌓아 두는 것이 행복하고 만족하다면 할 말이 없지만, 그렇게 한다고 행복해지는 것은 아니다. 채워지지도 않는다. 만족하지도 못한다. 행복하지도 못하면서, 만족하지도 못하면서, 그것 때문에 잘 살지도 못하면서, 쓸데없이 욕심을 부리다가 도리어 싸움만 일어나고, 분쟁만 일어나고, 불화만 일어나는 어리석은 짓을 우리 인간이 하면서 살아가고 있다.

8.

죄 때문이다. 타락했기 때문이다. 죄의 본성인 욕심 때문이다.

9.

예수님이 우리에게 주기도문을 가르쳐주셨다. 참 기가 막힌 기도다. 그런데 내 마음에 들지 않는 구절이 있었다. 나는 "일용할 양식을 주시옵고"라는 말이 성에 차지 않았다. 나도 죄인인지라 내 속에도 욕심이 있다. 사람이 어떻게 기도를 하루 먹을 것만 달라고, 삼시 세끼만 달라고 할까 생각이 들어서 '하나님은 좀 크게 기도하라 그러시지 왜 일용할 양식을 달라고 기도하라 그러셨을까' 싶었다. 그런데 그게 굉장히 중요한 기도라는 것을 알게 되었다.

IO.

"일용할 양식을 주시옵고"라는 기도 속에는 정말 일용할 양식을 달라고 하는 내용도 포함돼 있지만, 일용할 양식으로 만족할 수 있는 사람이 되게 해달라는 의미가 숨어 있다는 것을 깨닫게 되었다. 사람은 그래야만 정말 행복하고, 만족하고, 이 땅에서도 천국을 누리며 살 수 있기 때문이다.

II.

사도 바울이 참 근사한 말을 하지 않았는가.

"나는 비천에 처할 줄도 알고 풍부에 처할 줄도 알아 모든 일 곧 배부름과 배고픔과 풍부와 궁핍에도 처할 줄 아는 일체의 비결을 배웠노라 내게 능력 주시는 자 안에서 내가 모든 것을 할 수 있느니라"(빌 4:12,13).

바울이 말하는 것이 바로 자족이다. 만족할 줄 아는 것, '이만큼이면 됐다, 하나님, 충분해요. 감사합니다' 하는 것이다.

I2.

이스라엘 백성들이 광야에서 먹을 것이 없다고 원망과 불평

을 하니까 하나님이 밤에는 메추라기를, 낮에는 만나를 보내
줘서 40년 동안 먹이셨다. 하나님은 우리를 먹이시고, 입히
시고, 기르시는 분이다. 우리를 창조하신 분이 먹을 것 없이
내버려두시겠는가. 우리를 굶기시겠는가. 우리를 죽게 하시
겠는가. 하나님이 말씀하지 않으셨는가. '공중에 나는 새를
봐라. 들의 백합화를 봐라. 그렇게 욕심을 부리지 않아도 다
살지 않느냐. 이유가 무엇인지 아느냐. 나 때문이다. 그것들
도 다 내가 챙겨서 먹이는데 하물며 너희는 어떠하겠느냐.'
그렇게 말씀하셨던 하나님 아니신가.

13.

하나님이 만나를 주시면서 또 이야기하신다.
'그건 하루 먹을 만큼만 거두어라. 내일은 새것으로 또 줄게.
그러니까 하루치만 거둬. 안식일에는 일하면 안 되니까 그
전날은 이틀 치 거두어도 돼.'
그런데 사람들이 그 말씀을 지키지 않았다. 몰래몰래 더 거
뒀다. 먹지도 못할 것 쌓아 놓고. 불신이다. '하나님이 잊으시
면 어떡하나. 그러다 굶으면 나만 손해'라며 예비하는 것이
다. 그런데 아침에 일어나 보니까 다 썩었다. 벌레가 먹었다.
그게 오늘 우리의 삶과도 같다.

14.

행복은 욕심을 채울 때 생기지 않는다. 우리는 만족을 채움

에서 찾는다. 내 욕심이 다 채워지면 행복할 거야, 만족할 거야 한다. 그런데 그렇지 않다. 채워도 채워도, 사마리아 여인처럼 마셔도 마셔도, 다시 목마른 것이 우리 인생이다. 그러므로 행복과 만족을 욕심을 채우는 데서 찾는 것은 어리석은 일이고 헛된 일이다.

15.

자기 욕심을 채우는 일에 가장 일등으로 살았던 사람이 솔로몬이었다. 솔로몬에게는 세상 부귀와 영화와 쾌락이 강물이 연하여 바다로 흐르는 것처럼 흘러들어왔지만 채워지지 않았다. 그것을 통하여 행복하고 만족하고 잘 살고 싶었던 것이 헛되다는 것을 깨달아서 솔로몬은 전도서에서 "헛되고 헛되며 헛되고 헛되니 모든 것이 헛되도다"(전 1:2)라고 고백하지 않았는가.

16.

행복은 욕심을 버리는 데서 생기는 것이다. 일용할 양식에 감사하고, 만족하고, 하나님을 믿는 믿음 가운데 욕심을 부리지 않고, 의심하지 않아야 한다. 하나님께서 내일 양식은 내일 또 새로 주실 것이라는 믿음으로, 공중에 나는 새를 먹이시는 하나님, 백합화를 입히시는 하나님이 나를 잊지 않으시리라는 믿음으로 살아야 한다. 욕심을 버리고, 자족하며, 어떠한 형편에서든지 감사하며 사는 것이 그리스도를 믿는 믿음의 삶을 사는 사람들의 모습이라고 생각한다. 하나님을 믿는 믿음으로 자족하는 것을 배울 수 있는 우리가 되기를 바란다.

17.

하지만 쉽지 않다. 끊임없이 도전하고 싸우고 기도하면서 조금씩 조금씩 발전하는 것이다. 하나님이 우리를 입히시고 먹이시고 키우신다. 광야에서도 만나를 준비하시고 고기를 먹이시려고 메추라기를 준비하신다. 40년 동안 하루도 어기지 않고 이스라엘 백성들을 입히시고 먹이신 하나님이 오늘 우리의 하나님이신 줄을 믿는다.

18.

그리고 작은 일에도 감사하고 욕심을 부리지 말아야 한다. 욕심을 버려서 자그만 일에도 행복하고 감사하는, 항상 기뻐하고 범사가 감사한 그리스도인의 삶을 살아나가는 우리가 될 수 있기를 주의 이름으로 축원한다. 욕심을 채우려 하지 말고 욕심을 버리려고 할 때, 우리의 삶이 오히려 채워진다는 이 비밀의 말씀을 잘 실천해서 작은 일에도, 어떤 형편에도 천국을 살아내길 바란다.

●

공중 나는 새를 보라 농사하지 않으며

곡식 모아 곳간 안에 들인 것이 없어도

세상 주관하는 주님 새를 먹여주시니

너희 먹을 것을 위해 근심할 것 무어야

–

하나님, 하나님을 믿는 믿음 가운데

욕심을 채우려 하지 말고 버릴 수 있게 도와주셔서

작은 것에도 만족하고, 작은 것에도 감사하고, 작은 것에도 행복하게

어디서나, 어떤 처지에서도, 하나님나라를 살아가는

믿음의 장부들이 다 되게 하옵소서.

15

세상과 싸울 때 지켜야 할 믿음의 방식

출애굽기 17:8-13

8 그때에 아말렉이 와서 이스라엘과 르비딤에서 싸우니라 9 모세가 여호수아에게 이르되 우리를 위하여 사람들을 택하여 나가서 아말렉과 싸우라 내일 내가 하나님의 지팡이를 손에 잡고 산 꼭대기에 서리라 10 여호수아가 모세의 말대로 행하여 아말렉과 싸우고 모세와 아론과 훌은 산 꼭대기에 올라가서 11 모세가 손을 들면 이스라엘이 이기고 손을 내리면 아말렉이 이기더니 12 모세의 팔이 피곤하매 그들이 돌을 가져다가 모세의 아래에 놓아 그가 그 위에 앉게 하고 아론과 훌이 한 사람은 이쪽에서, 한 사람은 저쪽에서 모세의 손을 붙들어 올렸더니 그 손이 해가 지도록 내려오지 아니한지라 13 여호수아가 칼날로 아말렉과 그 백성을 쳐서 무찌르니라

I.

이스라엘이 아말렉과 전쟁을 한다. 모세는 그 싸움을 여호수아에게 부탁한다. '가서 싸워라. 그러면 나는 산에 올라가서 기도하겠다.' 여호수와는 싸우고, 모세는 기도하고. 이것이 중요한 내용이다.

2.

기독교는 평화의 종교다. 기독교의 가장 중요한 중심 가치는
'샬롬'이다. '샬롬'은 기독교에서 굉장히 중요한 개념이다. 모
든 사람이 더불어 평화롭게 사는 것이 기독교의 정신이다.
그러면 평화는 싸우는 것인가, 싸우지 않는 것인가? 당연히
평화는 싸우지 않는 것이다. 싸우는 것은 불화다. 평화는 싸
우지 않는 것이 맞기는 하는데, 그것이 전부는 아니다.

3.

힘 있다고 함부로 전쟁을 일으키고, 약한 자들을 침략하고,
지배하고, 정복하는 것. 그건 기독교가 아니다. 그런 면에서
평화는 싸우지 않는 것이다. 힘이 있다고 전쟁하지 않는 것
이다. 그리고 정복하지 않는 것이다. 그게 평화, 맞다.

4.

내가 먼저 전쟁을 일으키고 싸움을 건 것은 아니다. 그런데
힘 있는 다른 나라와 사람들이 나의 평화를 깨뜨리고, 자유
를 침략하고, 정복하고, 지배하려 한다면, 그때도 싸우지 않
아야 하는 걸까? 싸우지 않고 항복하고, 정복당하면 아마도
전쟁은 피할 수 있을 것이다. 그런데 그렇게 굴복하고 전쟁
하지 않아서 온 평화가 평화일까? 그것이 기독교에서 이야
기하는 평화일까? 그렇지 않다. 그때의 평화는 싸우는 것이
다. 그때는 평화를 깨뜨리는 것에 저항하여 싸우는 것이다.

평화는 싸워서 지키는 것이고, 얻는 것이다.

5.

힘 있는 사람들은 언제나 전쟁을 일으키려고 한다. 정복해서
노예로 만들고 이익을 얻기 위해서다. 역사가 시작된 이래
지금까지 그러지 않았는가. 지금도 그렇다. 미국과 중국, 일
본이 우리에게 그러지 않는가. 일본은 전에도 우리를 침략하
고, 정복하려 했고, 우리를 힘으로 굴복시키려 했는데, 요즘
도 똑같은 방식으로 우리를 대하려 한다. 그럴 때 '싸우지 말
고 항복하고 평화해야지, 안 그러면 우리만 손해'라 생각해
서 타협하고 굴복한다면, 평화 같아 보이지만 그것은 진정한
평화일 수 없다.

6.

평화는 침략하지 않는 것이기도 하지만, 굴복하지 않는 것
이기도 하다. 그러므로 평화를 위하여 우리는 때때로 싸워
야 한다. 성경도 말하지 않았는가. "악에게 지지 말고 선으로
악을 이기라"(롬 12:21). 그리고 마귀를 대적하라고. 하나님은
우리가 하나님 외의 것에 무릎 꿇는 것을 절대 원하지 않으
신다. 하나님은 하나님을 믿는 하나님의 자녀들이 비굴한 것
을 견디지 못하신다.

7.

우리는 약하기 때문에 비굴해야만 살아남는 경우가 참 많다. 비굴함도 이 세상이 가르쳐주는 전략 중 하나다. '비굴해도 살아남는 게 지혜로운 것이다. 힘도 없는 것들이 싸우려고 하기만 해서 다 빼앗기고 죽으면 그게 무슨 소용인가.' 이게 세상의 논리고 세상의 지혜다.

8.

그런데 우리가 우리의 힘만으로 싸우는 사람인가. 그러면 백전백패다. 우리는 어린 다윗과 같다. 우리가 싸워야 할 세상은 우리보다 강한 골리앗과 같은 나라이고, 사람이고, 힘이다. 그러니까 하나님이 없는 사람들의 생각으론 싸우면 안되는 것이다. 자존심을 지키다가 나라가 망할 수도 있다. 항복하고 그냥 애굽의 종으로 살면서 가끔 주는 고기 얻어먹고 부추 얻어먹으며 사는 것이 광야에서 죽는 것보다 낫다. 그게 세상의 철학이고 지혜다.

9.

하지만 우리는 하나님을 믿는 믿음의 사람이다. 우리의 힘으로 싸우는 것이 아니라 하나님의 힘으로 싸우는 것이다. 우리는 하나님을 믿는 믿음으로 싸워야 한다. 우리의 싸움에 하나님의 힘을 덧입기 위하여 우리가 해야 할 것은 싸움만이 아니다.

10.

모세가 그것을 알았다. '여호수아, 넌 이 민족을 데리고 나가서 아말렉과 싸워라. 굴복하지 마라. 지지 마라. 나는 기도하겠다.' 아말렉이 우리보다 더 강하다. 그러니까 기도할 것이다. 하나님의 힘을 덧입을 것이다. 싸움만으론 이길 수 없다. 그리고 하루 종일 기도하지 않았는가. 손들고 기도하는데, 힘이 약해서 떨어지면 여호수아가 밀리고 그러다 옆에서 아론과 훌이 돌이라도 바쳐서 거들어주면 승리하고. 그렇게 기도해서 결국 승리하지 않았는가.

11.

싸울 때 자기 힘에 의지하여 싸움만 해서는 안 된다. 그러면 패배한다. 자기 힘으로 모든 문제를 다 해결할 수 있다고 생각하는 건 불신앙이다. "내 사전에 불가능이란 없다"라고 했던 나폴레옹이 결국은 패배하지 않았는가. 싸우는 것도 중요하지만 자기의 힘만으로 싸워서 이기겠다고 생각하는 것은 오만이다. 결국은 비참한 패배가 될 것이다. 기도해야 한다. 싸우면서 기도하고, 기도하면서 싸워야 한다.

12.

세상은 크게 두 종류의 사람으로 나눌 수 있다. 하나는 기도는 안 하고 싸움만 하는 사람. 하나님은 믿지 않고 모든 일을 자기 힘으로 다 해결할 수 있다고 생각하는 것. 그런 생각으로는 진정한 평화를 누리거나 쟁취할 수 없다.

그런데 반대의 사람도 있다. 싸우지는 않고 기도만 하는 사람. 기도만 하면 된다며 싸우지는 않고 하나님께 기도만 하는 사람들이 있다. 그들은 어차피 우리는 약해서 이기지 못한다고, 우리의 힘으로 이기는 것이 아니라고 말한다. 그건 맞다. 그런데 그것은 하나님의 방식이 아니다.

13.

우리는 말씀 속에서 하나님의 뜻을 알 수 있다. '내 힘으로 이긴다. 그렇지만 너희가 싸워야 한다.' 여호수아는 싸우고 모세는 기도하고. 싸우면서 기도하고, 기도하면서 싸우는 이것이 기독교의 철학이고 정신이 아닐까 싶다.

14.

하나님은 우리에게 모든 것을 주실 때 이렇게 말씀하신다. "손이 수고한 대로 먹을 것이라 네가 복되고 형통하리로다" (시 128:2).

수고하라는 것이다. 수고하는 것은 빼놓고 기도만 해서는 안 된다는 것이다. 기도만 하고 수고하지 않는 것은 하나님의 방식이 아니다. 그것은 미신적이고 기복적인 신앙으로 흘러가는 것이라고 이야기할 수 있다.

15.

우리가 할 도리를 다하고 나서 하나님 앞에 매달려 기도해야
이 땅에서 진정한 승리를 이루며 살아갈 수 있다. 이스라엘
이 아말렉과 싸워서 승리한 이유가 바로 그것이다.

●

행군 나팔소리에 주의 호령났으니
십자가의 군기를 높이 들고 나가세
선한 싸움 다 싸우고 의의 면류관 의의 면류관 받아 쓰리라
선한 싸움 다 싸우고 의의 면류관 예루살렘 성에서
면류관 받으리 저 요단강 건너
우리 싸움 마치는 날 의의 면류관 예루살렘 성에서

–

여호수아는 싸우고 모세는 산에 올라가 기도한 것처럼
우리도 하나님께 기도해야 합니다.
싸움만 하는 사람, 싸우지는 않고 기도만 하는 사람이 되지 않고
싸우면서 기도하고 기도하면서 싸울 줄 아는 하나님의 사람들이 되게 하시사
다윗처럼 연약한 우리가 골리앗 같은 세상에 굴복하지 않고
하나님이 주시는 평화를 쟁취하며 하나님나라를 살아갈 수 있게 하옵소서.

모세의 리더십이 위대한 이유

출애굽기 18:13-22

13 이튿날 모세가 백성을 재판하느라고 앉아 있고 백성은 아침부터 저녁까지 모세 곁에 서 있는지라 14 모세의 장인이 모세가 백성에게 행하는 모든 일을 보고 이르되 네가 이 백성에게 행하는 이 일이 어찌 됨이냐 어찌하여 네가 홀로 앉아 있고 백성은 아침부터 저녁까지 네 곁에 서 있느냐 … 17 모세의 장인이 그에게 이르되 네가 하는 것이 옳지 못하도다 18 너와 또 너와 함께 한 이백성이 필경 기력이 쇠하리니 이 일이 네게 너무 중함이라 네가 혼자 할 수 없으리라 19 이제 내 말을 들으라 내가 네게 방침을 가르치리니 하나님이 너와 함께 계실지로다 너는 하나님 앞에서 그 백성을 위하여 그 사건들을 하나님께 가져오며 20 그들에게 율례와 법도를 가르쳐서 마땅히 갈 길과 할 일을 그들에게 보이고 21 너는 또 온 백성 가운데서 능력 있는 사람들 곧 하나님을 두려워하며 진실하며 불의한 이익을 미워하는 자를 살펴서 백성 위에 세워 천부장과 백부장과 오십부장과 십부장을 삼아 22 그들이 때를 따라 백성을 재판하게 하라 큰 일은 모두 네게 가져갈 것이요 작은 일은 모두 그들이 스스로 재판할 것이니 그리하면 그들이 너와 함께 담당할 것인즉 일이 네게 쉬우리라

I.

내 인생에 굉장히 중요한 교훈을 주신 분이 있다. 어느 기독교학교의 교장 선생님이었는데, 장로님이셨다. 학교 채플 시간에 갔다가 예배를 마치고 그 장로님과 만나 이야기를 나누었다. 그때 그 분이 이런 말씀을 하셨다. "저는 있으나 마나 한 교장이 되려고 힘씁니다."

그 말이 참 충격적이었다. 있으나 마나 한 사람은 그냥 가만히 있으면 되는 건데 왜 그런 사람이 되기 위해 힘을 쓰시는 거지? 하지만 금방 깨달았다. 그것은 없어서는 안 될 사람, 그다음을 말하는 것임을 알게 되었다.

2.

우리는 어려서부터 있어서는 안 될 사람, 있으나 마나 한 사람이 되지 말고 없어서는 안 될 사람이 되어야 한다는 교훈을 받으면서 자랐다. 그런데 없어서는 안 될 사람이 되는 것이 최고의 리더십은 아니다. 교회나 나라나 회사나 어느 조직이나 리더가 있기 마련이다. 없어서는 안 되는 사람이 리더가 되면 잠깐은 발전하는 것 같지만, 결국 그 조직은 리더에 얽매이게 된다. 그 사람이 없으면 안 되니까. 그렇게 되면 융통성 있는 창조적인 집단이 되지 못한다.

3.

최고의 리더는 단순히 없어서는 안 될 사람, 있으나 마나 한 사람이 아니다. 없어서는 안 되는 사람임에도 불구하고 조직을 위하여, 교회를 위하여, 세상을 위하여 자기를 부인하는 사람이다. 그리고 있으나 마나 한 사람의 자리로 내려와 후배들을 키워주는 리더가 최고의 리더라고 할 수 있다.

4.

한동안 《GOOD TO GREAT》(좋은 기업을 넘어 위대한 기업으로)라는 경영 도서가 유행했던 적이 있다. 책에서 이야기하는 것도 같은 것이었다. 없어서는 안 되는 사람이 회사의 CEO가 되면 안 된다. CEO가 없어서는 안 되는 사람이라면, 좋은 기업은 되지만 위대한 기업은 되지 못한다. 위대한 기업에서는 있으나 마나 한 사람이 CEO가 되고 또 뒤의 사람을 키워준다는 내용의 책이었다.

5.

초기 한국교회는 참 강하고 아름다운 교회였다. 규모는 작았지만, 세상에 선한 영향을 주었기 때문에 한국교회가 부흥하고 발전하고 성장할 수 있었다. 그런데 한국교회는 오히려 성장하고 부흥하면서 힘을 잃기 시작했다. 마치 교회사를 보는 것과 똑같다. 교회사를 보면 초대교회는 작고 가난하고 세상적인 힘은 없었지만, 정말 강력한 교회였다. 생명력이 살아 있고 하나님나라의 전형이라고 할 만한 힘이 있는 교회였다. 그런데 교회가 부흥하고 성장하면서 중세교회는 타락하기 시작했다. 엄청난 성당을 짓고 '교황'이라는 직책도 생기고, 또 교황이 왕보다 더 큰 권력과 힘을 갖게 되면서 교회는 오히려 힘을 잃었다.

6.

한국교회는 담임 목사에게 너무 집중되어 있다. 그래서 그 목사가 잘 되면 교회가 잘 되고, 그 목사가 잘못되면 교회가 통째로 잘못되는 그런 약한 리더십을 보이고 있다.

7.

나는 있으나 마나 한 교장이 되려고 힘쓴다는 장로님의 말과 성경 말씀을 통해 목회의 참 지혜를 얻었다. 모세가 광야에서 백성들을 이끌면서 이런저런 문제가 생기면 재판장 역할을 했다. 문제를 가져오면 하나님께 묻고 하나님의 방식과 법을 가르쳤는데, 그걸 하루 종일 했다.

장인 이드로가 그 모습을 보다가, '너, 참 지혜롭지 못하다. 혼자서 그걸 다 하려 하면 어떻게 하냐. 그러지 말고 백성들에게 존경받고 하나님의 방식대로 살려고 하는 좋은 사람들을 잘 골라서 천부장과 백부장과 오십부장과 십부장으로 삼아 일을 나눠서 해라'라고 했던 것이 내 목회와 삶에 굉장히 큰 영향을 끼쳤다.

8.

교회가 작을 때는 모르지만 커지면 혼자서 목회하려고 하면 안 된다. 그래서 나는 '협동목회', '전임목회'라는 것을 생각했다. 아무리 교회가 커도 담임 목사 다음엔 다 부목사이지 않은가. 부교역자가 아무리 많다 할지라도, 엄밀히 말하면, 층은 둘이다. 담임 목사 한 사람과 그다음 부목사라는 층이다. 나는 거기에 한 층을 더 했다. '층'이란 말이 좀 어폐가 있지만 담임 목사 다음으로 전임 목사 또 협동 목사라는 말을 사용하여 교육, 선교, 행정 등으로 나누어 그 분들에게 담임 목사의 권한을 할 수 있는 대로 이양하려고 했었다. 쉽지는 않았지만 담임 목사의 역할이나 권한 같은 것들을 분산했더니 결과적으로 일도 쉬워지고 내가 없으면 안 되는 교회에서 탈피할 수 있었다. 또 하나님의 말씀과 모세와 이드로의 지혜가 실제 내 삶에 도움이 되었다고 간증할 수 있게 되었다.

9.

사람은 누구나 없어서는 안 되는 사람이 되려고 한다. 왜 그럴까? 교회를 위해서 그럴까? 나라를 위해서 그럴까? 아니다. 그 속에는 이기적인 마음이 있다. 그래야 내가 인정을 받기 때문이다. 그래야만 내가 '아, 저 사람은 참 훌륭해'라며 영광을 받게 되기 때문이다.

더 솔직하게 얘기하면 그래야만 내 이권을 챙길 수 있기 때문이다. 내가 없으면 안 되니까 월급을 더 많이 줘야 하지 않겠나, 권한을 더 줘야 하지 않겠나, 왕 같이 되어야 하지 않겠는가. 그런 불신앙적인 마음이 그 마음속에도 있지 않나 생각한다.

10.

우리는 다 마음속에 원죄가 있다. 그 원죄는 무엇인가? 원죄는 내가 스스로 하나님이 되려는 마음에서 출발한다. 자기를 높이고, 내가 없으면 안 되고, 힘을 발휘하고, 지배하려고 하는 그런 불신앙적인 본능이 우리에게는 늘 있다.

11.

예수님을 믿는 사람들은 직장생활을 하든지, 사회생활을 하든지, 교회에서 봉사하든지 할 때 첫째는 없어서는 안 될 사람으로 충성해야 한다. 최선을 다해야 한다. 그다음에는 거기에 머물러 있지 말고, 다른 사람의 기회를 박탈하지 말고 내려와야 한다. 그리고 여호수아를 키우는 것이다. 그 길을 인도해주는 것이다.

12.

나는 참 좋은 목사님을 만났다. 그래서 좋은 목사님, 좋은 지도자, 참 스승을 만나는 것이 복이라는 걸 알게 되었다. 나는 신학을 하고 내가 자라난 모교회에서 교육전도사와 전임전도사를 거쳐 부목사까지 했다. 지금은 돌아가셨지만 나에게 아버지와도 같은 임택진 목사님이 나를 키워주셨다. 정말 키워주셨다. 모세가 여호수아를 키워주듯이.

13.

목사님이 어느 신앙잡지와 인터뷰하신 글을 읽고 참 감격했었다. 내 이야기를 하셨다. 우리 교회에 이런 부목사가 있다고 하며 이런 말씀을 하셨다. "디모데를 보는 바울의 심정이다"라고. 내가 목회를 꽤 쉽게 잘했는데, 다 목사님이 나를 여호수아처럼 키워주셨기 때문이다. 이런 말씀도 하셨다. "그는 흥하여야 하겠고 나는 쇠하여야 하리라."
목사님은 내가 주일 저녁에 설교를 조금이라도 잘하면 광고 시간에 나를 칭찬해주셨다. 일부러 "젊은 목사가 저렇게 설교를 잘하면 난 어떡합니까. 나 몇 년 더 해야 하는데. 야단 났수다"라고 하시면 교인들이 박수를 치며 웃곤 했다.

14.

정말 훌륭한 지도자는 자기 혼자 끝까지 왕 노릇을 하는 것이 아니라 그다음 사람을 키워주고 여호수아를 세워주는 그런 모세 같은 지도자라고 생각했다. 그래서 늘 우리 목사님을 생각하면서, 모세를 생각하면서 살았다. '나도 모세 같은 사람이 되면 좋겠다. 없어서는 안 되는 사람이 되려고 최선을 다하다가 때가 되면 슬그머니 내려와서 느보산으로 올라가고 여호수아도 키워줄 수 있는 근사한 하나님의 사람이 되면 좋겠다'는 생각으로 살았다.

15.

그게 다 됐을까 싶긴 하지만, 흉내만 냈는데도 정말 좋았다. 아름다웠다. 지금 어디서 무엇을 하든지 간에 꼭 모세와 같은 지도자가 되길 바란다. 좋은 영향력을 끼치는, 없어서는 안 될 사람이 되길 바란다. 하지만 그다음에는 자신을 부인해야 한다. 거기서 혼자 모든 영광을 다 받으려고 해서는 안 된다. 하나님의 영광을 가로채는 건 물론이고 다른 사람의 영광도 가로채면서 앞길을 막지 말자. 나의 축복이, 그 자리가 다른 사람의 길이 되고, 축복이 되어서 여호수아를 길러 낼 수 있는 지도자가 되길 바란다.

16.

예수님을 믿는 우리가 있는 곳곳에서 모세처럼 훌륭한 리더십을 발휘한다면 좀 더 좋은 세상, 하나님나라에 가까운 세상을 만들며 살아갈 수 있지 않을까.

우리가 다 없어서는 안 될 사람으로 충성하고 그다음에는 있으나 마나 한 사람이 되어서 자신은 감추고 후배들의 발전을 응원하는 근사한 하나님의 사람이 된다면, 그렇게 빛과 같은 그리스도인으로 살아간다면 우리 한국교회가 세상 사람들에게 칭찬받고, 하나님께 영광을 돌리는 교회가 되지 않을까 생각했다.

●

겸손히 주를 섬길 때 괴로운 일이 많으나
구주여 내게 힘주사 잘 감당하게 하소서

인자한 말을 가지고 사람을 감화시키며
갈 길을 잃은 무리를 잘 인도하게 하소서
　

하나님, 내가 최고라고 여기는 마음이 있습니다.
그리고 없어서는 안 될 사람이 되어서
자기의 영광과 이익을 추구하려는 본능이 있습니다.
우리도 모세처럼 혼자 일하지 말게 하시고,
여호수아도 키울 수 있게 하시고
천부장, 백부장으로 나눠서 일하다가
결국에는 있으나 마나 한 사람으로 느보산에 올라가 죽은 모세와 같은
믿음의 사람이 되게 하여주옵소서.

17

세상의 통치자도 하나님이시다

출애굽기 19:1-6

1 이스라엘 자손이 애굽 땅을 떠난 지 삼 개월이 되던 날 그들이 시내 광야에 이르니라 2 그들이 르비딤을 떠나 시내 광야에 이르러 그 광야에 장막을 치되 이스라엘이 거기 산 앞에 장막을 치니라 3 모세가 하나님 앞에 올라가니 여호와께서 산에서 그를 불러 말씀하시되 너는 이같이 야곱의 집에 말하고 이스라엘 자손들에게 말하라 4 내가 애굽 사람에게 어떻게 행하였음과 내가 어떻게 독수리 날개로 너희를 업어 내게로 인도하였음을 너희가 보았느니라 5 세계가 다 내게 속하였나니 너희가 내 말을 잘 듣고 내 언약을 지키면 너희는 모든 민족 중에서 내 소유가 되겠고 6 너희가 내게 대하여 제사장 나라가 되며 거룩한 백성이 되리라 너는 이 말을 이스라엘 자손에게 전할지니라

I.

역사를 보면 시대마다 세계를 호령하고 지배하던 나라들이 있다. 나라가 힘이 세지고 왕의 힘이 세지면 세계를 정복하려 든다. 그 예로 우리가 잘 아는 몽골의 칭기즈 칸이 있다. 또 로마도 세계를 거의 다 정복하고 지배했었다. 현대에 들

어오면서도 영국이 세계 곳곳에 식민지를 세워서 '해가 지지 않는 나라'라는 말을 들었다. 스페인도 꽤 많은 식민지를 가지고 세계를 정복했었다. 나폴레옹 때는 프랑스가 세계를 다 점령하는 것 같았고, 히틀러 때는 독일이 세계대전을 일으켜서 무서운 힘으로 세계를 정복하려고 했었다.

2.

몽골의 칭기즈 칸이 세계를 정복할 때 무서웠다. 로마는 그 세력이 천 년이나 가지 않았는가. 백 년도 살지 못하는 우리 인간의 눈으로 볼 때 천 년은 영원한 시간처럼 보인다. 몇 대가 지나야 하는 시간 아닌가. 사람들은 다 절망할 것이다. 그리고 이렇게 생각할 것이다. 세계가 로마에 속했다고. 그 당시에는 로마가 거의 하나님 같은 존재로 역사를 지배했었다. 그럴 때 약한 나라들은 굴복하고 조공을 바쳐서 뭐 하나라도 얻어먹기 위해 바짝 엎드렸다. 세계가 그 강력한 나라에 속하였다고 생각했기 때문이다.

3.

사탄도 마찬가지다. 하나님은 잘 보이지 않는데, 사탄이 세상을 다 잡은 것 같다. 그래서 이 세상이 누구에게 속하였냐고 물으면 사탄에게 속하였다고 생각하기 쉽다. 하나님의 나라는 이 세상이 아니고, 이 세상이 다 끝난 후에 새 하늘과 새 땅이 열리면 하나님께 속하게 된다. 하지만 그 전에 타락한 이 세상은 공중의 권세를 잡은 마귀에게 속하였다고 생각하는 사람들이 실제로 많다.

4.

그래서 양다리를 걸치고 산다. 세상에서는 사탄의 편에서 그 법을 좇으며 세상의 방식으로 살고, 교회에 오면 하나님의 방식대로 산다. 이다음에 하나님나라에 가면, 그때 하나님나라의 방식대로 살면 된다고 생각하는 경우가 많은 것 같다.

5.

나는 본문의 5절 말씀이 참 좋다. "세계가 다 내게 속하였나니." 하나님의 성품이 보인다. 영원한 새 하늘과 새 땅만이 아니라 이 세상도, 현재 미국이 패권을 잡고 있고 중국이 영향력을 키우려 하고 로마가 지배했던 이 세상, 사탄이 지배하는 것 같은 세상이지만, 아니다. '이 세상은 내게 속하였다. 내가 다스린다. 내가 하나님이다.' 이렇게 내가 하나님이라고, 이 세계는 다 내게 속하였다고 선포해주시는 것이다.

6.

나는 이게 정말 좋다. 그래야 우리가 하나님 편에 서서 살지 않겠는가. 그리고 또 4절에는 하나님이 이렇게 말씀하신다. 내가 너희를 독수리 날개로 업어 인도하였다고. 그때는 애굽이 통치하던 세상이었다. 세상이 다 애굽의 바로에게 속했던 때였다. 그래서 바로에게 잘 보이고, 바로의 말을 거역하지 말아야 하고, 그에게 굴복해야만 살 수 있었는데, 하나님이 이스라엘 백성들을 건져주셨다. 이스라엘 백성들은 바로를 이길 수 없었지만, 하나님이 출애굽 시켜주셨다는 말씀이다.

7.

하나님은 '독수리 날개로 너희를 업어서 여기까지 인도했다' 라는 표현을 쓴다. 이 말을 이스라엘 백성들은 부인할 수 없다. 그게 사실이니까. '내가 하나님이야. 이 세상은 내게 속했어. 그러니까 너희들은 애굽에 굴복하면 안 돼. 거기에 얼쩡거리고 양다리 걸치면 안 돼. 그러면 손해 보는 거야. 망하는 거야. 눈에 보이지 않고 좁은 길 같아 보여도 내 말을 따라야지, 내게 속해야지, 내게 순종해야지'라고 말씀하시는 것이다. 그러면서 또 이렇게 말씀하신다. 그렇게 하면 내가 너를 축복할 것이라고. 내가 네 편에 서서 너를 독수리 날개로 끝까지 인도할 것이라고. 그러면서 너는 내 나라가 되고, 내 백성이 될 것이라고.

8.

이어서 또 중요한 말씀을 전해주신다. '내가 왜 너를 독수리 날개로 업어서 인도하는지 알아? 내가 왜 너를 애굽의 손에서 건져주고 지켜주는 줄 알아? 내가 왜 너를 축복하는지 알아?' 이것은 창세기 12장부터 계속 일관되게 이어지는 교훈이다. 혼자만 잘 먹고 잘 살라는 것이 아니다. 그러면서 매우 중요한 말씀을 하신다. 이스라엘 백성들을 선민으로 삼으시고 업어서 구원해주시고 축복해주시는 것은 너 하나 구원하려고 그러는 것이 아니라고. 너를 내 앞에서 제사장 나라가 되게 하려고 그런 것이라고.

9.

제사장에게는 섬기는 하나님의 백성들이 있다. 그러니까 제사장의 임무는 자신의 삶이 아니라 하나님 앞에 제사를 드리러 오는 백성들을 축복해주는 것이다. 하나님은 '제사장 나라'라는 말을 쓰시면서, 이스라엘을 축복함으로 온 세상과 마귀에게 속하고 사탄에게 속하고 세상에 속한 사람들을 구원하길 원하신다. 그들을 다시 하나님의 나라로 인도하고, 하나님의 백성으로 만들기 위해서 이스라엘을 선택하셨다. 그러니 너희는 축복받았다고 힘 있다고 다른 나라를 정복하려 들지 말고, 내 나라가 되고 내 백성이 되어 나와 함께 세상을 섬기고 세상을 축복하는 제사장 나라가 되라고 하신 것이다.

10.

나는 이 말씀이 너무 좋다. 우리는 복의 근원이 되어야 한다. 오천 명을 먹이는 사람이 되어야 한다는 것이다. '너는 세상의 복이다'라는 그 말씀이다. 그러기 위해서 우리는 하나님께 속해야 한다. 하나님 편만 해야 한다. 이 세상은 하나님께 속하였다. 하나님이 우리를 어떤 나라와 민족으로부터도 독수리 날개로 업어서 인도하신다.

11.

나는 그것이 보인다. '나'라는 개인도 그렇고, 우리나라도 그렇다. 대한민국이라는 열방 가운데 치여 사는 조그만 나라가, 망하려면 벌써 망했을 수도 있는 나라가 여기까지 온 것은 하나님이 독수리 날개로 업어주셨기 때문이다. 하나님은 우리나라를 제사장 나라로 삼으시려고 우상을 섬기던 나라에서 세계적으로 큰 선교 국가로 만들어주셨다. 그런데 우리는 타락해서 스스로가 하나님이 되려고 하고, 세상의 쾌락에 빠져서 교회의 본질을 잃어버렸다. 이러다 제사장 노릇, 나라 노릇을 못 하는 것이 아닌가 두렵다.

12.

우리에게 무슨 힘이 있겠는가. 그래도 우리라도 정신을 차리고 하나님 말씀을 생각해야 한다. 부족하지만 넘어지면 다시 일어서서 힘들고 좁은 길이지만 그 말씀대로 살려고 발버둥치며 살아야 한다. 그러다 보면 우리가, 한국교회가 제사장 나라를 감당하는 교회가 되고, 대한민국이 열방 속에서 모든 어려움을 잘 이겨내고 승리해서 세상을 지배하는 것이 아니라 축복하는 제사장 나라가 되는 일에 쓰임 받지 않겠는가.

13.

세상은 하나님께 속했다. 사람에게 속한 것이 아니다. 힘 있는 사람들에게, 돈 있는 사람들에게 속한 것이 아니다. 그러니 그들의 눈치를 볼 필요가 없다. 우리는 우리의 자리를 지키고 최선을 다하면 된다. 그리고 늘 하나님 편에 서서 하나님의 복을 받으며 제사장 노릇을 잘 감당하면 된다. 그렇게 하나님 앞에 가는 날까지 충성하는 우리가 되었으면 좋겠다.

14.

우린 늘 선택하면서 산다. 세상이 너무 강하기 때문에 이번 만큼은 세상을 선택해야 하는 것 아닐까, 좀 굴복해야 하는 것 아닌가, 좀 돌아가야 하지 않나 하는 갈등들이 늘 많다. 거기서 하나님을 선택하며 사는 것이 신앙이다. 늘 하나님을 선택하겠다는 마음의 각오를 다져야 한다. 그래서 왕 같은 제사장으로 제사장 나라의 사명을 잘 감당하며 하나님 편에서 살아가길 주의 이름으로 축원한다.

•

어느 민족 누구게나 결단할 때 있나니
참과 거짓 싸울 때에 어느 편에 설 건가
주가 주신 새 목표가 우리 앞에 보이니
빛과 어둠 사이에서 선택하며 살리라

하나님, 마귀가 세상을 다 정복한 것 같습니다.

우리 눈에 그렇고, 실제로 그렇게 돌아가는 것처럼 느껴집니다.

힘 있는 나라, 힘 있는 사람, 돈 많은 사람.

그들을 거역하며 산다는 게 참 어렵습니다.

하지만, 하나님이 주신 말씀에 힘을 얻습니다.

하나님 편에 서서 제사장 나라의 역할을 잘 감당하는

왕 같은 제사장으로 살아 승리하는 하루가 되게 하옵소서.

18

성결의 능력

출애굽기 19:10-14

10 여호와께서 모세에게 이르시되 너는 백성에게로 가서 오늘과 내일 그들을 성결하게 하며 그들에게 옷을 빨게 하고 11 준비하게 하여 셋째 날을 기다리게 하라 이는 셋째 날에 나 여호와가 온 백성의 목전에서 시내 산에 강림할 것임이니 12 너는 백성을 위하여 주위에 경계를 정하고 이르기를 너희는 삼가 산에 오르거나 그 경계를 침범하지 말지니 산을 침범하는 자는 반드시 죽임을 당할 것이라 13 그런 자에게는 손을 대지 말고 돌로 쳐죽이거나 화살로 쏘아 죽여야 하리니 짐승이나 사람을 막론하고 살아남지 못하리라 하고 나팔을 길게 불거든 산 앞에 이를 것이니라 하라 14 모세가 산에서 내려와 백성에게 이르러 백성을 성결하게 하니 그들이 자기 옷을 빨더라

I.

학교 다닐 때 친구들에게 어깨 너머로 바둑을 조금 배웠다. 재밌었다. 하지만, 정식으로 배운 건 아니라 실력은 없었다. 어느 날 내가 친구들에게 물었다. 나는 몇 급 정도 되냐고. 그랬더니 한 10급 정도 된다고 했다. 그래서 나는 내 바둑 실력

이 10급인 줄 알았다. 그런데 이상한 점이 있었다. 내가 바둑을 둘 때는 수가 10급 정도 수준으로 보이는데, 남이 바둑 두는 것을 옆에서 보면 실력이 한 8급 정도로 올라가는 것 같았다.

2.

그러면 나의 진짜 바둑 실력은 10급일까, 8급일까? 8급이 맞다. 훈수 두는 것도 실력이 없으면 그 수가 보이겠는가. 내 실력은 8급이 맞는데 정작 내가 바둑을 두면 그 실력을 발휘하지 못한다. 실력이 두 수 정도 물러나는 것 같다. 왜 그럴까?

3.

욕심 때문이다. 승부욕. 내가 이겨야 한다는 욕심이 생기면, 흔히 말하듯 욕심에 눈이 멀게 되면, 수가 어두워진다. 볼 수 있는 수도 못 읽는다. 그래서 남의 말 잡으러 가다가 내 대마가 몰사하는 참패를 당하기도 한다.

4.

나는 '팔복'에 대한 말씀을 좋아한다. 그중에서도 이 말씀이 참 좋다. "마음이 청결한 자는 복이 있나니 그들이 하나님을 볼 것임이요"(마 5:8).

인생을 비유하면 바둑과 같다고 말할 수 있지 않겠는가. 인생에도 수가 있다. 길이 있고 이치가 있듯이 인생을 풀어나가는 수가 있다. 그래서 고수도 있고 하수도 있다.

'마음이 청결하면 하나님이 보인다'라는 말씀이 이렇게 읽힌다. 내가 마음을 깨끗이 하면 하나님의 수를 읽을 수 있다고. 왜냐하면 하나님이 보이기 때문이다. 하나님의 생각, 하나님의 마음, 하나님의 지혜를 볼 수 있기 때문이다. 그러면 하나님의 수로 인생의 바둑을 둘 수 있으니 백전백승할 것이라는 말씀으로 들린다.

5.

마음이 청결하면 하나님이 보인다. 하나님을 볼 수 있다는 건 얼마나 대단한 일인지 모른다. 하나님의 수, 하나님의 생각, 하나님의 마음, 하나님의 영을 품고 산다는 것이 우리의 인생이 승리하는 데 있어서 가장 중요한 비결 중의 비결이 아닐까 싶다.

6.

"큰 집에는 금 그릇과 은 그릇뿐 아니라 나무 그릇과 질그릇도 있어 귀하게 쓰는 것도 있고 천하게 쓰는 것도 있나니 그러므로 누구든지 이런 것에서 자기를 깨끗하게 하면 귀히 쓰는 그릇이 되어 거룩하고 주인의 쓰심에 합당하며 모든 선한 일에 준비함이 되리라"(딤후 2:20,21).

아, 정말 좋은 말씀이다. 큰 집에는, 하나님 집에는, 그릇들이 있는데, 금 그릇도 있고, 은 그릇도 있고, 나무 그릇도 있고,

질그릇도 있다고 말씀하시면서 그 그릇을 두 유형으로 나누었다. 귀히 쓰는 그릇도 있고 천히 쓰는 그릇도 있다면서 귀천을 나누셨다. 그러면 우린 이렇게 정리한다.

'아, 금 그릇과 은 그릇은 귀한 그릇, 나무 그릇과 질그릇은 천한 그릇이구나.'

7.

우리는 무엇이든지 돈으로 계산하려는 경향이 있다. 돈이 많으면 귀한 것이고, 돈이 없으면 천한 것이다. 우리의 가치관이 '돈'이기 때문이다.

8.

그런데 성경을 가만 보면 금 그릇, 은 그릇이 귀하다고 말씀을 안 하시고, 나무 그릇과 질그릇이 천하다는 말씀도 안 하신다. 하나님이 귀천을 나누시는 기준이 우리하고 다르다. 하나님은 깨끗한 그릇을 귀히 쓰신다. 깨끗하지 못한 그릇은 쓸 수 없으니 그건 아무리 금이라고 해도 천한 그릇이다. 하나님이 쓰시기에 합당치 않기 때문이다. 그러니까 하나님은 귀히 여기고, 귀히 쓰는 그릇의 가치를 깨끗한 그릇에 두신다.

9.

아무리 금 그릇이라도 거기에 뭐가 담겨 있거나 더럽혀져 있다면 그 그릇을 어떻게 쓰겠는가. 금이라고 다 좋은 것이 아니다. 그릇이 깨끗해야, 설거지가 잘 되어 있어야 쓸 수 있지, 설거지가 되어 있지 않고 먹었던 음식이 남아 있고 찌꺼기가 가득 차 있다면, 금이 아니라 다이아몬드라고 해도 그릇으로는 쓸모가 없다.

10.

기독교는 세상 속의 종교다. 꽤 오래전에 동역하는 교역자들과 함께 유명한 절을 찾은 적이 있다. 경관이 참 좋았다. 정말 아름답고 기가 막혀서 감탄했는데, 동역자 중 한 분이 이런 말을 했다. "좋은 땅이란 좋은 땅은 다 절이 차지하고 있어요." 그때 내가 대답했다. "아니야, 교회가 차지하고 있지."
교회는, 산속에 있는 기도원이나 수도원은 제외하고는 대개 도심지에 있다. 다른 종교와 비교할 것은 아니지만, 차이가 있다면 불교는 절을 산에 짓고, 기독교는 도심에 교회를 세운다. 이게 철학이랄까, 사고방식의 차이다. 기독교는 세속으로 파고 들어가서 그들과 함께 생활하고 함께 사는 종교라고 할 수 있다. 그것이 기독교의 장점이다.

11.

그것이 장점인데, 거기에는 대단히 큰 위험성과 취약성이 있다. 그것이 무엇인가 하면 '세속화'다. 그리스도인은 세속에 있어야 한다. 세상 속의 크리스천, 이것이 기독교의 정체성이다. 세속에서 저들과 함께 먹고 마시고 생활하며 살지만, 세속에 물들지는 않고 도리어 세속의 사람들을 하나님으로 물들이려고 하는 아주 적극적인 사고방식과 철학을 가진 것이 기독교라고 할 수 있다.

12.

나는 이게 옳다고 생각한다. 때에 따라 기독교인도 산속에 들어가야 한다. 자신의 정화를 위해서, 성결을 위해서, 하나님과 깊은 만남을 위해서 광야로 들어가고, 수도원으로 들어가고, 산속 기도원으로 들어가야 하는 때가 있다. 하지만 힘을 얻으면 반드시 세상으로 나와 세상에 영향을 끼치고 세상의 제사장 나라가 되는 것이 기독교의 모습이다.

13.

그런데 위험성은 무엇인가 하면, 세상 속의 크리스천이 아니라 '크리스천의 세속화'가 늘 문제가 된다. 세속에 물드는 것이다. 오염되는 것이다. 세속을 하나님으로 물들여야 할 기독교가 세속에 물드는 것이다.

자꾸 기독교를 비판적으로만 이야기해서 송구스럽고 조심스럽기도 하다. 하지만, 오늘날 한국교회가 그런 위험에 빠진 것이 아닌가 싶다. 교회가 성장하면서 교회 안에 물이 새기 시작했다. 세상의 매력, 돈, 권력과 같은 것들이 교회로 스며들기 시작하면서 거기에 물들여졌다. 그래서 교회는 커졌는데, 성도 수도 많아졌는데 침몰하는 배와 같아진 것이 아닌가 싶다.

14.

출애굽기 20장에 들어가면 하나님이 십계명을 주시는 말씀이 나오는데, 계명을 주시기 전에 모세와 백성들에게 내리신 명령이 있다. '성결하라'라는 것이다. 말씀을 받으려면 깨끗해야 한다. 그러니 옷을 빨고, 모든 죄에서 몸과 마음을 깨끗하게 하라는 것이다.

15.

하나님의 말씀을 오늘 읽었으면, 그것은 과거 이스라엘이나 모세에게 주신 말씀이 아니고, 오늘 우리에게 주시는 말씀이라다. 하나님은 오늘 우리에게 '거룩하라', '성결하라'라고 말씀하신다.

16.

한국 초대교회는 수도 작고 약했지만, 정직한 교회였다. 거룩한 교회였다. 순결한 교회였다. 겸손한 교회였다. 이것을 하나님을 알지 못하는 세상 사람들에게도 인정받았다. 예수님을 믿으면 '정직하겠구나, 남을 속이거나 자기 이익을 위해서 이용하지는 않겠구나' 하는 신뢰가 있었다.

17.

그러나 요즘 우리는 그 소중한 믿음의 유산을 잃어버렸다. 이제 세상 사람들은 예수님을 믿는 사람들을 그렇게 신뢰하지 않는다. 우리가 거룩과 성결과 순결을 너무 등한시하며 살았기 때문이다. 물론 우리가 완전할 수는 없다. 온전하게 거룩할 수는 없다. 그런 마음을 먹어도 우리는 실수할 것이다. 넘어질 것이다.

18.

그러나 넘어질 땐 넘어지더라도 성결하기 위하여, 하나님을 닮기 위하여, 하나님의 수를 읽기 위하여 발버둥 치는 것은 있어야 하지 않겠는가.

19.

그러다 넘어지면 아파하면 된다. 울면 된다. 크게 뉘우치면 된다. 그리고 다시 하나님의 십자가를 붙잡고 나아가면 된다. 다시 도전하면 된다. 성결을 잃으면 하나님을 닮을 수 없다. 하나님의 생각을 읽어낼 수가 없다. 세상의 꼼수가 들어온다. 세상의 꾀가 들어온다.

20.

악인의 꾀를 좇아 사는 그리스도인들이 되면 복 없는 삶을 살아갈 수밖에 없다. 하수가 될 수밖에 없다. 성결하라. 옷을 빨아라. 죄에서 멀어져라. 이 말씀을 가볍게 듣지 말고 오늘 우리에게 주시는 말씀으로 받아야 한다.

21.

지금 우리는 죄악이 난무하는 세상에 살고 있지만, 물에 떠 있어도 그 털에 기름기가 있으면 물이 스며들지 않는다. 세상 속에 있어도 그리스도로 무장해서 성결하고 순결하여 하나님의 수를 읽고, 세상 사람들에게 하나님의 영광을 드러내며 살아갈 수 있기를 바란다.

22.

이 세상에서 옷을 빨고, 마음을 빨고 또 삶을 빨아서 늘 회개하는 마음으로 깨끗한 영을 가져야 한다. 그래서 하나님의 생각을 읽으며 하나님의 수로 인생의 승리를 구가하는 우리가 되기를 다시 한번 축원한다.

●

너 성결키 위해 늘 기도하며
너 주 안에 있어 늘 성경 보고
온 형제들 함께 늘 사귀면서
일하기 전마다 너 기도하라

마음이 청결해야, 삶이 깨끗해야 하나님을 닮을 수 있습니다.

하나님, 하나님의 말씀을 사모하는 저희에게

성결의 영과 능력을 허락하여주시옵소서.

죄로 충만한 세상에 살면서 무뎌지지 않게 하시고,

발버둥 치고 애써서 하나님의 거룩함을 닮아가는

저희가 되게 하여주옵소서.

계명, 진정한
자유를 위한 구속

십계명과 십자가

출애굽기 20:1-6

¹ 하나님이 이 모든 말씀으로 말씀하여 이르시되 ² 나는 너를 애굽 땅, 종 되었던 집에서 인도하여 낸 네 하나님 여호와니라 ³ 너는 나 외에는 다른 신들을 네게 두지 말라 ⁴ 너를 위하여 새긴 우상을 만들지 말고 또 위로 하늘에 있는 것이나 아래로 땅에 있는 것이나 땅 아래 물 속에 있는 것의 어떤 형상도 만들지 말며 ⁵ 그것들에게 절하지 말며 그것들을 섬기지 말라 나 네 하나님 여호와는 질투하는 하나님인즉 나를 미워하는 자의 죄를 갚되 아버지로부터 아들에게로 삼사 대까지 이르게 하거니와 ⁶ 나를 사랑하고 내 계명을 지키는 자에게는 천 대까지 은혜를 베푸느니라

I.

동양의 선조들은 '도'(道)를 닦았다. 길 '도' 자다. 사람답게 사는 길이 있다. 아무렇게나 막살면 승리하지 못한다. 그래서 도를 추구했다. 동양의 선조들이 '도'를 닦을 때 서양의 선조들은 '철학'을 했다. 철학의 궁극적인 관심은 진리다. 나는 진리를 삶의 이치라고 풀었다. 삶에는 이치가 있다. 법이 있다.

생각해보면 동양의 '도'나 서양의 '철학'이 다 같은 뜻이다. 진리, 길, 방식, 이치 모두 같은 의미다. 길과 진리를 무시하면 우리는 살 수 없다.

2.

우리 속담에 "모로 가도 서울만 가면 된다"라는 말이 있다. 나는 이것이 우리의 인생을 망치는 가장 좋지 못한 속담이라고 생각한다. 모로 가도 서울에 갈 수 있을 것 같지만 절대로 서울은 모로 가면 안 된다. 서울은 바로 가야 한다. 모로 가면 절대로 서울에 갈 수 없다. 그 말에 속으면 안 된다. 힘들어도 바로 가야 한다. 좁아도 바로 가야 한다.

3.

예수님이 요한복음 14장 6절에서 "내가 곧 길이요 진리요 생명이니"라고 말씀하셨다. '너희 길 찾았지? 내가 바로 그 길이야. 세상 사람들이 진리와 철학을 연구하지? 내가 진리야. 그러니 내 안에 길이 있고 진리가 있고 생명이 있어.' 하나님의 말씀이 길이다.

"주의 말씀은 내 발에 등이요 내 길에 빛이니이다"(시 119:105).

4.

이제 하나님이 이스라엘 백성들에게 법을 내려주신다. 하나님을 믿는 사람답게 살아가는 법도를 주시는 것이다. 그것이 십계명이다. 너무 많은 길을 이야기하면 못 따라올까 봐 하나님은 딱 열 개로 정리해서 '이 말씀을 지키고 살아라' 하신 것이다. 이것이 계명이고, 율법이다.

5.

이스라엘 백성들은 말씀과 율법대로 살려고 나름대로 무척 노력한 백성들이다. 이스라엘 사람 중에 율법 한번 제대로 지켜보려고 작심한 사람들이 나타났는데, 그게 바리새인들이다. 이들은 우리 한번 철저히, 대충 말고 꼼꼼히 말씀을 지켜보자 하는 마음의 동맹을 맺은 사람들이다. 십계명 중에 안식일에 일하지 말고 거룩하게 지키라는 말씀이 있는데, 그들은 그 단순한 안식일의 계명을 지키려고 600여 가지가 넘는 세칙을 만들었다. 일의 한계가 어디까지인지를 정하는 것이다. 걷는 것은 몇 걸음까지 가능하고, 몇 걸음이 넘어가면 일이 되고 하는 것들을 600가지 정도 만들고, 그것을 그대로 지키려고 애를 썼다.

6.

그런데 문제가 생겼다. 그렇게 노력하니까 당연히 그런 욕심과 각오 없이 사는 사람들보다는 훨씬 더 하나님의 계명을 잘 지키는 사람들이 되었다. 그러다 보니 그것이 자랑스러워지기 시작했다. 남을 판단하기 시작했다. '너, 이스라엘 백성이라고 하면서 그렇게 살아? 나는 이렇게 사는데 너 그러고도 이스라엘 사람이라고 할 수 있어?'라며 남을 판단하고, 정죄하고, 자기를 자랑하다가 교만해지기 시작했다. 그러다 사람들에게 율법을 지켜야 구원을 얻을 수 있다고 말하는 데까지 빠지게 되었다. 그걸 우리는 '율법주의'라고 한다.

7.

그런데 하나님이 계명을 주실 때 이걸 다 지켜야만 구원을 얻는다는 말씀은 하시지 않았다. 계명을 다 지켜서 구원을 얻을 수 없다. 하나님도 그건 아신다. 이건 구원의 문제와 다르다. 삶의 축복을 위해서 주신 말씀이다. 구원은 하나님을 믿는 믿음으로 값없이 십자가의 보혈로 주시는 것이다. 율법을 잘 지켜서 몇 점 이상이면 구원을 얻고 그렇지 않으면 낙제라고 하는 것은 기독교의 정신이 아니다.

8.

그러니까 율법을 잘 지키려고 하다가 오히려 엉뚱한 데로 빠진 것이다. 율법을 주신 목적에서 이탈해서 자랑하려다가 율법주의자가 되고 말았다. 율법주의자가 되면 구원을 얻을 수 없다. 율법의 기능은 구원에 있지 않다. 성경대로 이야기하면 '죄를 깨달음'이다.

9.

그래서 나는 율법이 엑스레이 같다고 생각했다. 엑스레이를 찍으면 부러진 뼈가 붙는가? 아니다. 율법주의자들이 율법을 잘 지키면 구원을 얻는다는 말은 뭐와 같은가 하면 '율법'이라고 하는 엑스레이를 열 번만 찍으면 부러진 뼈도 붙는다는 것과 같다. 하지만, 그렇지 않다. 엑스레이의 기능은 뼈를 붙이는 것이 아니다. '너, 여기 뼈 부러졌어. 그거 몰랐지? 이쪽의 뼈도 부러졌어'라며 그걸 깨닫게 하는 것이다. 치료하려면 검사부터 해야 한다. 뭐가 잘못됐는지를 알아야 치료할 수 있지 않은가.

IO.

율법의 기능은 검사다. 율법대로 살려고 하다 보면 '아, 내가 이게 부족하구나. 저게 부족하구나'라는 것을 깨닫는다. "그러므로 율법의 행위로 그의 앞에 의롭다 하심을 얻을 육체가 없나니 율법으로는 죄를 깨달음이니라"(롬 3:20).

그래서 율법으로 죄를 깨닫는 것이 구원에서 굉장히 중요하다. 율법을 통해서 내가 의인이 아니라 죄인이라는 것을 깨닫게 되는데, 그것을 깨달으면 그때 십자가를 붙잡을 수 있다. 구원은 십자가에 있는데 자기가 죄인인 줄을 알아야 십자가를 붙잡지 않겠는가.

율법을 무시하고 살면 자기가 죄인이라는 걸 잘 모른다. '내가 무슨 죄인이야. 내가 이만큼 사는데 어디 나만큼이나 살아봐' 하는 마음에 빠진다. 뼈가 부러졌는지 뭐가 부족한지 모른다. 도리어 자기를 의인으로 착각한다.

11.

그러나 하나님의 율법을 소중히 여기며 지키려고 애쓰다가 넘어지면 자기의 한계를 알게 된다. "내 자신이 마음으로는 하나님의 법을 육신으로는 죄의 법을 섬기노라" 하는 것이 사도 바울의 고백이다. 하나님의 법, 하나님의 율법과 계명을 소중히 여기며 지키려고 애쓰다가 '아, 내가 그걸 다 못 지키는구나, 내가 참 부족하구나, 나는 죄인이구나, 나는 죄인 중에 괴수구나'라는 것을 깨달으면 그다음은 무엇인가? "오호라 나는 곤고한 사람이로다 이 사망의 몸에서 누가 나를 건져내랴"(롬 7:24) 하고 붙잡는 것이 예수님의 십자가다. 그래서 구원을 얻고 나면 "내가 나 된 것은 하나님의 은혜로 된 것이니"(고전 15:10), "내게는 우리 주 예수 그리스도의 십자가 외에 결코 자랑할 것이 없으니"(갈 6:14)라는 근사한 믿음의 고백으로 나아가지 않겠는가.

12.

율법을 지키려고 하다가 율법주의자가 되는 것도 문제이지만, 믿음으로 구원을 얻는다는 것만 강조하다가 율법을 무시하고 사는 사람들도 문제가 된다. 야고보서에도 나오지 않는가? 행함이 없는 믿음은 죽은 믿음이라고.

13.

그동안 한국교회는 십자가는 열심히 붙잡았는데 십계명을

붙잡지 못했다. 그걸 율법주의로 착각했다. 십계명을 지키려고 애를 쓰는 것과 율법주의는 다르다. 율법주의는 잘못된 것이다. 잘하려고 하다가 잘못 나간 것이다. 계명과 율법과 말씀 자체를 율법주의로 매도하면 위험하다. 그래서 한국교회가 위험해진 것이다.

14.

십계명과 십자가를 동시에 붙잡아야 한다. 계명을 붙잡아야 십자가를 붙잡을 수 있고, 십자가를 붙잡아야만 구원을 얻을 수 있다. 하나님은 십계명을 잊어버리고 살아가는, 믿음만 이야기하고 하나님의 율법은 소홀히 대하는 우리에게 다시 계명을 주시려고 하나님께서 출애굽기 20장으로 우릴 부르셨다. '하나님, 이 계명을 저에게 주세요, 주여, 말씀하옵소서 주의 종이 듣겠나이다' 하는 마음으로 하나님 앞에 계명을 받을 수 있기를 바란다. 그래서 십계명과 율법과 말씀과 십자가를 붙잡고, 좌로나 우로나 치우치지 않고 바른 믿음의 생활을 해나갈 수 있기를 바란다.

●

갈 길을 밝히 보이시니 주 앞에 빨리 나갑시다
우리를 찾는 구주 예수 곧 오라 하시네
죄악 벗은 우리 영혼은 기뻐 뛰며 주를 보겠네
하늘에 계신 주 예수를 영원히 섬기리

우리는 십계명을 함부로 율법주의로 매도해왔던 것 같습니다.

다시 하나님 앞에서 계명을 붙잡게 하옵소서.

넘어지면 아파하고 회개하고 울고 또 십자가를 붙들고 도전하고

그래서 십계명과 십자가를 동시에 붙잡고

하나님의 사람답게 승리하는 삶을 살아내게 하여주시옵소서.

20

나 외에 다른 신을 두지 말라

출애굽기 20:1-3

¹ 하나님이 이 모든 말씀으로 말씀하여 이르시되 ² 나는 너를 애굽 땅, 종 되었던 집에서 인도하여 낸 네 하나님 여호와니라 ³ 너는 나 외에는 다른 신들을 네게 두지 말라

I.

어렸을 때 우리 집은 가난했었다. 아버지가 학교에서 수위로 일하셨는데, 그때 아버지 봉급이 쌀 한 가마 반 정도 살 수 있는 돈이었다. 지금 화폐가치로 생각해보면 3,40만 원 정도 되었을 텐데 그 돈을 가지고 세 식구가 살았으니 꽤 가난했다고 할 수 있다.

그런데 우리 외갓집은 부자였다. 쉽지 않은 일인데, 가난한 우리 집과 부자인 외갓집은 참 친했다. 외갓집이 늘 우리를 가까이하고 어떻게든 도와주려고 했다. 그래서 나는 어렸을 때 부자는 다 좋은 사람인 줄 알았다. 종종 부자를 보고 '도둑놈'이라고 말하는 것을 잘 이해하지 못했다.

2.

그런데 아버지도 마찬가지였지만 어머니도 자존심이 대단히 강한 사람이어서 아무리 자기 오빠, 남동생이 부자였어도 함부로 손을 내밀거나 도움을 받으려고 하지 않았다. 삼촌은 도와주려고 했지만 어머니는 어떻게든 도움을 받지 않으려고 했었다. 아마 그래서 사이가 좋았던 것인지도 모른다.

1965년도, 내가 중학교 3학년이었을 때였다. 그때 어머니가 알뜰하게 살림을 해서 집을 하나 살 수 있게 되었다. 그때는 50만 원 정도만 있으면 집을 살 수 있었다. 그런데 어머니가 몇 푼 안 되는 돈을 아끼고 아껴서 모은 돈이 30만 원 정도였다. 20만 원이 모자라니까 어머니는 오빠인 둘째 삼촌과 동생이었던 셋째 삼촌에게 10만 원씩 빌렸다. 어머니는 방이 여러 개가 있는 집을 사서 하숙으로 그 돈을 몇 년 안에 갚겠다는 계획을 세우고 돈을 빌렸다.

이제 돈이 어느 정도 모여서 조금씩이라도 돈을 갚으려고 하니까 삼촌들이 받지 않았다. "내가 누이한테 그 돈 받으려고 빌려줬겠소" 하고서는 안 받았다. 그렇게 그때 삼촌들의 도움으로 집을 살 수 있었다. 어머니는 외갓집을 의지하지는 않았지만, 실질적으로 도움은 많이 받고 살았다.

3.

도움은 받지만, 의지는 하지 않는다. 이것이 우리 어머니와 삼촌의 관계를 보면서 내가 터득하고 배운 매우 중요한 삶의 지혜였다. 또 이것이 신앙의 원칙이 되는 것도 알게 되었다. 사람끼리 도움을 줄 수도 있고 받을 수도 있지만, 의지하지는 않는다. 의지하는 순간, 인간은 나약해지고 그러다 결국 십계명 중 1계명을 어기게 된다.

4.

2001년도에 높은뜻숭의교회를 개척할 때, 내가 큰 물주를 잡았다는 이상한 소문이 돌기 시작했다. 그때 한 대학의 강당을 빌렸는데, 당시 이사장님이 많은 도움을 주셨다. 그러니까 사람들이 지레짐작하여 나에게 큰 물주가 있다는 소문을 퍼뜨린 것이다. 나중에는 구체적으로 백억 원을 받았다는 말까지 돌았다. 내가 그때 홈페이지에 내가 생각해도 근사한 글을 하나 썼다. '큰 물주와 조물주'란 제목의 글이었다.
"제가 큰 물주를 잡았다는 소문이 돌고 있습니다. 백억 원을 받았다는 소문도 있습니다. 제가 큰 물주를 잡은 건 사실입니다. 제가 잡은 물주는 조물주입니다."

5.

그냥 글이 아니었다. 내 삶의 정신이고 자세였다. 큰 부자와 도움을 주고받는 사이일 수는 있지만, 그가 내 삶의 물주일수는 없다. 내가 조물주를 믿는 사람인데 사람 물주를 따라다니게 생겼나. 이게 내 삶의 정신이었고, 그것이 나를 이만큼이라도 되게 한 가장 중요한 요인 중 하나라고 나는 지금도 생각한다.

6.

나는 제1계명이 우리에게 요구하시는 삶의 자세라고 생각한다. 아무리 큰 도움을 줄 수 있는 존재라고 해도 그를 하나님처럼 믿으면 안 된다. 그에게 너무 의존해서는 안 된다.

7.

세상에는 신이 참 많다. 우리를 도와주는 사람들, 내 편을 신성하게 여기기가 참 쉽다. 하지만 하나님만 섬기겠다는, 저들과는 친하게 지내며 서로 돕고는 살아도 하나님만 의지하겠다는 믿음을 고백할 수 있어야 한다.

8.

이게 말은 쉽지만, 행동은 쉽지 않다. 왜냐하면 저들은 눈에 보이는 힘이고, 하나님은 눈에 보이지 않기 때문이다. 절체절명의 순간에 보이지 않는 하나님을 의지하고 저들의 손을 붙잡지 않는다는 건, 물론 적으로 삼으라는 것은 아니지만, 쉽지는 않다. 그러나 그렇게 살아야 한다.

9.

나를 넘어뜨리려고 호시탐탐 노리는 세력도 무섭지만, 그에 못지않게 우리의 삶에 위험한 것이 내 편을 들어주는 사람이다. 내 편을 들어주려는 사람이 힘이 있고 강할 때, 그것이 도리어 우리에게 위험이 될 수 있다. 사람들이 흔히 이야기하는 '빽' 혹은 '물주'라는 것이다. 사람들은 그들의 도움을 받기 위해 줄을 선다. '빽이 있어야 해, 권력이 있어야 해.' 하지만 이것은 믿지 않는 사람들의 말이다.

10.

당신도 빽을 찾아 줄서기 하고 있는가? 큰 물주를 찾고 있는가? 그 손을 놓치지 않으려고 꽉 붙잡고 있는가? 우리는 그러면 안 된다.

"만일 여호와를 섬기는 것이 너희에게 좋지 않게 보이거든 너희 조상들이 강 저쪽에서 섬기던 신들이든지 또는 너희가 거주하는 땅에 있는 아모리 족속의 신들이든지 너희가 섬길 자를 오늘 택하라 오직 나와 내 집은 여호와를 섬기겠노라 하니"(수 24:15).

11.

도와줄 수 있는 사람이 있는 것은 좋다. 도움을 받는 것은 좋다. 서로 도움을 주고받으며 사는 것은 좋다. 그러나 거기까지다. 하나님처럼, 하나님보다 더 의지하고 신뢰하는 것은 우상숭배다. 오늘 우리에게 주신 이 말씀을 늘 생각하며 하나님 외에 하나님처럼 믿고 의지하는 모든 것들을 스스로 끊고, 1계명을 지키면서 하나님의 축복을 받으며 살아가는 모두가 될 수 있기를 주의 이름으로 축원한다.

●

세상의 헛된 신을 버리고
하나님 이름 높여 기리세
온 천하 백성 모두 나와서
다 같이 하나님만 섬기세

─

하나님이 오늘 우리에게 주신 계명,
나 외에 그 어떤 존재도, 그 누구도 신으로 섬기지 말라는
우리의 삶에 매우 중요한 말씀인 줄을 믿습니다.
하나님 외에 그 어떤 것도 하나님으로 삼지 않고
오직 하나님만 의지하고,
하나님만 섬기며 살아가는 우리가 되게 하여주시옵소서.

21

우상을 만들지 말고

출애굽기 20:4-6

4 너를 위하여 새긴 우상을 만들지 말고 또 위로 하늘에 있는 것이나 아래로 땅에 있는 것이나 땅 아래 물속에 있는 것의 어떤 형상도 만들지 말며 5 그것들에게 절하지 말며 그것들을 섬기지 말라 나 네 하나님 여호와는 질투하는 하나님인즉 나를 미워하는 자의 죄를 갚되 아버지로부터 아들에게로 삼사 대까지 이르게 하거니와 6 나를 사랑하고 내 계명을 지키는 자에게는 천 대까지 은혜를 베푸느니라

I.

기독교인들은 하나님으로부터 '화평하라, 화평케 하는 사람이 복이 있다'는 말씀을 들으며 산다. 그래서 힘이 있어도 그 힘으로 남을 정복하려고 하지 않고 굴복시키려 하지 않는다. 우리의 힘을 평화를 위해서 쓰지 남을 정복하고 굴복시켜서 이 세상을 불화하는 데 쓰지 않는 게 기독교인이다. 그리고 온유하라는 말씀도 듣고, 겸손하라는 말씀도 듣고, 원수 갚지 말라는 말씀도 듣는다. 그러다 보니, 세상 사람들이 기독

교인을 오해한다. 나약한 사람들, 연약한 사람들, 싸울 줄도
모르는 사람들. 그렇게 오해한다.

2.

기독교인은 절대로 나약한 사람이 아니다. 온유한 사람이지,
겸손한 사람이지, 절대로 나약한 사람이 아니다. 기독교인은
참 강한 사람이다. 세상에 그보다 더 강한 사람 있기 어렵다.

3.

로마 시대 때 로마는 기독교를 핍박했다. 기독교인이란 이유
때문에 잡혀서 사자 밥이 되기도 하고, 불에 태워 죽임을 당
하기도 하고, 십자가에 달려 죽기도 했지만 끝까지 굴복하지
않았다. 몇백 년이나. 그렇게 핍박을 받아도, 카타콤 굴속에
들어가서 살고 무덤 속에 들어가서 사는 한이 있어도 그들은
절대로 로마에 굴복하지 않았다. 이게 기독교다.

4.

우리나라도 마찬가지다. 일제강점기 때 일본은 우리에게 신
사참배를 강요했다. 일본 천왕을 신이라고 생각하고 동방 요
배, 즉 천왕이 있는 동쪽을 향하여 절을 하게 한 것이다.
한국인이라는 자존심 때문에 신사참배를 싫어한 사람도 있
었지만, 하나님을 모르는 사람에게는 벌써 나라까지 빼앗긴
마당에 그깟 절 한번 못하겠는가? 그게 큰 문제가 되진 않았

다. 그런데 기독교인은 달랐다. 2계명 때문이다.

"너를 위하여 새긴 우상을 만들지 말고 … 그것들에게 절하지 말며."

5.

이 말씀 때문에 신사참배를 하지 않았다. 물론 기독교인 중에도 타협하고 신사참배에 가결한 사람과 교회가 있었지만, 많은 핍박과 고난과 어려움이 있음에도 불구하고 끝까지 신사참배를 거부했던 믿음의 선배들이 있지 않았는가.

대표적인 분이 주기철 목사님이다. 여러 신앙인들이 그것 때문에 말도 못할 고초를 겪었다. 그냥 절 한 번만 하면 되는데, 다른 것을 더 요구하는 것도 아닌데 그것 하나 안 하겠다고 감옥에 가고, 말도 못할 고문을 당하고, 결국 그것 때문에 죽었다.

6.

그래서 일제강점기 때 일본인들에게 제일 골치 아픈 사람들이 기독교인들이었다고 한다.

교회사 학자이신 민경배 교수님의 강의를 듣다가 놀라운 이야기를 들은 적이 있다. 두 개의 지도에 삼일운동이 일어났던 곳과 당시 교회가 있었던 곳을 점으로 표시해보면, 그 두 지도에 찍힌 점이 일치한다는 것이다. 즉 삼일운동의 주된 세력이 크리스천이었다는 것이다.

삼일운동하다가 감옥에 간힌 투옥자들에 대한 자료들이 있는데 천주교, 천도교, 불교, 유교, 도교 할 것 없이 모든 종교인들을 합한 숫자보다 개신교도들의 투옥자 수가 더 많았다고 하는 이야기를 들은 적이 있다.

7.
우리 기독교인은 해방될 때까지 엄청난 고난과 핍박을 받으며 힘이 없어서 맞고 고문당하고 투옥당하고 죽었지만, 절대 굴복하지 않았다.

8.
왜? 하나님이 그렇게 하지 말라고 하셨기 때문이다. 난 2계명에서 '우상을 만들지 말라'고 하신 것도 중요하지만, 가장 중요한 정신은 '절하지 말라'에 있다고 생각한다. 사탄이 예수님을 시험할 때 '나에게 절하면 천하만국의 영광을 주리라'고 했다. 절만 하면, 굴복하면, 신사참배 하면, 타협 한 번만 하면 편히 잘 먹고 잘살 수도 있었을 것이다. '절하면 너그 고생 안 해도 돼, 너 그렇게 가난하지 않아도 돼, 내가 한자리 봐줄게, 도와줄게.'
절하면 영광을 주리라 한 사탄의 유혹 앞에서 예수님의 대답은 간단했다. "주 너의 하나님께 경배하고 다만 그를 섬기라 하였느니라"(마 4:10).

9.

예수 믿는 사람에게 굴복은 없다. 남을 굴복시키지도 않지만 우리는 하나님께만 무릎을 꿇고 하나님께만 굴복한다. 순교를 당해도, 고문을 당해도, 핍박을 당해도 버티고 끝까지 싸우는 게 기독교 정신이다. 손해 본다고, 어렵다고, 피해를 본다고, 우리가 경제적으로 타격을 입는다고 섣불리 타협하고 무릎 꿇고 굴복하는 것은 기독교 정신이 아니라고 생각한다. 나는 그것이 2계명에서 하나님이 우리에게 요구하시는 삶의 자세라고 생각한다.

10.

이런 일은 우리 일상에서 수도 없이 일어나는 일이다. 힘으로 우리를 굴복시키려고 할 때, 우리는 힘이 있어서가 아니라 힘이 없어도 끝까지 저항하고 굴복하지 못한다. 타협하지 못한다. 죽을 수는 있어도 타협은 안 된다. 흔히 이럴 때 "넌 도대체 뭘 믿고 이렇게 까부나?"고 한다. 그때 우리의 대답은 간단하다.

"나는 하나님께만 절해. 하나님께만 무릎 꿇을 수 있어. 합리적이고 옳은 일에는 얼마든지 양보할 수 있고 타협할 수 있지만, 힘으로 강제로 밀어붙이는 일에는 타협할 수 없어. 우린 그렇게 안 살아."

착하지만, 온유하지만, 부드럽지만, 평화를 사랑하지만, 하나님 외에는 그 어떤 것에도 굴복하지 않고 절하지 않는 강인함을 가지고 살아가는 것이 우리 그리스도인들이다.

현실적인 세상에 절하지 않고 하나님만 섬김으로 결국 승리하는 삶을 살아내는 우리가 다 되기를 주의 이름으로 바란다.

●

세상의 헛된 우상 버리고

인간의 모든 부귀영화와

거짓과 불의 모두 버리고

온전히 하나님만 섬기세

–

세상을 두려워하면 하나님이 무섭지 않게 됩니다.

하나님, 우리가 하나님만 두려워하고 하나님만 섬기고

세상의 그 어떤 불의한 힘과 세력 앞에

죽을 수는 있어도 타협할 수는 없다고 하는 강인한 정신으로 살아

하나님을 영화롭게 하는 하나님의 백성들이 되게 하여주시옵소서.

22

여호와의 이름을 망령되게 부르지 말라

출애굽기 20:7

7 너는 네 하나님 여호와의 이름을 망령되게 부르지 말라 여호와는 그의 이름을 망령되게 부르는 자를 죄 없다 하지 아니하리라

I.

하나님의 이름을 망령되게 부른다는 것의 뜻이 뭘까 생각해 보았다. 우리나라 사람들은 부모님이나 스승님이나 어른들의 이름을 불러야 할 때 그냥 함부로 부르지 않았다. "무슨 자, 무슨 자 쓰십니다"라고 말한다. 부모의 이름을 함부로 부르는 일은 예의에 어긋난 일이라고 생각하기 때문이다.

이스라엘 사람들은 하나님의 이름도 그렇게 불렀다. 하나님의 이름은 아예 발음하지 않았다. 입에 올린다는 것 자체를 버릇없다고 생각했는지 모른다.

그래서 글로 쓸 때도 쉽게 말하면, 모음은 쓰지 않고 자음만 썼다. 한글에 빗대어 설명하면 '하나님'이라고 쓰지 않고 'ㅎㄴㄴ'이라고만 쓰는 식이다. 아예 발음하지 말라는 소리다.

그냥 '이 단어는 하나님이구나' 하고 생각으로만 읽고 발음은 하지 않았다. 그만큼 하나님의 이름을 존중히 여기고 귀히 여겼다.

2.

옛날 중고등학교 다닐 때 친구들 중에 자기 아버지와 선생님을 함부로 얘기하는 아이들이 더러 있었다. 그때 '꼰대'라는 말을 참 많이 썼다. "우리 꼰대가, 우리 꼰대가"라고 하면서 자기 아버지를 그렇게 얘기했었다. 쉽게 말하면 그런 것이 아버지와 어른과 선생님을 망령되게 일컬은 것이라고 생각할 수 있을 것이다.

3.

그러나 여기서 "여호와의 이름을 망령되게 부르지 말라"라는 말씀은 그런 식으로 하나님을 부르지 말라는 것은 아닐 것이다. 왜냐하면 예수 믿는 사람들이 하나님의 이름을 그렇게 부를 리는 만무하기 때문이다. 하나님의 이름을 함부로 발음하지 않고, 아버지를 꼰대라고 부르듯이 하나님을 함부로 부르지 않는 것이 과연 하나님의 이름을 망령되게 부르지 않는 것일까? 나는 그렇게 생각하지 않았다.

4.

마태복음 7장 21절에 우리가 잘 아는 말씀이 있다. "나더러

주여 주여 하는 자마다 다 천국에 들어갈 것이 아니요 다만 하늘에 계신 내 아버지의 뜻대로 행하는 자라야 들어가리라." 입으로 주여 주여 하는 자마다 다 천국에 들어가지 않는다, 하나님의 이름을 아무리 높이고 불러도 입으로만 그러는 게 무슨 소용이냐, 그것이 아니라 아버지의 뜻대로 행하는 것이 하나님의 이름을 높이는 것 아니냐, 정말 하나님을 부르는 것이 아니냐 하는 말씀이다.

5.

나는 이 말씀이 옳다고 생각한다. 이 말씀대로라면 하나님의 이름을 망령되게 부르지 말라는 말씀도 그렇게 해석하는 것이 옳다. 함부로 이름을 부르는 것을 금한 것이 아니라, 입으로는 주여 주여 하면서도 하나님의 뜻대로 행하지 않고 하나님의 뜻과 동떨어진 삶을 사는 것이 결국 하나님의 이름을 망령되게 부르는 것이라고 해석할 수 있다.

6.

이렇게 생각할 때 떠오르는 말씀들이 있었다. 첫째는 주기도문이었다. 예수님이 우리에게 가르쳐주신 기도인 주기도문에 이렇게 돼 있다. "하늘에 계신 우리 아버지여 이름이 거룩히 여김을 받으시오며." '우리 때문에 하나님의 이름이 거룩히 여김을 받았으면 좋겠습니다'라고 하는 기도인데 매우 중요한 기도이다.

또 하나 떠오르는 말씀은 고린도전서 10장 31절이다. "먹든지 마시든지 무엇을 하든지 다 하나님의 영광을 위하여 하라." 그리고 또 하나 마태복음 5장 16절 말씀이다. "이같이 너희 빛이 사람 앞에 비치게 하여 그들로 너희 착한 행실을 보고 하늘에 계신 너희 아버지께 영광을 돌리게 하라."

하나님의 이름이 거룩히 여김을 받으시오며, 먹든지 마시든지 무엇을 하든지 다 하나님의 영광을 위하여 하라. 어떻게 하는 게 하나님의 영광을 위하는 것인가? 내 착한 행실을 보고 세상 사람들이 하나님께 영광을 돌리게 하라. 이렇게 연결해볼 때 '착한 행실을 보고'라는 말이 마음에 잡히고 눈에 들어왔다.

7.

내가 자주 강조하며 하는 이야기지만, 율법 즉 착한 행실로 구원 얻을 사람은 없다. 우리의 착한 행실은 한계가 있고 흠이 있기 때문에, 그 흠 있는 착한 행실로 우리가 구원을 얻을 수 없는 것은 분명하다.

8.

그런데 우리의 불완전한 그 착한 행실로 하나님께 영광은 돌릴 수 있다. 하나님의 이름이 거룩하게 여김을 받게 할 수는 있다. 우리의 행실이 세상 사람만 못하고, 반듯하지 못하고, 어그러지면 그것 때문에 하나님의 영광이 가려진다.

9.

그러므로 여호와의 이름을 망령되게 부르지 않고 하나님의 이름이 거룩히 여김을 받게 하고 하나님께서 영광을 받게 하려면, 우리가 신경 쓰고 조심하고 붙잡아야 할 일은 부족하고 불완전하지만 '착한 행실'이다.

'너희는 세상의 소금이야, 너희는 세상의 빛이야. 등불을 켜서 말 아래 두지 않고 등경 위에 두어서 온 세상을 비춰줘. 그래야 사람들이 너희를 보고 하나님께 영광 돌리지 않겠니?'(마 5:14,15 참조) 이 말씀을 우리는 잊어서는 안 된다.

10.

우리 믿음의 선배들, 한국의 초대교회 교인들은 그들의 착하고 바른 삶과 행동들로 하나님께 영광 돌리는 삶을 살았던 분들이다. 그래서 하나님의 이름이 거룩히 여김을 받게 하였다. 분명한 것은 옛날 우리 믿음의 선배들은, 그들이라고 완전하진 않았겠지만, 세상 사람도 인정할 만큼 세상 사람들보다는 착했다는 것이다. 정직했다. 그리고 겸손했다. 남의 이익을 위해 애쓸 수 있는 사람들이었다. 믿지 않는 사람들도 그것을 다 인정했었다.

요즘 우리의 문제는 예수 믿는 사람들의 삶이 세상 사람들에게 그런 인정을 받지 못하게 되었다는 데 있다. 처음에는 "믿는 것들이 왜 저래?"라는 말들을 들었다. 그러다 "믿는 것들도 똑같네"라고 했다. 전에는 달랐는데 똑같아지기 시작한 것이다. 그러다가 더 심해져서 "믿는 것들이 더해"라는 말을 듣게 됐다. 세상 사람들에게 기독교는 이제 밟히는 소금이 되기 시작했다.

II.

우리는 지금 '기독교'를 '개독교'라 부르는 시대에 살아가고 있다. 세상 사람들이 기독교를 비아냥거리고 멸시하느라 하는 말이기도 하지만, 그 책임은 우리에게도 있다. 바로 이 현실이 하나님의 이름을 망령되게 부르게 하는 것 아니겠는가? 왜 한국교회가 이렇게까지 되었을까?

12.

첫째, 한국교회가 율법과 율법주의를 구분하지 못하고 혼돈했기 때문이다. 율법주의를 버린다고 하다가 율법을 무시하게 됐다. 은혜를 강조하다가 율법 없는 은혜가 되어서 값싼 은혜가 되었다. 기독교 신앙이 우리의 삶에 아무런 영향도 끼치지 못하는 무기력한 신앙이 되고 말았다. 그래서 기독교인들로 하여금 교회에서의 삶과 세상에서의 삶이 전혀 다른 삶을 살아가게 했기 때문이다.

13.

둘째, 착하게 살면, 정직하게 살면, 바르게 살면 세상에서 손해를 보기 때문이다. 그것은 예수님도 말씀하셨다. '그 길은 좁은 길로 가는 것이다, 십자가 지고 가는 것이다'라고 하시면서. 하나님의 말씀대로 계명을 지키고 사는 일, 착하게 바르게 사는 일은 누구에게나 힘든 일인데 교회가 그것을 강조하지 않고 가르치지 않으니까 자연히 우리도 그 법을 무시하고 착한 행실에서 멀어지는 교회가 된 것 아닌가 싶다.

14.

전에는 '손해를 보고 힘들어도 예수 믿는 사람들은 그렇게 살아야 해, 착한 행실을 보고 하나님께 영광 돌리게 해야 해' 하는 걸 많이 가르쳤기 때문에 손해를 봐도 그렇게 사는 그리스도인들이 참 많았다.

요즘엔 교회가 '믿으면 복 받는다'는 기복적인 교훈과 은혜만 가르치니까 교인들은 자연스럽게 은혜만 부르짖으며 세상에서는 세상 식으로, 교회에서는 교회 식으로 사는 척하는 바리새인과 같은 위선자들이 되고 말았다.

그러다가 이제는 더 나빠져서 교회에서도 세상 식으로 살고, 심지어 교회에서 세상에서도 안 사는 세상 식을 고집하는 교회가 되어버렸다. 예전에는 교회가 세상을 가르쳤는데, 이제는 세상이 교회를 가르치는 세상이 되고 말았다.

15.

이런 때에 우리가 십계명을 공부하는 것은, 우리의 작은 행실로라도 한국교회의 명예를 되살려보자는 발버둥을 쳐보자는 의미다. 계명은 착한 행실에 대한 하나님의 가르침이다. 우리라고 나은 게 뭐가 있겠냐마는 우리의 조그만 착한 행실이, 우리의 작은 발버둥이 밟히는 소금과 같이 되어버린 한국교회에 희망이 되어보자는 것이다.

16.

본문에서 하나님이 당부하시는 것처럼 '너 때문에 나 욕먹게 하지 마. 너 때문에 내 이름이 영광을 받게 해줘. 거룩히 여김을 받게 해줘' 하시는 말씀이 마음 깊이 아프게 심겨지기를 바란다. 계명과 율법을 지키는 것은, 착하게 사는 것은 세상에서 바보 되는 것이다. 손해 보는 것이다. 실패하고 망하는 것일 수도 있다. 그러나 그렇게 사는 것이 계명을 지키는 것이고, 그것이 십계명의 세 번째 계명을 지키는 것이다. 여호와의 이름을 망령되게 부르지 않고 우리의 부족한 삶의 발버둥을 통하여 하나님이 영광을 받으시고 하나님의 이름이 높임을 받으시는 삶을 산다면, 그것은 또 우리에게 얼마나 큰 은혜가 되고 자랑이 되고 영광이 되겠는가?

17.

그리고 그렇게 살면 끝까지 힘든 게 아니다. 시편 1편에서 말씀하지 않으시는가? '복 있는 사람은 악인의 꾀를 좇지 않는다. 악인의 꾀를 좇아 사는 사람은 바람에 나는 겨와 같다. 율법을 즐거워하여 그대로 사는 사람은 처음에는 힘든 것 같아도 결국은 아니란다. 시냇가에 심긴 나무 같아서 열매 많이 맺어. 내세에서만 잘 사는 게 아니라 이 땅에서도 형통하고 복 받아.'

18.

계명과 율법과 말씀을 좇아 사는 삶을 통하여 하나님의 이름을 영화롭게 하고 하나님의 이름을 망령되게 부르지 않고 이 땅에 살면서 하나님의 이름이 거룩히 여김을 받게 하는, 참 그리스도인의 삶을 살아가는 우리가 되면 참 좋겠다. 그런 마음을 가지고 하나님께 기도하면 우리가 그렇게 살 수 있도록 하나님께서 삶의 능력을 허락해주실 줄을 믿는다.

●

영광을 받으신 만유의 주여 우리가 명령을 따르리다
베푸신 은혜를 감사히 알고 진실한 맘으로 섬기겠네
구주의 은혜 주시는 대로 영원히 받들어 섬기겠네
찬송하겠네 찬송하겠네 생명을 주시는 구주로다

-

우리가 율법과 율법주의를 혼돈하여 율법주의를 버린다고 하다가
율법까지 무시하는 우를 범하였던 것을 회개합니다.
우리가 하나님의 계명을 지킬 때 우리의 행실을 보고
하나님의 이름이 거룩히 여김을 받으시는 삶을 회복할 수 있게 하여주옵소서.

23

안식일을 기억하여 거룩하게 지키라

출애굽기 20:8-11

8 안식일을 기억하여 거룩하게 지키라 9 엿새 동안은 힘써 네 모든 일을 행할 것이나 10 일곱째 날은 네 하나님 여호와의 안식일인즉 너나 네 아들이나 네 딸이나 네 남종이나 네 여종이나 네 가축이나 네 문안에 머무는 객이라도 아무 일도 하지 말라 11 이는 엿새 동안에 나 여호와가 하늘과 땅과 바다와 그 가운데 모든 것을 만들고 일곱째 날에 쉬었음이라 그러므로 나 여호와가 안식일을 복되게 하여 그날을 거룩하게 하였느니라

I.

십계명의 네 번째 계명은 "안식일을 기억하여 거룩하게 지키라"이다. 어떻게 하면 안식일의 계명을 잘 지킬 수 있을까? 하나님이 다 설명해주셨다.

2.

첫째, 엿새 동안 힘써 일하라는 것이다. 그리고 일곱째 되는 날은 안식일을 기억하여 거룩하게 지키고 그날 하루는 쉬라

고 하셨다. 일곱째 되는 날 쉬는 것도 중요하지만 안식일을 기억하여 거룩하게 지키고 그날 하루 쉬라는 말씀 속에 숨어 있는 더 강력한 의미는, 엿새 동안 힘써서 네 모든 일을 행하라는 것이다.

쉬는 것보다 엿새 동안 힘써 일하는 것이 먼저 강조되었다. 얼마나 힘써 일해야 하나? 쉽게 말해서, 힘이 다 빠져서 일곱째 되는 날 하루를 쉬지 않으면 안 될 만큼 엿새 동안 힘써 일하라는 것이다.

3.

기독교는 교만을 죄로 여기지만, 동시에 나태와 게으름도 죄악이라고 말한다. 예수님은 달란트 비유를 드시면서, 한 달란트를 땅에 파묻은 종을 게으른 종이라고 책망하셨다. 그냥 "게으른 종아"라고 하지 않으시고 더 무서운 말을 붙이셨다. "악하고 게으른 종아!" 예수님은 게으름과 악함을 같은 것으로 보셨다.

기독교에서 게으름은 매우 중대한 범죄이다. 그러므로 우리는 무슨 일을 하든지 열심히 해야 한다. 마음을 다하고 뜻을 다하고 정성을 다해야 한다. 골로새서 3장 23절 말씀처럼 "무슨 일을 하든지 사람에게 하듯 하지 말고 주께 하듯" 해야 한다. 안식일을 기억하여 거룩히 지키라고 하는 말씀 속에는 우리가 맡은 일에 대한 근면과 성실함이 내포되어 있다는 걸 알아야 한다.

4.

그렇다면 무슨 일을 열심히 해야 하는가? 성경은 네 모든 일을 힘써 행하라고 한다. 이것이 굉장히 중요하다. 우리는 하나님의 일과 세상의 일을 이원론적으로 구별하려고 한다. 그래서 교회에서 일하는 것은 하나님의 일을 하는 것이고 세상에서 사업하고 직장에서 근무하는 일은 세상의 일을 하는 것으로 생각하는데, 그것은 기독교의 생각이 아니다.

자주 얘기하지만 목사만 성직이 아니다. 모든 직업이 다 성직이다. 목사만 소명감을 가지고 일하는 것이 아니라 우리의 직업이 다 돈 벌기 위한 수단이나 욕심을 채우기 위한 도구가 아닌 하나님의 부르심에 소명감을 가지고 일해야 하는 것이다. 그것이 크리스천의 직업관이고 노동관이라고 할 수 있다.

5.

한국교회는 그동안 교회 일만 하나님의 일이라고 생각해서 교인들을 너무 무리하게 교회에 묶어두려는 경향이 있었다. 과유불급이라고 하지 않는가? 물론 모자라도 안 되지만, 너무 지나치는 것도 모자람만 못하다.

6.

교회 일, 물론 해야 한다. 교회에서 섬기고 봉사해야 할 일이 있다. 교회에 가서 예배드리고, 공부하고, 훈련받아야 한다.

그러나 그것이 너무 지나쳐서 세상일을 등한히 하고, 가정을 등한히 하고, 직장 생활을 등한시한다면 그것은 안식일 정신에 위배되는 것이다.

7.

나는 예수 믿는 청년들에 대한 자부심이 있었다. 교회 다니는 아이들이 그래도 세상 애들보다 낫겠지 했다. 그래서 교회에 잘 안 다니는 어느 사장님에게 "그래도 교회 다니는 애들이 좀 낫지요?"라고 했더니 그 분이 정색을 하고 "아니요"라고 했다. 왜 그러냐고 했더니 교회 열심히 다니는 아이들 보면 직장에 와서도 교회 일을 하더란다. 그때 좀 창피했다. 부끄러웠다.

8.

내가 담임하던 교회는 청년들이 꽤 많이 모이는 교회였는데, 청년예배 때 이런 이야기를 했다. "너희들은 직장에서 교회 일을 할 만큼 교회 일을 맡으면 안 된다. 그냥 일주일에 하루, 그 정해진 시간에 와서 할 수 있는 정도만 하고 회사에 나가서는 회사 일을 해야 한다. 너희들이 회사 일을 하고 월급 받기로 했지 교회 일을 하고서 월급 받기로 한 것은 아니지 않니. 근무 시간에 교회 일을 하는 것은 도적질을 하는 것이다."

9.

많은 사람이 교회 일을 하는 것이니까, 하나님의 일을 하는 것이니까 괜찮다고 생각한다. 그러나 그렇지 않다. 직장에서 직장 일을 열심히 하는 것도 안식일을 거룩히 지키라는 계명에 포함된 말씀이라는 것을 잊어서는 안 된다. 높은뜻교회에는 구체적인 목회 목표가 있는데, 그중 하나가 "교인들을 세상의 왕 같은 제사장으로 키우는 교회"이다. 나는 교인들을 교회 일꾼으로만 키우고 싶지 않았다. 교인들은 교회 일꾼이 아니라 세상의 일꾼이 되어야 한다. 그래서 엿새 동안 네 모든 일을 힘써 하라는 것이 안식일을 잘 지키는 정신이라고 생각했다.

10.

둘째, 엿새 동안 힘써 일하는 것은 좋지만 그것을 열심히 한다고 일주일 내내 하지 말라는 것이다. 일곱째 하루는 쉬라는 것이다. 열심히 하는 것은 좋으나 그 열심의 이유가 욕심 때문이면 안 된다. '하루 더 일해서 돈 더 벌어야지, 주일날 장사하면 수입이 더 많은데.' 이런 이유 때문에 열심히 일하는 것은 '엿새 동안 힘써 네 모든 일을 하라'는 하나님의 정신이 아니다. 우리가 엿새 동안 힘써 일해야 하는 것은 그 세상의 일도 하나님의 일이기 때문이지, 욕심 때문에 하는 것이 아니다. 욕심을 제어하고 욕심을 버리게 하기 위해서 하나님은 엿새는 힘써 일하지만 하루는 일하지 말고 쉬라고 하신 것이라고 생각한다. 그러니까 하루를 쉬라는 말씀은 엿새 동안 힘써 일할 때 자기 욕심을 채우기 위해서 하지 말고 소명감을 가지고 일하라는 정신이라고 해석했다.

II.

셋째, 거룩하게 지키라는 것은, 일주일의 하루는 하나님께 신령과 진정으로 예배하는 일에 힘쓰라는 말씀이다. 엿새 동안 힘써 일할 때 욕심으로 하지 않고 소명으로 하기 위한 영적인 힘과 영적인 양식을 섭취하는 데 하루를 써야 한다는 말씀이다.

I2.

이 말씀은 나머지 엿새 동안 세상 일, 직업적인 일은 거룩하지 않아도 된다는 말씀이 아니다. 하루만 거룩하면 된다는 게 아니다. 엿새 동안 세상의 일을 하면서도 세속화되지 않고 세상일을 하면서도 거룩함을 잃어버리지 않는 힘을 하루 동안 집중해서 예배하고 기도하고 찬송하고 훈련받으면서 얻으라는 뜻이라고 생각했다.

I3.

이 말씀을 묵상하면서 내 모교회였던 청량리중앙교회 장로님 한 분이 생각났다. 그 분은 일제강점기 때 동경제대를 나온 엘리트였다. 내가 기억하기로는 농공업 쪽의 박사님으로 수원의 어떤 연구소의 소장이셨다. 그 분은 엿새 동안은 직장에 충성하셨다. 그래서 주중에 교회에서 하는 행사에는 거의 참석하지 않으셨다. "나는 월급 받는 사람이니까 세상의 직장에도 충성해야 한다"면서, 특별한 경우가 아니면 (그때는 주 6일 근무하던 때니) 월요일부터 토요일까지는 교회에 오지 않으셨다.

14.

그런데 주일날은 교회에 충성하셨다. 그 분이 전도부장을 하실 때인데, 예배 끝나면 가방 들고 우리 교회 주변을 집집마다 다 돌아다니셨다. 아마 한 집도 안 빠뜨렸을 것이다. 그걸 몇 년 동안이나 하셨으니 말이다. 나는 그 분이 4계명, 즉 "안식일을 기억하여 거룩히 지키라"라고 하는 계명을 정말 잘 지키신 분이라고 생각했다.

15.

엿새 동안 힘써서 하나님이 우리에게 맡겨주신 세상일에 충성하는 사람들이 다 되기를 바란다. 마음을 다하고 뜻을 다하고 정성을 다하여 욕심으로 일하지 말고 소명감을 가지고 일해서 왕 같은 제사장이 되기를 바란다. 그리고 우리의 안식일인 주일에는 예배에 집중하여 그 주일을 거룩히 지키고, 주일만 거룩히 지키는 것이 아니라 받은 은혜의 풍성함으로 엿새 동안 거룩하게 세상의 일도 수행할 수 있는 왕 같은 제사장이 다 될 수 있기를 바란다. 그게 안식일을 기억하여 거룩하게 지키라 하신 하나님의 뜻이라고 믿는다.

•

어둔 밤 쉬 되리니 네 직분 지켜서
찬 이슬 맺힐 때에 일찍 일어나
해 돋는 아침부터 힘써서 일하라
일할 수 없는 밤이 속히 오리라

-

우리의 일이 욕심을 위한 일이 되지 않게 하시고
소명에 의한 일이 되게 하여주시옵소서.
그리고 예배를 통해서
엿새 동안 세상의 일을 할 때에도 그 일이 거룩해질 수 있는
영적인 힘을 얻을 수 있도록 축복하여주시옵소서.

24

네 부모를 공경하라

출애굽기 20:12

12 네 부모를 공경하라 그리하면 네 하나님 여호와가 네게 준 땅에서 네 생명
이 길리라

I.

내가 목회하면서 제일 하기 힘들었던 설교가 어버이주일 설
교였다. 그래서 가능하면 피했다. 원로 목사님에게 부탁하거
나, 다른 목사님에게 부탁하면서 도망갔다. 내 부모님을 잘
공경하지 못했기 때문에 그것이 늘 마음에 걸려서 설교를 하
기가 어려웠다.

2.

우리 노회의 어느 선배 목사님이 성도가 몇백 명 정도 되는
크지 않은 교회에서 목회하다가 은퇴를 하셨다. 교회 재정
규모가 그리 넉넉하지 못했으니 은퇴할 때 대우가 아주 좋았
던 것 같지는 않았다.

그런데 그 목사님 아들이 사업을 해서 크게 성공했다. 부자가 되었다. 그래서 아버지 은퇴 기념으로 아들이 큰 선물을 했다. 내가 알기로, 신용카드를 주면서 "아버지, 이것 쓰세요. 친구들 만나시면 아버지가 점심 사고 그러세요"라고 했단다. 아파트도 하나 장만해주고, 자동차도 사드렸다. 고급 승용차를 사주려는 아들에게 목사님은 "야, 나 그거 못 탄다" 하면서 중형 자동차를 선택하셨다고 한다. 그 얘기를 듣고 내가 한소리했다. "교회가 사주는 차도 아니고 아들이 사주는 차인데, 그걸 왜 사양해요? 외제차라도 탈 수 있지!"

3.

그 목사님은 아들이 사준 차가 너무 좋으니까 날 보기만 하면 얘기하고 또 얘기하셨다. 그래서 어느 날 내가 농담을 했다. "목사님, 그 차 뒤에다 써 붙이세요. '아들이 사준 차!'라고." 그러면서 함께 웃었던 적이 있다.

4.

세상에서 제일 좋은 차가 무슨 차일까? 자식이 사준 차 아니겠는가? 그게 제일 좋은 차다. 그 생각을 하니 좀 부러웠다. 그래서 하나님 앞에 좀 엉뚱한 기도를 했다.
"하나님, 저도 우리 아들이 사주는 차 한번 타보게 해주세요. 하나님, 저도 늘그막에 자식 덕 보게 해주세요."

5.

자식 덕을 보려고 자식을 기르는 부모는 없다. 나도 그렇다. 그냥 자식은 자식이니까 부모 노릇하는 것이지, '이놈 잘 길러서 늘그막에 덕 봐야지' 하며 기르지 않는다. 덕을 보면야 좋지만 자식 덕 보려고 자식 키우는 부모가 어디 있겠는가? 그런데 나도 모르게 '늘그막에 자식 덕 보게 해주세요' 하고 기도했다.

6.

그런데 엉뚱한 것 같아도 가만히 생각해보니 그럴 수만 있다면 최고의 복이란 생각을 했다. 그러면서 생각이 더 꼬리를 물게 됐다. 늘그막에 내가 자식 덕 보려면 두 가지 조건이 충족되어야 한다는 사실을 알게 됐다. 첫째는 자식이 땅에서 잘되어야겠구나. 그래야 아버지에게 차도 사주고 카드도 주지. 저 먹고 살기 바쁘면 아무리 마음이 있어도 어려울 텐데. 두 번째 조건을 또 생각했다. 그러려면 오래 살아야겠구나.

7.

태어나는 순서는 있어도 죽는 순서는 없지 않은가? 부모보다 먼저 태어나는 자식은 없다. 그러나 부모보다 먼저 앞서는 자식은 있다. 예수 믿는 사람 중에도 자식을 먼저 보내는 부모가 있다. 사실 정말 마음 아픈 일이지만, 얼마든지 일어날 수 있는 일이다.

8.

그렇다면 '자식 덕 보게 해주세요'란 기도가, 입장을 바꿔보자면 '부모에게 공경하게 해주세요'라는 기도인데, 이 기도가 응답받기 위해서는 논리적으로 하나님이 장수하는 복을 주셔야 한다. 그래서 하나님이 다섯 번째 계명인 "네 부모를 공경하라"고 하시면서 "이것은 약속이 있는 첫 계명"(엡 6:2)으로 땅에서 네 생명이 길리라"라고 말씀하셨구나 이해하게 되었다. 그렇게 생각하니 자식 덕 보게 해달라는 기도가 염치 없는 기도가 아니라 자식을 축복하는 기도라는 걸 알게 되었다.

9.

내가 높은뜻숭의교회에서 목회할 때, 어느 어버이주일에 청년예배에서 이런 설교를 했다. "얘들아, 오늘 설교 끝나고 기도할 때 '하나님 우리 부모님 늘그막에 제 덕 보게 해주세요'라고 기도하렴." 그리고 설교를 마치고 정말 그 기도를 시켰다. 여기저기서 우는 소리가 들려서 눈을 떠보니, 많은 청년들이 그 기도를 하다가 마음에 감동이 되어 울고 있었다.

그때 마음이 찡했다. 그러면서 확신이 왔다. '저 기도는 하나님이 반드시 들어주시겠다. 저 아이들이 얼마나 기쁘실까.' 그러면서 '저 아이들 복 받게 생겼네. 땅에서 잘될 거야. 장수할 거야'란 생각이 이어졌다. 하나님은 약속을 지키시는 분이니까.

IO.

그러다 생각이 조금 더 발전했다. 더 엉뚱하게 하나님도 내 덕 보고 싶어 하시겠다는 생각이 들었다. 말라기서 3장에 십일조에 관한 말씀이 나오지 않는가? 그날은 "만군의 여호와가 이르노라 너희의 온전한 십일조를 창고에 들여 나의 집에 양식이 있게 하고"(말 3:10)란 말씀이 아주 장난기 있게 읽혔다.

"야, 나 하나님인데, 돈 좀 줘!"

"뭐 하시게요?"

"쌀 사려고!"

성경을 이렇게 표현하면 불경스럽긴 하지만, 요즘 아이들 언어로 해석해보았다. 사실 말이 안 되는 소리다. 우리 상식으로 생각하면 우리가 "하나님, 돈 좀 드릴까요?" 하면 "야, 네 돈으로 뭘 하겠니? 너나 걱정해라. 내가 천하 만물을 입히고 먹이는 하나님인데, 내가 네 덕을 보고 살겠니?"라고 하셔야 맞을 것 같은데, 아니다. 하나님은 온 인류 만물을 먹이시는 분이신데 꼭 필요한 양식, 생활비는 우리에게 받아 쓰고 싶으신 것이다.

II.

몇 년 전에 어느 광고가 아주 인상적이었다. 기억이 확실하진 않지만 나이 많은 영감들이 나와서 자식 자랑하는 내용이었다. "우리 아들은 한 달에 30만원씩 줘, 10만원씩 줘" 하면서. 그러자 다른 영감이 "우리는 70만원씩 줘" 하는 것이다. 그러자 다들 "누가 그렇게 줘?" 했더니 "연금"이라고 하는 것이다. 어른들, 부모들의 심리를 잘 이해한 광고다. "우리 아들이 용돈 줘, 우리 딸이 효녀야, 우리 아들이 나한테 잘해" 이것이 부모의 기쁨 아닌가? 그렇게 생각해보니 하나님도 자랑하고 싶으신 것 같다.

12.

이 엉뚱한 생각에서 시작하여 책도 하나 썼었다. 《하나님, 제 덕 좀 보셔요》란 제목의 책이다. 이 책을 냈을 때 많은 사람들이 무슨 제목이 그러냐고 많이 물어봤다. 사실, 우리가 하나님 덕을 보고 살지 어떻게 하나님이 우리 덕을 보고 사시겠는가? 그런데 하나님이 우리 아버지시지 않은가? 작은 것이라도 '하나님, 이것 드세요', '하나님, 어디 갈까요?' 하면 하나님이 얼마나 좋아하실까? 하나님이 부모이시니 공경하면 하나님이 내 덕을 보시려거든 내가 복을 받아야겠구나, 땅에 쌓을 곳이 없이 복을 받아야 하니 하나님이 그 복을 주시겠구나 하는 생각을 하게 되었다. 그러니 우리가 육신의 부모에게도 효도하고, 또 영적인 아버지이신 하나님께도 효도하면, 우리가 복밖에 더 받을 것이 무엇이 있겠는가?

13.

이제는 내가 부모이기도 하고, 할아버지이기도 하니 자식들

보기에 조금 염치없어 보이기도 하겠지만, 그것이 우리 자식들이 복 받는 길이라면 우리 아들들이 그렇게 했으면 좋겠다. 나는 우리 부모님에게 잘하지 못했기 때문에 우리 아이들에게 양심적으로 "부모에게 효도하라"는 말을 못했다. 그런데 우리 아이들은 나한테 잘한다. 그래서 정말 감사하다. 염치없이 감사하다.

14.

자식이 복을 받으면 좋겠고, 이 땅에서 잘되고 장수하면 좋겠는데 그러려면 자녀가 부모를 공경해야 한다. 그러기 위해서는 부모의 책임도 있다. 부모가 도와줘야 한다. 자식 탓만 할 수 있는 문제가 아니다. 부모 노릇을 잘못하면 아이들이 부모를 공경하기 참 힘들다. 세상에는 자식들이 공경하려고 해도 공경하기 힘든 부모가 생각보다 꽤 많다. 자식 사랑할 줄을 모른다. 부모니까 사랑하는 마음은 있겠지만, 사랑하는 법을 모른다. 아이들 교육할 줄을 모른다. 그러다 보면 아이들에게 공경받고 존경받는 삶에서 자꾸 멀어져서 아이들이 부모를 우습게 여긴다.

자식들이 부모를 공경하여 하나님이 말씀하신 복을 받게 하기 위해서는 부모들이 자식들을 잘 키워야 한다. 자식 키우는 법을 공부해야 하고, 존경받을 수 있도록 삶을 반듯하게 해야 한다. 그런 삶을 살아야 이 계명이 이루어진다.

15

우리 부모님은 이미 세상을 떠나셔서 나는 이 계명을 지키기가 어렵다. 아직 부모님이 살아 계시다면 부모님을 공경하라. 뜻밖에 부모 공경하는 게 쉽지 않다. 그러나 하나님이 말씀하시니, 복 주시겠다고 약속하시고 명령하신 것이니 힘들고 어려워도 그 말씀 붙잡고 애써서 그 계명을 다 지키길 바란다. 그래서 하나님이 약속하신 복의 증인들이 다 되기를 축원한다.

●

어머니의 넓은 사랑 귀하고도 귀하다
그 사랑이 언제든지 나를 감싸줍니다
내가 울 때 어머니는 주께 기도드리고
내가 기뻐 웃을 때에 찬송 부르십니다

－

하나님, 부모님을 공경하며 살 수 있는 우리가 되게 하여주시옵소서.
그리고 우리 자녀들도 이 복을 받을 수 있도록
우리가 먼저 좋은 부모가 되게 하여주옵소서.
자녀들에게 인정받고 존경받는 삶을 살아서
자녀들이 부모를 공경하고 효도하는 길을 열어줄 수 있게 하여주시옵소서.
하나님께도 효도하고 하나님 공경하며 살아서
하나님이 약속하신 복의 증인들이 될 수 있게 도와주시옵소서.

살인하지 말라

출애굽기 20:13

13 살인하지 말라

I.

좀 엉뚱한 질문을 해보자. 당신은 지금껏 살아오면서 몇 사람이나 살인해보았는가? 객관식이다. 1번과 2번 중에 하나 골라보라. 1, 한 명도 안 했다. 2, 수도 없이 많이 했다. 과연 답은 뭘까?

2.

"살인하지 말라"라는 계명을 받을 때 나오는 별로 상관없는 말씀이라고 생각하기 쉽다. 실제로 사람을 죽여본 사람은 그다지 많지 않기 때문이다. 우리 대부분은 사람을 직접 죽여본 적이 없기 때문에 이 계명을 쉽게 생각한다. 그런데 막상 객관식으로 질문을 하니, 좀 느낌이 다르지 않은가? 왠지 2번인 것 같지 않은가?

217

3.

맞다. 답은 2번이다. 칼로, 총으로 사람의 생명을 직접 끊는 것만 살인이라고 생각하지만, 그렇지 않다. 우리는 사람 죽이는 행위를 참 많이 한다. 사람을 죽음으로까지 몰아가는 것이 칼과 총 말고 또 뭐가 있을까 생각해봤다. 여러 가지가 있겠지만, 한 가지만 다뤄보자면, 그것은 '말'이다.

4.

야고보서 3장 8절에 혀를 조심하라는 말씀이 있다. "혀는 능히 길들일 사람이 없나니 쉬지 아니하는 악이요 죽이는 독이 가득한 것이라." 혀, 즉 말을 언급하면서 '죽이는 독'이라는 표현을 썼다. 그러니까 말이 살인의 도구라는 것 아닌가? 세상에 사람의 말처럼 무서운 독이 또 어디 있겠는가? 말은 칼보다, 총보다도 무섭다.

5.

거짓말로 사람을 모함하고, 억울하게 하고, 사람의 수치와 상처와 약점을 들추어 집중적으로 공격하여 견디지 못하게 하고, 악한 말만 골라 하여 사람의 자존심과 인격을 짓밟는 일들이 얼마나 많은지 모른다. 요즘은 SNS 시대인데, 나도 악플을 많이 당해보았지만, 악플 때문에 자살하는 사람들이 얼마나 많은지 모른다.

6.

내가 높은뜻숭의교회를 개척하고 얼마 되지 않아서 교회 홈페이지에 "김동호 목사 연봉이 1억 얼마다"란 글이 올라왔다. 사람들은 그것이 사실인지 아닌지에 대해선 관심이 없었다. 무작정 '그것이 사실'이라고 생각하고 '김동호 목사 안 그런 줄 알았더니 돈만 밝히는 사람이구나'란 식으로 매도하는 댓글들이 줄줄이 달렸다. 교회 홈페이지가 마비될 지경이었다. 그 악플들을 읽는데, 너무 힘들었다. 왜 연예인들이 악플 때문에 자살하는지 경험할 수 있었다.

7.

세상에 말처럼 사람을 아프게 하고 힘들게 하는 것도 없다. 그리고 실제로 말로 사람을 죽이는 경우가 얼마나 많은지 모른다.

8.

우리가 피해자 아닌가? 이제껏 살아오는 동안 죽고 싶으리만큼 힘들었던 때가 다 있지 않은가? 무엇 때문에 그렇게 힘들었는가? 아마도 가장 많은 이유가 사람들의 말 때문일 것이다. 맘 아프게 하는 말 때문에, 억울하게 하는 말 때문에, 모함하는 말 때문에. 그렇다면 그것은 살인이다. 사람을 죽인 것과 같다. 우리도 피해자이기 때문에 이 말을 잘 이해할 수 있을 것이다.

9.

그런데 우리가 인정해야 할 것이 있다. 우리도 가해자였다는 사실이다. 우리는 기억에 없을지 몰라도 생각해보면, 우리의 그 아픈 말 때문에, 악한 말 때문에 죽고 싶었던 사람들이 많았을 것이다. 우리의 혀와 말로 얼마나 많은 사람들의 마음을 아프게 하고 고통을 주며 살았을까.

10.

우리는 왜 그런 말을 하면서 살까? 왜 사람을 아프게 하고, 죽음으로 몰아갈 만큼 잔인한 마음을 가지고 살아가는 걸까? 무엇이 그런 일을 행하게 할까? 두 가지를 생각해봤다.

11.

첫째는 미움과 증오 때문이다. 미움과 증오의 뿌리에는 복수심이란 게 있다. 누군가 우리를 억울하게 하고 힘들게 하면 증오심이 생긴다. 눈은 눈으로, 이는 이로 갚겠다는 복수의 마음이 생긴다.

12.

출애굽기에 '눈은 눈으로, 이는 이로' 갚는 법이 나온다. 그런데 사실 이것은 복수의 법이 아니다. 뒤에서 자세히 살펴볼 테지만 이것은 피해자에게 주신 복수의 법이 아니라 가해자에게 주신 책임의 법이다. '너도 살다 보면 실수로라도 남에

게 피해를 줄 수 있어. 가해자가 될 수 있어. 그럴 때 핑계하면 안 돼. 책임질 줄 알아야 해.'

13.

그런데 우리는 이것을 복수의 법으로 해석한다. 왜 그런가? 우리 마음의 본심이 그렇기 때문이다. 눈은 눈으로, 이는 이로 갚고 싶은 마음이 있다. 그러나 성경의 가르침은 끝까지 우리에게 복수하지 말라는 것이다. 원수 갚으려는 마음이 있을 때는 이 계명을 지킬 수 없다. 그러면 결국 살인하게 되기 때문이다. 그래서 '원수 갚지 말아라, 원수 갚는 것은 나에게 맡겨라. 내가 너 억울하지 않게 해줄 거야. 도리어 원수를 사랑하라'라고 말씀하시는데, 이걸 이겨내지 못하고 미움과 증오심, 복수심에 사로잡히게 되면 실제로 죽일 수도 있고 죽이진 않더라도 괴롭히고 힘들게 하고 마음 아프게 하는 일을 하면서 살게 된다.

14.

둘째는 시기심이다. 시기심의 뿌리에는 욕심이 있다. '내가 더 잘돼야지' 하며 남 잘되는 꼴은 못 보고 이웃이 밭을 사면 배가 아프고 하는 것들 말이다. 시기심이 커지면 결국은 살인의 동기가 된다. 인류의 첫 살인자는 가인인데, 가인의 살해 동기가 뭐였는가? 시기심 아니었는가? 하나님이 아벨의 제사는 받으시고 자기 제사는 받지 않으시니 자기 잘못한 것은 생각하지 않고 시기심이 발동하여 결국 동생 아벨을 쳐 죽였다.

15.

내가 신학교 2학년 때 3학년과 축구 시합을 했다. 나는 축구를 잘 못해서 응원석에 앉아 있었는데, 그때 응원가가 살벌했다. "밟아라 밟아라 오뉴월의 개구리 밟듯이 꽉꽉 밟아라. 뽀개라 뽀개라 동지섣달 장작 뽀개듯이 팍팍 뽀개라." 장난스런 가사지만, 그 장난 속에 숨어 있는 무서운 인간의 마음, 상대방을 밟고 뽀개서라도 우리가 이겨야 하는 것, 바로 이 마음이 결국 살인의 마음 아닌가?

16.

이 시기심과 증오심, 미움과 복수는 인간의 본능과 같은 것인데, 이 본능을 극복해야 결국 "살인하지 말라"라는 계명을 지킬 수 있을 텐데, 어떻게 하면 우리가 이 증오심과 시기심에서 벗어날 수 있을까?

17.

이 질문에 대해서는 아주 원론적인 얘기를 할 수밖에 없다. 바로 은혜 충만, 사랑 충만이다. 은혜를 받으면 그 증오심과 시기심이 좀 누그러지고 사라진다. 최소한 그 순간만이라도 없어진다. 하나님의 사랑이 느껴지고 그것 때문에 은혜가 충만하면, 사람을 용서할 수도 있고 사랑할 수도 있다.

18.
우리 큰손녀가 벌써 열일곱 살인데, 첫 손주가 태어나고 내가 얼마나 정신 없이 예뻐했는지 모른다. 그때 큰아들이 미국 유학을 준비할 때인데, 내가 손녀를 너무 예뻐하니 미국 유학을 준비하는 1년 반 동안 우리집에 들어와 함께 살았다. 미국에 가면 자주 못 볼 테니 말이다. 가장 큰 효도를 한 셈이다. 그때 우리집에 4대가 살았다. 우리 어머니, 우리 부부, 둘째, 셋째 아들, 큰아들 부부에 손녀딸 민희까지. 그러니 민희는 우리 집안의 꽃이었다. 그렇게 사랑받다가 미국에 가서 살게 되었다.

19.
민희가 세 돌 정도 지났을 때, 그림 그리는 걸 좋아하는 손녀가 어느 날 아파트를 그렸다. 그리고 그 아파트 그림 옆에 '17'이란 숫자를 쓰고는 거기에 동그라미를 그려놓았단다. 그때 우리가 사는 아파트가 17층이었다. 그 그림을 보고 민희 엄마가 물었다. "이게 뭐야?" 그러자 민희가 이렇게 답을 했다. "이곳은 소녀가 사랑을 받는 곳이야."

20.
민희가 두 돌도 되기 전에 미국에 갔는데, 그때 받았던 사랑이 잊히지 않았던 것 같다. 특히 할머니와 아주 친했다. 미국에 가서도 꼬맹이가 할머니와 전화 통화를 한 시간씩 하곤 했다. 그러면서 어느 날은 이런 말을 했다. "할머니, 이상해. 할머니하고 전화하면 슬프지도 않은데 자꾸 눈물이 나." 그 말에 나와 아내가 큰 감동을 받았었다. 그만큼 우리 큰손녀는 온 가족의 사랑을 충만히 받고 자랐다.

21.

그런 큰손녀가 미국 학교를 다니면서 왕따를 당했다. 동양아이라고. 그런데 그걸 제 부모에게 얘기를 안 했다. 어찌어찌 엄마 아빠가 알게 되어 수습을 잘했는데, 함께 학교에 갔다가 돌아오는 길에 엄마가 아이에게 "왜 엄마에게 얘기 안했니?" 하고 물었단다. 그랬더니 큰손녀가 이렇게 얘기했다. "다 잊어버렸어." 아무렇지도 않게.

애들이 왕따는 시켰지만, 우리 손녀는 왕따를 당하지 않았다. 왕따 당한다는 것이 보통 심각한 문제가 아닌데, 우리 손녀는 왕따 당하는 아픔보다 가족에게 받은 사랑이 더 컸기 때문에 그걸 다 잊어버렸다. 그러다 보니 복수심이나 증오심을 갖거나 상처받는 일이 없었다.

22.

사랑받은 사람이 사랑할 줄 안다. 사랑받지 못한 사람의 마음속에는 미움과 증오와 시기심이 크다.

사실, 모든 사람이 다 우리 손녀처럼 사랑 많은 환경에서 자라는 건 아니다. 사람에게 사랑받지 못하는 사람도 많다. 버림받은 사람도 많다. 하지만 우리 예수 믿는 사람들은 그 모든 것을 다 이겨낼 만한 큰 힘이 있지 않은가? "하나님이 세상을 이처럼 사랑하사"(요 3:16).

세상에 아무리 큰 사랑과 은혜가 있어도 하나님의 사랑과 십자가의 은혜보다 더 큰 것이 어디 있겠는가? 우리는 그것을 믿는다고 말은 하면서도 진짜로 믿어지지 않고 마음에 와닿지 않기 때문에, 그 십자가의 사랑과 은혜가 우리 마음속에 충만하지 않기 때문에 작은 일만 겪어도 미움과 시기와 복수의 마음이 생기는 것이다.

23.

"살인하지 말라"라는 이 계명을 지키려고 할 때, 우리가 할 일은 '아, 저 사람 미워하지 말아야지'라고 생각하는 것이 아니라 "하나님의 은혜와 사랑을 깨닫게 해주옵소서. 제 마음과 삶에 주님의 은혜와 사랑이 충만하게 하옵소서. 그래서 용서하고 품을 수 있는 마음을 주시옵소서"라고 기도하는 것이다.

24.

은혜받은 사람은 세상이 다 따뜻해 보인다. 사랑을 받으면 사람도 아름다워 보이고 사랑스러워 보인다. 사람이 사랑스러워 보이면 짓밟고 이기고 싶지 않다. 섬기고 싶고, 도와주고 싶다. 뭐 하나라도 자꾸 나눠주고 싶다.

25.

하나님이 창세기부터 쭉 우리에게 말씀해주시는 내용이 무엇인가? "너는 세상의 복이다. 너로 말미암아 나라와 민족이 복을 얻을 거야." 우리는 남을 살리는 사람이 되어야 한다. 남을 행복하게 하는 사람이 되어야 한다. 복의 근원이 되어야 한다. 그런 우리가 남을 짓밟고 미워하고 증오하며 살아서야 되겠는가.

26.

십계명은 크게 두 부분으로 나뉜다. 하나는 "마음을 다하고 목숨을 다하고 뜻을 다하여 주 너의 하나님을 사랑하라"(마 22:37)라는 것이다. 또 하나는 "네 이웃을 네 자신 같이 사랑하라"(마 22:39)라는 것이다. 사랑이 모든 계명의 완성이다. 예수님도 사랑을 율법의 완성이라고 하시지 않았는가. 하나님을 사랑하고 이웃을 사랑하라는 것이다.

27.

사랑은 은사이다. 은사는 구하면 주시는 것이다. 하나님 앞에 구할 것이 많지만, 우리가 다 "하나님, 저에게 사랑의 은사를 주세요. 사랑의 은사를 받기 위해 하나님의 사랑과 은혜를 깨닫게 해주세요. 그래서 내 마음에 사랑과 은혜가 넘쳐 세상을 사랑하고 사람을 사랑할 줄 알게 하셔서 사람 죽이려 하지 않고 아프게 하지 않고 섬기고 돕는, 복의 근원이 되는 사람이 되게 해주세요!"라고 기도하게 되길 바란다.

●

네 맘과 정성을 다하여서 주 너의 하나님을 사랑하라
네 몸을 아끼고 사랑하듯 형제와 이웃을 사랑하라
주께서 우리게 명하시니 그 명령 따라서 살아가리

-

하나님, 우리에게 사랑의 은사를 허락하여주시옵소서.
천지를 창조하신 하나님이 나를 사랑하시듯,
세상을 아름답게 보고 사람들을 사랑하며 살아가는
천국 시민들이 다 되게 하여주옵소서.

26

간음하지 말라

출애굽기 20:14

14 간음하지 말라

I.

창세기 2장 22-25절에서 하나님이 이런 말씀을 하셨다. "여
호와 하나님이 아담에게서 취하신 그 갈빗대로 여자를 만드
시고 그를 아담에게로 이끌어 오시니 아담이 이르되 이는 내
뼈 중의 뼈요 살 중의 살이라 이것을 남자에게서 취하였은즉
여자라 부르리라 하니라 이러므로 남자가 부모를 떠나 그의
아내와 합하여 둘이 한 몸을 이룰지로다 아담과 그의 아내
두 사람이 벌거벗었으나 부끄러워하지 아니하니라."

2.

하나님은 천지 만물을 창조하시며 어느 동물에게도 암수의
관계를 사람의 남자와 여자처럼 정해주지 않으셨다. 사람이
남자와 여자인 것처럼 동물들도 암수가 있고, 짝을 짓고 생

육하고 번성하기 위한 본능이 강하다. 물론 사람에게도 그런 욕구가 있다. 하지만 인간에게는, 인간의 '성'(性)에는 그것을 뛰어넘는 특별한 것이 있다. 나는 그것이 인간에게 주신 굉장한 축복이라고 생각했다.

3.

그것이 무엇인가 하면, 바로 '관계'이다.

4.

하나님이 아담을 창조하신 후에 아담이 홀로 있는 것이 마음에 걸리셔서 아담을 잠재우시고는 그의 갈빗대로 하와를 만들어주셨다. 그때 아담이 한 말이 "이는 내 뼈 중의 뼈요 살 중의 살이라"였다.

5.

마틴 부버가 《나와 너》라는 책에서 3인칭 관계와 2인칭 관계에 대해 말했다. 3인칭 관계는 '나와 그 혹은 그것'의 관계다. 벌써 거리감이 있지 않은가? 2인칭 관계는 '나와 너'이다. 깊은 관계, 사랑의 관계다. 모든 관계를 '나와 너'로 풀지 않고 '나와 그것'으로 풀면 외롭다. 인간의 축복은 이 관계에 있다. 사랑에 있다. 그런데 사랑 중에 가장 특별한 사랑은 남편과 아내의 사랑이다. 그래서 둘인데 한 몸을 이루는 것, 이것이 얼마나 큰 복인 줄 모른다.

6.

에베소서에 보면 남편과 아내의 관계를 조금 더 신령한 것으로 푼다. 바로 그리스도와 교회의 관계로 풀었다. 그 얼마나 밀접하고 끈끈하고 끊어져서는 안 되는 관계인가? 그러므로 결혼하여 한 몸을 이룬 남자와 여자의 관계, 남편과 아내의 관계는 하나님이 인간에게 주신 최고의 복이다.

7.

이 복을 깨는 것이 바로 간음이다.

8.

다른 동물들에게도 간음이라는 개념이 성립이 될까? 짝을 이루면 평생 그 짝하고만 사는 동물이 있다는 얘기는 들었다. 하지만 흔치는 않다. 보편적으로 그렇지 않다. 동물이 다른 수놈을 만나든지, 다른 암놈을 만나든지 하는 것은 아무런 문제가 되지 않는다. 그냥 자연스러운 일이다. 그런데 인간만은 그렇지 않다. 그것을 깨는 순간 하나님이 우리 인간에게만 허락하신 특별한 복을 잃어버리게 된다. 그래서 하나님은 간음하지 말라고 하셨다.

9.

이 특별한 하나님의 복을 벗어나서 남자와 여자의 관계를 쾌락으로만 전락시키는 일이 간음하는 것이다. 외도하는 것이다. 그리고 그 순간은 하나님이 내게 주신 아내와 남편을 배반하는 것이기도 하지만, 쾌락의 도구로 삼은 그 남자와 여자도 인격적으로 무시한 것이다. 너와 나의 관계가 하나님의 복이 필요한 관계가 아니라 쾌락만 필요한, 쾌락의 도구로 전락하는 것이다. 그렇게 되면 소중한 관계들이 깨져나간다. 하나님이 우리에게 주셨던 복들이 여지없이 깨져나간다.

10.

간음과 외도는 인간에게 가장 수치스럽고 불행한 일이다. 사람답지 못한 일이다. 이것은 어느 사회, 어느 역사에서나 마찬가지다. 그래서 사탄은 우리의 가정을 파괴하고 우리의 행복을 빼앗아 우리의 삶을 무너뜨리기 위해 간음이라는 도구를 얼마나 파괴적인 무기로 사용하는지 모른다.

11.

평생을 공부하고 애써서 어떤 위치에까지 오른 사람, 또 세상과 교회에 큰 영향력을 끼치는 사람이 있다. 그정도 이루기까지 그가 투자한 노력과 시간과 물질과 정성은 이루 말할 수 없다. 그런데 그런 사람들이 한순간에 무너지는 걸 본다. 바로 간음 때문에.

교회에도 이런 일이 얼마나 많은가? 교회의 훌륭한 지도자들이 이 계명을 어기고 외도함으로써 자기 가정과 자기가 쌓은 것만 파괴하는 것이 아니라 주의 몸 된 교회에까지 해를 끼치고 세상 사람들에게 손가락질받게 하는 우를 얼마나 범하는지, 우리는 말로 다할 수가 없다.

12.

왜 우리는 이런 성적인 유혹에 약하고 이렇게 쉽게 무너지는가? 그 유혹으로부터 우리를 지키려면 어떻게 해야 할까? 예수님은 마태복음 5장 28절에서 이렇게 말씀하셨다. "나는 너희에게 이르노니 음욕을 품고 여자를 보는 자마다 마음에 이미 간음하였느니라."

여기서 우리가 깊이 생각해봐야 할 단어가 하나 있다. '품는다'는 단어다. 닭이 알을 품듯이 품는 것이다. 사람에게는 음욕이 있다. 그것이 성욕이고 본능 아닌가. 만일 성욕이 우리의 본능으로 없다면 우리는 대를 이어가지 못할 것이고, 인류는 벌써 멸망했을 것이다.

그러니 본능에 해당하는 음욕이 일어나지 않는 사람은 없다고 말할 수 있다. 그러나 문제는 그것을 품느냐, 품지 않느냐이다. 음욕이 생각난 걸 빨리 떨쳐버려야지, 그것을 계속 묵상하고 품고 생각하면 결국은 간음에 이르게 되는 것이다.

13.

문제는 뭔가 하면, 요즘 우리가 사는 세상이 음욕을 품고 살기에 아주 좋은 문화라는 것이다. 음란이 문화가 되어 있다. 사방에 스며들어 있어서 노력하지 않아도, 애쓰지 않아도 쉽게 쉽게 음욕을 품는 삶을 살 수 있게 되었다. 그런 문화에 자꾸 노출되다 보면 거기에 빠져들게 되며, "간음하지 말라"는 7계명을 지키며 살아가기가 어렵다. 다들 그러고 사니 큰 허물도 되지 않는다. 그러나 간음은 하나님과 우리 사이에서 여전히 죄다.

14.

몇 년 전까지는 세상에서도 '간통죄'가 있어서 정당한 부부 외에 간음을 하면 죄로 여겼다. 그런데 이제는 그 간통죄도 없어졌다. 상대방이 내 아내나 남편이 아니어도 서로 합의해서 관계를 가지면 그것이 범죄가 되지 않는 신기한 세상이 되었다. 어쩌면 일일이 다 찾아서 벌주다 보면 세상 사람 다 감옥에 가둬야 하니 그런 죄가 없어졌는지도 모른다. 이것이 지금의 문화이다. 세상이 온통 다 그럴 때, 순결을 지키고 간음하지 말라는 말씀 지키기가 점점 어려워진다.

15.

시편 128편은 내가 좋아해서 자주 인용하는 말씀이다. "여호와를 경외하며 그의 길을 걷는 자마다 복이 있도다"(1절). 여호와를 경외하며 그의 길을 걷는 자에게 어떤 복이 있는지 그 다음에 이어진다. "네 집 안방에 있는 네 아내는 결실한 포도나무 같으며 네 식탁에 둘러 앉은 자식들은 어린 감람나무 같으리로다"(3절). 바로 이것이 복이다.

16.

나는 결혼한지 이제 44년이 지났다. 44년 동안 같이 산 아내가 아직도 그렇게 좋을까? 사랑스러울까? 매력적일까? 자칫 잘못 전달하면 위험한 표현이 되겠지만, 사실 그것이 그렇게 쉬운 일은 아니다. 그런데 여호와를 경외하면, 그 길을 행하면 어떤 복을 받는가 하면 44년 같이 산 아내가 결실한 포도나무같이 느껴지는 것이다. 그렇게 사랑스러워 보이는 것이다. 이것은 축복이다. 이 복을 받으면 평생 한 여자만 사랑하며 살 수 있지 않겠는가?

17.

그다음에 가정에 주신 복이 있다. 상에 둘러앉은 자식들이다. 이것이 얼마나 큰 축복인지 다 알지 않은가? 사춘기 되면 방문 꽝꽝 닫고 엄마 아빠가 문 함부로 열면 노크도 안 한다고 신경질 부리며 말도 잘 안 하지 않는가?
그런데 자식들이 한 상에 둘러앉아 먹고 마신다니, 얼마나 큰 축복인가. 그 자식들이 어린 감람나무 같다고 한다. 감람나무는 쓸모가 많다고 한다. 약용으로, 식용으로 쓰이고, 성전의 불을 밝히는 거룩한 기름으로 쓰인다. 네 상에 둘린 자식은 이 세상에 하나님나라를 위하여 쓸모 있는 귀한 자식들이 된다는 것이다. 정말 큰 축복이다.

18.

하나님을 경외하고 그 길을 행해서 이 복을 받아야만 제7계명을 지킬 수 있다. 그렇게 하면 평생 한 아내를 사랑해서 만족하고, 그 상에 둘러앉은 자녀들과 웃고, 놀고, 나중에는 부모와 자식이 함께 늘어가며 좋은 친구가 된다.

19.

이런 복을 받으면 외롭지 않은데, 한눈팔겠는가? 간음하겠는가? 본능적으로, 순간적으로 그런 마음이 들어올 수는 있겠지만 그것을 품고 살겠는가?

그런 마음이 들 때 '내가 여기서 실수하면 나는 하나님이 시편 128편에서 주신 이 복을 포기해야 해. 그럴 수는 없지. 이런 순간의 쾌락을 위해 이 복을 버리다니, 그것은 말이 안 돼. 하나님이 주신 특별한 복이 있는데, 창세 때부터 허락하신 복이 있는데 그 복을 놓치고 간음할 수는 없지'라고 마음을 다잡게 되지 않겠는가?

20.

지금은 7계명을 지키는 것이 우스워 보이는 세상이 되었다. 고리타분한 사람처럼 보이는 세상이 되었고, 그런 사람을 '천연기념물'이라고 칭할 만큼 그렇게 세상과 동떨어진 것처럼 되었다.

그러나 이 말씀처럼 우리에게 복이 되는 귀한 말씀이 없다.

평생 한 남편, 한 아내에 만족하고 사랑하고 또 하나님이 허락해주신 자녀들과 좋은 관계를 누리며 이 세상에서 천국의 복락을 누리며 사는 우리 모두가 되었으면 좋겠다.

●

사철에 봄바람 불어 잇고 하나님 아버지 모셨으니
믿음의 반석도 든든하다 우리 집 즐거운 동산이라
고마워라 임마누엘 예수만 섬기는 우리 집
고마워라 임마누엘 복되고 즐거운 하루하루

−

하나님은 오늘도 우리에게 간음하지 말라고 하십니다.
음욕을 품고 살기 좋은 세상이 되었지만,
우리는 하나님의 말씀을 품고 살아감으로
그 유혹을 벗어버리고 평생 순결을 지켜 하나님이 약속하신
축복을 누리며 살아갈 수 있도록 도와주시옵소서.

도둑질하지 말라

출애굽기 20:15

15 도둑질하지 말라

I.

많은 이들이 "살인하지 말라"라는 계명과 마찬가지로 "도둑질하지 말라"라는 계명도 대수롭지 않게 여긴다. '살인'이 보편적인 일이 아니기 때문에 그것을 지키는 일이 어렵다고 생각하지 않는 것처럼, 평생 남의 집 담 넘은 적 없고 남의 물건 들고 온 적이 없으니 이 계명을 쉽게 생각하는 것이다.

2.

그러나 지키기 쉬우면 하나님이 이것을 십계명에 넣으셨겠는가? 지키기 어렵기 때문에 또 중요하기 때문에 하나님이 이 계명을 우리에게 주신 것 아니겠는가. 여기서는 너무하다 싶을 만한 이야기를 몇 가지 하려고 한다.

3.

우리가 IMF 금융 위기 사태를 맞았을 때, 국제기구에서 우리나라와 우리나라 기업들에게 끊임없이 강조하고 또 요구한 것이 있었다. 그것은 투명과 정직이었다. 그런데 우리나라 기업들은 그 말을 제대로 이해하는 게 어려웠다. 도대체 어떻게 하는 게 투명한 건가, 저들이 얘기하는 정직은 어디까지를 얘기하는 것인가에 대한 구체적인 감을 잡을 수 없었기 때문이다.

4.

그때 우리나라의 대기업 그룹의 사장단들이 모 다국적 기업의 수석 전무를 초청해서 과연 국제기구에서 얘기하는 투명과 정직은 어떤 것이냐라는 강의를 부탁했다고 한다. 그때 그 전무님은 이렇게 얘기했다고 한다.

"우리 회사의 사장은 영수증 없이는 단돈 백만 원도 쓸 수 없습니다. 그것이 정직한 것이고 투명한 것입니다."

그러자 사장들이 이구동성으로 "그 사장 쫀쫀해서 사업 하겠습니까? 아니, 그 큰 기업의 사장이 돈 백만 원도 영수증 없이 자기가 결제할 수 없다면 사업을 어떻게 합니까?"라고 말했단다. 그때 그 전무님은 이렇게 대답했다. "예, 투명하고 정직하다는 것은 대기업의 사장도 쫀쫀하게 사는 것을 의미합니다."

5.

그 말에 나도 충격을 받았다. 장로님이셨던 그 수석 전무님이 이런 얘기도 해주셨다. 회사에서 사용하라고 나온 차가 있는데, 그 차를 가지고 출퇴근하는 것이 공적인 업무냐, 사적인 업무냐를 따진다는 것이다. 회사 차를 가지고 출퇴근하는 것은 공적인 일인가, 아니면 사적인 일인가? 생각도 안 했던 문제인데, 그 얘기를 듣고 물었다.

"그래서 장로님 회사에서는 어떻게 합니까?"

"저희도 정확히 선을 가리기가 어려워서 한 달에 10만 원씩 내고 사적으로 사용하는 부분에 대해서 털기로 했습니다."

이 얘기를 듣고 세상에 저렇게까지 투명하고 정직하려고 애를 쓰는구나 싶어서 정말 놀랐다.

6.

웬만한 규모의 교회 담임 목사가 되면 소위 '목회비'라는 항목이 있다. 나쁜 데 쓰는 것은 아니었지만 그렇게까지 반듯하게 사무 처리해야 한다는 생각이 없었다. 목회비라고 하면, 통상 목사가 알아서 사용하는 돈으로 영수증 처리도 잘 안 하고 요구도 안 했다. 그때 그 장로님의 말을 듣고, '세상은 이렇게까지 투명하려고 애쓰는데 교회가 뒤처지고 있구나' 싶어서 가능하면 목회비를 카드로 사용하거나 나름대로 근거를 남기기 위해 애를 썼던 기억이 있다. 그러면서 했던 생각이 예전에는 교회가 세상보다 정직하고 투명했는데, 이제는 세상이 앞서 가는구나 하는 것이었다. 그것이 내게 충격이었다.

7.

우리가 직장생활을 하거나 사회생활을 할 때 혹은 기업카드나 법인카드를 쓸 때 완전히 투명하고 정직하게 사용하는 일이 그다지 쉽지 않다. 까딱 잘못하면 도둑질하기 쉽다. 그런 걸 생각하면 "도둑질하지 말라"라는 계명이 결코 지키기 만만한 게 아니란 걸 느낄 수 있을 것이다.

8.

두 번째 얘기다. 전에 시무했던 교회의 한 장로님이 사립중고등학교의 교장이셨다. 그 분의 선친이 세우신 학교였는데, 미국 유학도 다녀오고 대학교수를 해도 될 분이었는데 아버지가 세우신 학교의 교장을 맡아서 학교를 잘 운영하셨다. 교장이 되니, 학교에 비품을 살 일이 많아졌는데 한번은 금액이 큰 비품을 샀던 것 같다. 비품 구매를 하고 영수증을 받아야 하는데, 그 판매자가 "영수증에 얼마라고 쓸까요?"라고 묻더란다. 그래서 의아해하며 "가격대로 쓰세요" 했더니 깜짝 놀라더란다. 보통은 그렇게 안 한다고. 예를 들어 비품 가격이 백만 원이면 영수증에는 백오십만 원으로 기재하고 오십만 원은 교장이든 서무과장이든 알아서 쓴다는 것이다. 그게 관행이었다.

지금은 이런 부분이 많이 나아졌겠지만, 아직도 관행이란 게 있을 것이다. 세상은 다 그러니까 그렇다 쳐도 우리 예수 믿는 사람들은 세상이 다 그렇다고 세상 사람이 사는 것처럼 살면 안 된다. 그런 게 다 도둑질이다.

9.

세 번째 이야기다. 내 사촌동생이 미국에서 사업을 하는데 어느 날 내가 그 사무실에 간 적이 있다. 그때 동생이 어느 미국인 직원 하나를 가리키며 "저 친구 대단한 사람이야" 한다. "왜 그러냐" 했더니 근무 시간에는 사적인 전화를 안 한다는 것이다. 전화할 일이 있으면 쉬는 시간에 하고, 그것도 자기 개인 전화기로 하지 사무실 전화기를 사용하지 않는단다. 공적인 일은 회사 전화기로 하고, 사적인 일은 자기 전화기를 사용하는 것이 분명하게 몸에 배어 있다고 한다.

한 날은 그 직원에게 "한국사람들은 대개 그렇게까지 안 하니 회사 전화로 집에 전화해도 괜찮다"고 말했단다. 그러자 그 직원은 자기는 불편해서 그렇게 못 하겠다고 대답했다고 한다. 그러면서 볼펜 한 자루, 종이 한 장도 회사 물품을 사적으로 사용하거나 집에 가져가는 법이 없다고 한다. 미국 사람들은 교회에 안 다녀도 이런 것이 몸에 배어 있다.

10.

근무 시간에 회사 전화로 사적인 통화를 하는 것, 도둑질 아닌가? 이쯤 되면 상당히 혼란스러운 사람들이 많을 것이다. 우리 문화에서 통상 괜찮다고 용인하는 것들이지만, 엄밀히 얘기하자면 거기까지 예민해져야 하는 문제 아닐까?

II.

네 번째 이야기다. 레위기 19장에 보면 '곡식을 거둘 때 네 귀퉁이는 남겨두어라. 그건 네 것 아니고 가난한 자 거야. 가난한 자들을 위해 버려두어라. 볏단을 들고 가다가 떨어뜨리거든 줍지 말고 가난한 사람들 주어라'라고 하셨다. 즉 성경에 따르면 우리가 번 돈 중에 가난한 사람에게 돌려야 할 몫이 있다는 것이다. 그런데 그 몫을 가난한 사람에게 돌리지 않으면 그것도 도둑질하는 것 아닐까?

12.

우리 아이들이 어렸을 때 내가 이런 이야기를 한 적이 있다. 그때만 해도 육교 같은 데 지나다 보면 구걸하는 걸인들을 종종 볼 수 있었다. "구걸하는 걸인을 보거든 그냥 지나가지 말아라. 백 원이라도 꼭 챙겨드려라." 그러면서 이렇게 덧붙였다. "백 원은 네 돈이 아니라 본래 그 사람 돈이야. 그 사람 주라고 하나님이 너에게 맡겨두신 돈이야. 그러니까 귀찮다고 그냥 지나가면 네가 그 사람 돈 백 원 훔친 것과 같단다. 혹시 백 원짜리가 없다면 그냥 천 원 드려라. 아버지가 갚아줄게. 만약 네 생각에 걸인에게 천 원이나 주는 것이 과하다고 생각되면 (그때 천 원은 지금 만 원 같았다) 육교 내려가서 가게에 들러 껌이라도 하나 사서 돈 바꿔서 다시 가서 백 원 드리고 오너라. 왜냐하면 그 돈은 그 사람 돈이다."

13.

우리도 모르게 가난한 사람들, 약한 사람들의 돈을 빼앗은 경우가 많다. 정당한 대가를 지불하지 않는 것이다. 그런 우리에게 하나님은 말씀하실 것이다. "넌 가난한 자의 것을 도둑질하지 않았니?"

14.

다섯 번째 이야기다. 동안교회에 있을 때 사업하는 집사님이 내 방에 와서 소파에 털썩 주저 앉더니 "헛장사했어요"라고 한다. "왜요?"라고 물으니 "세금 내고 직원들 월급 줬더니 한푼도 안 남았어요"라고 하셨다. 그 말에 내가 "큰일 하셨네요" 했다. 그러자 "목사님, 한푼도 안 남았다니까요?"라고 하시는 집사님에게 이렇게 말했다.
"아, 세금 내셨다면서요? 직원들 월급 주셨다면서요? 그게 큰일이죠. 집사님, 그게 왜 헛일이에요? 사람들이 남는 것도 없는데 왜 사업하냐 하면 말이라도 이렇게 해보세요. '나 직원들 월급 주려고 사업해. 나 나라에 세금 내려고 사업해. 내가 골치 아픈 사업 엎고 은행에 돈 넣어두면 이자만 받아도 평생 골프 치며 살 수 있어. 그런데 내가 왜 골치 아픈 사업

243

을 하는지 아느냐? 돈 벌어서 세금 내려고 그런다. 돈 벌어서 직원들 월급 주려고 그런다' 이렇게 말이에요."

15.

그 집사님이 이 말에 크게 충격 받으며 그렇게 은혜를 받으셨다. 그래서 내가 다시 다그쳐 물었다. "집사님, 큰일 했어요? 헛일 했어요?" 그랬더니 "아, 제가 큰일 했네요"라신다. 그래서 농담으로 한마디했다. "그러면 감사 헌금 좀 해야죠!" 그랬더니 "네, 그러네요" 하며 같이 웃었던 적이 있다.

16.

나는 교인들에게 세금 다 내고 사는 게 쉽지는 않지만 그래도 세금 도둑질하지 말라고, 정직하게 세금 내라고 설교했다. 어느 장로님 댁을 갔더니 세무서장 표창장이 있는 것이다. 내가 가만히 바라보니 "목사님 얘기대로 했더니 하나 줍디다. 그런데 친구들이 자꾸 놀립니다. '세상에 받을 패가 없어서 세무서장 표창장을 받아 오냐' 그럽니다"라며 웃으신다. 그런데 나는 참 자랑스러웠다. 물론 합리적으로 절세할 수 있다. 하지만 정직하게 내야 할 세금에 손대는 것은 도둑질이다.

17.

마지막으로 십일조에 대한 얘기다. 십일조에 대해선 많은 주장들이 있는데, 나는 그런 의견들에 크게 신경 쓰지 않는다. 그냥 성경에 있는 대로, 하나님이 말씀하신 대로 믿는다. "십일조는 내 거야. 십일조 안 하는 것은 도둑질하는 거야."

18.

하나님의 몫이 있고, 가난한 사람의 몫이 있고, 가이사의 몫이 있고, 나라의 몫이 있는데, 그것을 다 정직하게 내고 살아도 하나님이 우리에게 일용할 양식 주시고 부자도 되게 해주실 수 있고 사는 데 큰 지장이 없다. 그런데 세상 사람들은 그렇게 안 산다고 아무런 양심의 가책 없이 우리도 그렇게 산다면, 우리가 어떻게 세상의 빛이 될 수 있겠는가? 우리 때문에 하나님이 어떻게 영광을 받으실 수 있겠는가?

19.

물론, 꼭 이렇게 살아야만 구원을 얻는 것은 아니다. 또 이것을 다 완벽하게 해낼 수 있는 사람이 어디 있겠는가? 누가 나에게 "목사님은 그렇게 사세요?" 한다면 내 대답도 "아니요"다. 나도 그렇게 못 산다. 이것저것 안 되는 것이 있다. 그러나 노력한다. 노력 많이 한다. 그런데 그것이 참 쉽지 않다.

20.

그래도 "도둑질하지 말라"는 계명을 쉽게 생각하지 말고, 우리 기준을 높이 세우고 정말 그렇게 살기 위해 애쓰는 것에 한번 도전해보기 바란다. 그래서 하나님의 계명을 하나하나 지켜나갈 때 우리의 착한 행실을 보고 하나님이 영광 받으시는 그런 삶을 살 수 있기를 바란다.

●

아침 해가 돋을 때 만물 신선하여라
나도 세상 지낼 때 햇빛 되게 하소서
주여 나를 도우사 세월 허송 않고서
어둔 세상 지낼 때 햇빛 되게 하소서

–

작은 일에도 정직하고 투명하여
햇빛 같은 삶을 살게 하여주시옵소서.
그래서 하나님의 자랑이 되고
하나님의 이름을 영화롭게 하는 삶에
도전할 수 있도록 우리에게 힘과 용기를 허락하여주옵소서.

28

거짓 증거하지 말라

출애굽기 20:16

16 네 이웃에 대하여 거짓 증거하지 말라

I.

십계명의 제9계명은 "네 이웃에 대하여 거짓 증거하지 말라"이다. '거짓 증거'는 거짓말하는 것을 말하기도 하는데, 나는 이 말씀을 이렇게 들었다. '어떤 경우에도 이웃에 대해서 위증하지 말아라.'

위증처럼 사람을 억울하게 하는 일은 아마 세상에 많지 않을 것이다. 그리고 그것처럼 세상을 나쁘게 하는 것도 많지 않을 것이다. 요즘 SNS를 보면 '가짜 뉴스'가 정말 많이 돌아다닌다. 그것도 엄밀히 따지자면 거짓 증거라고 할 수 있다. 그런 일을 하지 말란 것이다.

2.

세상에서도 위증죄를 법으로 엄하게 다스리고 있다. 그만큼

247

위증이 악한 일이기 때문일 것이다. 신명기 21장 9절에 이런 말씀이 있다. "너는 이와 같이 여호와께서 보시기에 정직한 일을 행하여 무죄한 자의 피 흘린 죄를 너희 중에서 제할지니라." 거짓 증거는 무죄한 자의 피를 흘리는 것이다. 죄 없는 사람을 억울하게 만들고, 피 흘리게 만들고, 망하게 만들고, 죽게 만드는 것이니 무죄한 자의 피를 흘리지 말아라, 너희 중에서 그것을 제하라는 말씀이다. 이렇게 보니 거짓 증거가 참 무서운 범죄란 사실을 깨닫게 된다.

3.

사람들은 언제, 왜 위증을 하고 이웃에게 거짓 증거를 할까? 우선 자기에게 불리할 때다. 똑바로 얘기하면 자기한테 불리할 때 거짓 증거하기 쉽다. 자기 잘못과 실수를 인정하지 않고 누군가에게 뒤집어씌우려고 할 때 위증할 수 있다. 또 타인으로부터 위협을 받을 때, "너 이렇게 얘기 안 하면 가만 안 둬" 하며 협박 받을 때 거짓 증거하게 된다. 또 반대로 타인이 금품으로 매수하려고 할 때, "너 이렇게 증거해주면 내가 돈 이만큼 줄게" 할 때 돈에 넘어가서 위증할 수 있다.

그럴 때, 그 위협과 자신의 불리함과 손해를 무릅쓰고 자신의 실수와 잘못을 정직하게 인정하고 이웃에 대해 바른 증거를 하며 산다는 게 어떻게 쉽겠는가?

4.

위증을 하지 않는 것도 중요하지만, 바른 증거를 해야 할 때 하지 않는 것도 거짓 증거 아닐까? 예를 들어, 내가 이웃을 위해 바른 증거를 하면 그를 구하고 살릴 수 있지만 나에게는 불리하고 위험하다고 할 때, 거짓 증거는 하지 않지만 귀찮고 나에게 득 될 것이 없으니 증거를 하지 않는다면 말이다. 거짓말을 하는 것도 거짓이지만 정직한 말을 해야 할 때 하지 않는 것도 거짓 아니겠는가?

5.

성경에 그러한 대표적인 사람이 있다. 바른 증거를 알고 있음에도 자기에게 불리하고, 자기에게 득 될 것이 없다고 말하지 않은 사람, 그러고선 자기에게는 책임이 없다며 손 씻은 사람이 있지 않은가? 바로 빌라도다.

6.

사람들이 거짓 증거로 예수님을 모함하여 재판에 넘긴 것을 빌라도는 알았다. 그렇다면 '너희들 거짓말하면 안 돼. 그 증거는 효력이 없어. 내가 볼 때 무죄야' 하고 석방했어야 옳다. 그런데도 유대인들의 반란이 무서워서, 자기 앞길 막는 것을 두려워하여 자기는 모른다고, 너희들 마음대로 하라고, 나는 책임 없다고 하면서 손을 씻지 않았는가? 빌라도는 예수님에 대해서 거짓 증거한 적은 없다. 오히려 빌라도는 "이 사람에게서 죄를 찾지 못하였다"고 인정했다. 그런데 바른 증거를 하지 않고 그냥 손 씻고 비겁하게 넘어간 것이다.

7.

빌라도는 두고두고 아마 지옥에서도 괴로울 것이다. 우리가 신앙 고백 할 때마다 "빌라도에게 고난을 받으사 십자가에 못 박혀 죽으시고"라고 되새기고 있으니. 역사가 계속되는 동안 그렇게 많은 크리스천들이 신앙 고백을 하고 있으니 얼마나 큰 징벌인가? 정직한 증인이 되어야 할 때 비겁하게 그 일을 하지 않는 것도 거짓 증거하지 말라고 하신 계명을 어기는 일이 아닐까.

8.

사람들이 또 언제 거짓 증거하는 줄 아는가? 위협을 받을 때만이 아니다. 불리할 때만이 아니다. 그냥 재미로 한다. 이 사실을 알고 있는가? 사람들은 재미로 거짓 증거를 한다. 오락으로 한다. 그리고 생각 없이 한다.

9.

우리가 얼마나 이 거짓 증거에 많이 노출되는지 모른다. 세상에서 제일 재미있는 일 중의 하나가 뭔가? 모여서 남 얘기하는 것이다. 뒤에서 남의 허물 이야기하는 것처럼 재미있는 일이 또 어디 있을까? 그리고 그 얘기를 시작하면 재미있으니까 점점 살이 붙는다.

처음엔 어느 정도 사실에 근거한 얘기를 했을지 모른다. 그것도 좋은 일은 아니지만. 그런데 그 사실만 가지고는 흥미가 없으니 조금씩 조금씩 살이 붙는다. 그리고 이게 많은 사람의 입을 거쳐가는 동안 말도 안 되게 확대된다.

그리고 대개는 그 말을 전해 듣고는 사실 확인도 하지 않은 채 마치 그것이 사실인 것처럼, 자기가 본 것처럼 사람들에게 또 전하기 시작한다. 그러면서 또 살이 붙는다. 조금씩 과장하고 덧붙여서 이야기를 퍼나른다면, 그것은 무죄한 자의 피를 흘리는 행위가 되는 것이다.

IO.

그것도 이웃에 대하여 거짓 증거하는 것이다. 처음 거짓 증거를 시작한 사람도 9계명을 어긴 것이지만, 그것을 아무 생각 없이 퍼 나르고, 재미로 퍼 나르고, 악의로 퍼 나르고, 확인도 안 하고 사실인 것처럼 가짜 뉴스를 만들어서 퍼뜨리는 것들도 다 얼마나 무서운 일인지 모른다. 이런 사람도 9계명에서 무죄하다 하지 못할 것이다.

II.

우리가 제일 지키기 어려운 것들 중 하나가 이런 것이다. 물론 누군가 잘못한 것이 있으면 옳고 그름을 생각하는 정확한 비판 능력이 있어야 한다. 그리고 그 일에 대해서 이것은 옳다, 이것은 아니다 얘기할 수도 있다. 얘기하지 말라는 것이 아니다. "너희 말은 옳다 옳다, 아니라 아니라 하라 이에서 지나는 것은 악으로부터 나느니라"(마 5:37). 그러나 그 말을 할 때 남 깎아내리고 허물 잡아서 얘기하는 것이 재미있어서 사실 확인도 하지 않고 부풀리고 옮기는 것이라면 그것은 악으로부터 나는 것이란 이 말씀을 명심해야 한다.

12.

우리가 이 말씀 하나만 지키며 살아도 훌륭한 하나님의 백성으로 살 수 있을 것이다. 그러니 하나님께 기도하라. "하나님, 제게 이 능력 주세요. 내가 불리해도 남에게 뒤집어씌우지 않게 해주세요. 나를 정직하게 드러낼 수 있는 용기를 허락해주세요. 아무리 많은 금품을 줘도 나 살겠다고 남 억울하게 하지 않게 해주세요. 하나님, 무엇보다도 뒤에서 남 험담하고 가짜 뉴스 만들고 퍼뜨리는 그런 죄를 짓지 않도록 제 삶을 지켜주세요"라고 기도할 수 있는 오늘이 될 수 있기를 바란다.

●

나 행한 것 죄뿐이니 주 예수께 비옵기는
나의 몸과 나의 맘을 깨끗하게 하옵소서
물 가지고 날 씻든지 불 가지고 태우든지
내 안과 밖 다 닦으사 내 모든 죄 멸하소서

함부로 남의 이야기하는 것, 그것을 부풀리는 것,

우리가 일상생활에서 얼마나 쉽게 범하는

죄인지 모릅니다.

하나님, 이웃에 대하여 거짓 증거하지 말라는 말씀을 잘 붙잡고

승리하는 우리가 될 수 있도록 지켜주시옵소서.

29

탐내지 말라

출애굽기 20:17

17 네 이웃의 집을 탐내지 말라 네 이웃의 아내나 그의 남종이나 그의 여종이나 그의 소나 그의 나귀나 무릇 네 이웃의 소유를 탐내지 말라

I.

우리집이 참 가난했었는데, 어머니가 살림을 매섭게 하셨다. 하나밖에 없는 아들에게 가난을 대물림하지 않으려고 다 써도 모자라는 그 돈을 아끼고 아껴서 내가 중학교 3학년이었을 때 집을 사셨다. 물론 조금 부유했던 외삼촌 두 분이 많이 도와주셨다.

2.

하여간 집을 사서 이사했는데, 그날 잠이 안 왔다. 너무 좋아서. 방바닥도 이렇게 쓸어보고, 벽도 만져보면서 "아 좋다. 우리집이다" 하면서 잠을 설쳤던 기억이 있다.
돈이 주는 만족이 있었다. 돈으로 집도 살 수 있으니. 평생 셋

방살이하다가 내 집이라고 이사를 하니까 어린 나이인데도 벅차고 좋아서 행복했다. 잠도 못 이룰 만큼.

3.

그런데, 내가 며칠이나 잠을 못 잤을까? 딱 하루 못 잤다. 사람마다 이틀 못 자는 사람도 있고, 사흘 못 자는 사람도 있을 것이다. 그러나 그것을 가지고 한 달을 못 자는 사람은 정상이 아닐 것이다. 정상이라면 금세 잊어버리고 살다가 몇 년 지나서 '우리집 왜 이렇게 작아? 왜 이렇게 초라해?' 하면서 다시 불만이 생길 것이다.

4.

이런 경험들을 살면서 많이 해왔다. 차를 처음 샀을 때, 너무 좋았다. 그런데 며칠 지나고, 몇 달 지나면 또 그저 그렇게 된다.

5.

왜 그렇게 좋은 돈인데, 그 돈으로 할 수 있는 모든 것이 만족과 행복을 오래 주지 못하는 걸까? 이것을 생각하다가 굉장히 중요한 것을 깨달았다. 그게 복음 때문이라는 것을 알게 되었다. 복음 중의 복음은 하나님이 우리를 사랑하신다는 것이다. 그 이상의 복음은 없다. 그런데 사랑은 사랑받는 대상을 존귀하게 한다. 내가 자식을 사랑하니까 내 자식은 천하보다 귀하고, 우리 손주들을 예뻐하니까 손주들은 우주보다도 크다. 그보다 더 귀한 게 없다.

6.

그런데 하나님이 우리를 사랑하신다. 사랑하시기 때문에 하나님에게 우리는 우주보다, 천하보다 귀한 존재이다. 본래 그렇게 만드셨다. 그리고 그렇게 여기신다. 이게 우리의 본래 모습이다. 하나님이 우리를 그렇게 천하보다 크고 귀하게 만드셨기 때문에 매우 중요한 삶의 원칙이 생겨났다. 그것은 천하를 다 얻어도 우리의 삶을 채울 수 없다는 것이다. 우리가 천하보다 크니까.

7.

작은 것으로 큰 것을 채울 수 있는 법은 없다. 천하가 큰 줄 알지만, 세상 것들이 귀한 줄 알지만, 우리가 더 귀하고 더 크기 때문에 그것으로는 채워지지 않는다. 그래서 며칠 지나면 그렇고 그런 게 되고, 또 얼마쯤 지나면 불만이 생기는 것이다. 그러므로 돈이 아무것도 아닌 것은 아니지만 돈으로 우리를 채우고 만족하게 하고 행복하게 하려는 일은 헛된 일이다. 아예 불가능한 일이다.

8.

하나님이 우리를 사랑하지 않으셨다면, 그래서 하나님이 우리를 귀하게 만들지 않으셨다면 세상에서도 얼마든지 만족하고 행복할 수 있었겠지만, 하나님이 우리를 사랑하신 바람에 있으면 좋겠지만 돈이 많다고 우리 삶이 뒤집어지는 그런 삶을 살지 못하게 됐다.

9.

나라고 돈 싫어하겠는가? 세상 싫어하겠는가? 하지만 돈과 세상에서 삶의 만족과 행복을 찾으려는 일이 헛되다는 것을 깨닫고 바울의 고백을 이해하게 됐다. '부하면 좋지. 비천해도 관계없어. 내 삶이 그것에 달려 있는 것이 아니니까.' 이 비밀을 깨닫게 되었다.

10.

'죄의 삯은 사망'이라는 것이 성경이 가르쳐주는 굉장히 중요한 삶의 지혜다. 죄의 삯은 사망이다. 우리가 사망하고 실패하고 불행해지는 단 하나의 이유는 가난이 아니라 죄다. 그만큼 죄가 제일 무서운데, 죄가 병이라면 원인을 알아야 치료하지 않겠는가? 성경은 죄의 원인도 우리에게 말해준다. "욕심이 잉태한즉 죄를 낳고 죄가 장성한즉 사망을 낳느니라"(막 1:15). 사망의 원인은 죄이고, 죄의 원인은 욕심이다.

11.

인류가 선악과를 따먹고 범죄하면서부터, 내가 주인 되려고 하는 욕심이 들어오면서부터 죄가 생겨나고 그 죄 때문에 세상이 파괴되고 우리에게 사망이 이르게 된 것이다. 십계명의 열 번째 계명에서 하나님이 바로 그 말씀을 하시는 것이다. "탐내지 말라." 탐심이 욕심 아닌가? 욕심을 제어하라는 말씀을 마지막 계명으로 주신 것이다.

12.

내가 유튜브 방송을 하다 보니, 가끔 이것저것 영상을 보게 되는데 재미있는 것들이 많이 뜬다. 조회 수가 꽤 많은 것 중 하나가 유명 스타들의 집을 공개하는 영상이었다. 집에 풀장이 있다더라, 거실이 어떻다더라, 가구가 어떻다더라 하면서 업로드를 해놓으면 많은 사람이 부러워한다. 그러니 조회 수가 높은 것이다.

13.

그런 영상들을 보며 내가 늘 생각하는 것은, '거기서 사는 그 스타들은 행복할까?'이다. 아마 며칠 좋았을 것이다. 그런데 그 후에는 그저 그런 것이다. 내가 조그마한 아파트에 사는 것이 그저 그렇듯, 그들에게도 좋은 집에 사는 것이 그런 것이다. 이사하고 처음 얼마간은 좋을 테지만, 남들이 부러워할 때는 조금 좋겠지만, 그것 때문에 그들이 행복해지지는 않는다. 내가 안다. 그래서 '저기서 살면 좋겠다' 이런 생각은 하지만 크게 부럽지는 않다.

14.

성경에서 말씀하시듯이, 사람의 생명은 소유의 넉넉함에 있는 게 아니다. 소유의 많고 적음에 사람의 생명에 달려 있는 게 아니다. 많으면 좋지만 없다고 해서 우리의 삶이 그렇게 턱없이 무너지는 것은 아니다.

15.

욕심이 문제라는 걸 아는 사람은 많다. 그래서 극단적으로 가기도 한다. 무소유를 주장하면 참 훌륭해 보인다. 그 욕심을 어떻게 버리고, 무소유를 주장할 수 있는지. 기독교는 소유의 넉넉함에 사람의 생명이 있는 게 아니라고 가르치지만, 그렇다고 무소유를 가르치진 않는다.

16.

소유에서 삶의 행복을 찾으려는 사람과 무소유에서 행복을 찾으려는 사람의 공통점이 있다. 무엇인가? 바로 '소유'이다. 소유하면 행복하다, 혹은 소유가 없으면 행복하다고 하는 것의 공통점은 행복과 불행이 소유하냐 안 하냐에 달려 있다는 거니까, 결국 소유라는 개념이 그 둘의 공통분모가 되는 것이다.

소유는 그만한 가치가 있는 게 아니다. 있다고 행복한 것도 아니고, 없다고 행복한 것도 아니다. 그러니까 무소유로 살면 사람이 자유롭고 행복하다는 말이 어느 정도는 맞을 수 있어도 다 맞는 말은 아니다.

17.

사도 바울은 소유에 집착하지도 않았지만, 무소유를 주장하지도 않았다. 그래서 '나는 부한 데 처할 줄도 알아. 나는 비천한 데 처할 줄도 알지'라고 고백할 수 있었던 것이다. 사도 바울은 소유에서 벗어난 사람이다. 그러니 있으면 좋다, 없으면 좋다 그런 얘기는 안 하는 것이다. 사람의 행복을 소유나 무소유에서 찾으려고 하는 일은 어리석은 일이다.

18.

무엇을 부러워하며 살아야 할까? 무엇을 욕심내며 살아야 할까? 산상보훈에 보면 팔복을 말씀하시는데, 첫 번째 나오는 것이 "심령이 가난한 자는 복이 있나니"(마 5:3)이다. 그러니까 욕심 없는 가난한 마음을 복이 있다고 하셨다.

19.

그런데 또 다른 말씀이 있다. "의에 주리고 목마른 자는 복이 있나니"(마 5:6). 주리고 목마른 것은 욕심이다. 목말라 하는 것은 욕심내는 것이다. 그러니까 세상의 소유나 세상의 것들에 대해서는 가난한 마음을 가져야 하는데, 반대로 하나님의 나라와 하나님의 말씀과 하나님과 하나님의 의에 대해서는 욕심을 가지란 것이다. 주리고 목말라 하라는 것이다.

그렇게 사는 것이 잘 사는 것이다. 그렇게 사는 것이 행복한 것이다.

20.

나는 모든 독자와 날기새 식구들이 여기에 도전하면 좋겠다. "하나님, 세상에 대해서는 가난한 마음, 욕심 없는 마음을 주세요. 그런데 하나님의 나라와 의에 대해서는 주리고 목마른 마음을 주세요"라고 기도하면 좋겠다. 그런데 우린 이게 바뀌어 있다. 하나님의 나라와 의에 대해서는 욕심이 없다. 있으면 좋지만 별로 욕심 없다. 그래서 주리고 목말라하지 않는다. 하나님의 나라와 의에 주리고 목말라하지 않으니까 무엇을 먹을까 무엇을 입을까 세상에 그렇게 주리고 목말라하는 것이다. 하나님나라에 대해서 주리고 목말라 하면 십계명의 열 번째 계명을 지킬 수 있다.

21.

누가 '잘살면 좋겠다, 부자 되면 좋겠다' 생각하면 거기서 끝나지, 그걸 탐하거나 욕심내거나 시기하지 않는다. 그러다가 죄짓지 않는다. 그 경지에서, 그 수준에서 예수 믿을 수 있는 우리가 되었으면 좋겠다.

어떻게 하면 그렇게 살 수 있을까? 나는 예수님이 매우 중요한 말씀을 해주셨다고 생각한다. "사람이 거듭나지 아니하면 하나님의 나라를 볼 수 없느니라 … 사람이 물과 성령으로 나지 아니하면 하나님의 나라에 들어갈 수 없느니라"(요 3:5). 성령으로 거듭나면 하나님나라가 보인다고 하셨다. 하나님나라가 보이면 뭐가 좋은 줄 아는가? 세상의 것들이 그렇게 욕심 나지 않는다. 왜? 보다 가치 있는 것, 더 아름다운 것, 더 훌륭한 것을 봤는데 그보다 못한 것에 무슨 욕심을 갖겠는가?

22.

그래서 성령으로 거듭나면 하나님나라를 볼 수 있고, 하나님나라를 볼 수 있게 되면 하나님나라에 욕심이 가기 때문에 이웃의 것을 탐내지 않고 욕심부리지 않고 시기하지 않고 죄 짓지 않고 계명 지키면서 살아갈 수 있는 사람이 되는 것 아닐까 싶다.

23.

꼭 열 번째 계명만이 아니라 모든 계명을 지키기 위해 가장 중요한 것은 우리 속에 있는 원죄를 극복하는 것이다. 그것을 성경은 '거듭남'이라고 한다. 거듭남은 성령으로 거듭나는 것이다. 오순절 날 열심히 기도하다가 성령을 받았듯이 우리도 간절히 하나님 앞에 늘 기도해야 한다. "하나님 성령으로 거듭나게 해주십시오. 제 인생관을 바꿔주십시오. 가치관을 바꿔주십시오. 그래서 세상에 대해서는 욕심을 버리고 하나님과 하나님의 나라와 하나님의 말씀과 계명에는 욕심

부리며 사는 사람이 되게 해주십시오." 그렇게 기도할 때 힘들어 보이고 불가능해 보이는 하나님의 계명을 완전히는 몰라도 꽤 지키며 사는 우리가 될 수 있지 않을까.

●

예수를 나의 구주 삼고 성령과 피로써 거듭나니
이 세상에서 내 영혼이 하늘의 영광 누리도다
이것이 나의 간증이요 이것이 나의 찬송일세
나 사는 동안 끊임없이 구주를 찬송하리로다

–

사람의 생명이 소유의 넉넉함에 있는 것이 아닙니다.
하나님나라와 그의 의에 주리고 목마른 마음을 주옵소서.
세상에 대해서는 욕심 없는 마음을 허락하여주옵소서.
그래서 하나님의 말씀과 계명을 지키고 살아
복 받게 하여주옵소서.

30

계명, 제대로 지키는 법

로마서 3:20

20 그러므로 율법의 행위로 그의 앞에 의롭다 하심을 얻을 육체가 없나니 율법으로는 죄를 깨달음이니라

I.

출애굽기를 통해 십계명을 모두 살펴보았는데, 십계명을 정리하는 말씀이 필요하여 로마서의 말씀 한 절을 살펴보려고 한다. 아마도 십계명을 공부하면서 '나도 하나님의 계명을 열심히 지켜보겠다' 결심하는 독자가 많았을 텐데, 그렇게 열심히 지키려고 할 때 우리가 갈 수 있는 길이 두 길이 있다. 한 길은 사망의 길이고, 한 길은 생명의 길이다.

2.

우리가 까딱 잘못하면 사망의 길로 가게 되는데, 십계명을 안 지키려는 게 아니라 열심히 지키려고 할 때도 까딱하면 사망의 길로 가게 된다는 것이다.

우리가 십계명을 공부하면서 그 결심을 하지 않았는가? '한 번 지켜봐야지. 하나님 계명대로 열심히 살아봐야지.' 이렇게 결심하며 길에 들어섰는데, 그 길이 둘이라는 것이다. 정신 바짝 차리지 않으면 우리가 정신을 차렸기 때문에 위험해질 수도 있는 것이다.

3.

결론부터 얘기하면, 하나의 길은 바울이 간 길이고, 또 하나의 길은 바리새인들이 간 길이다. 그런데 바울과 바리새인의 공통점이 무엇인 줄 아는가? 둘 다 공통적으로 계명을 우습게 여기지 않고 마음에 하나님의 법을 두고 살았다. 그런데 바울은 생명의 길을 걸어갔고, 바리새인은 사망의 길에 이르게 되었다. 무엇이 문제였을까?

4.

첫째, 바울이 갔던 길, 우리가 가야 할 길은 이것이다. 계명을 열심히 지키려고 하면 벽에 부딪힌다. 우리도 십계명을 공부하기 전에는 그다지 어렵게 생각하지 않았다. "살인하지 말라" 하시니 '살인 안 하는 것 어렵지 않지' 하고 생각하지 않았는가? 하지만 조금씩 깊이 들어가니까 대부분 좌절에 다다른다. '아이고, 내가 말로 사람 죽인 사람이구나. 내가 도둑놈이네. 바람만 안 피웠다 뿐이지 나도 간음하고 살았네.'

5.

이런 생각을 하다 보면 '이건 불가능하구나. 내가 죄인이구나' 하는 자신의 한계에 부딪치게 된다. 그래서 십계명에 가까이하면 할수록 우리는 '나는 죄인이구나'라는 것을 깨닫게 된다. 그래서 사도 바울이 "오호라 나는 곤고한 사람이로다 이 사망의 몸에서 누가 나를 건져내랴 … 마음으로는 하나님의 법을 육신으로는 죄의 법을 섬기노라", "죄인 중에 내가 괴수니라"라고 탄식하게 된 것이다.

6.

자기가 죄인 중에 괴수라는 걸 깨닫는 일은 그리 쉽지 않다. 바울도 죄인이고, 우리도 죄인인데 그래도 바울이 우리보다 낫지 않겠는가? 모든 면에서 비교도 안 될 것이다. 그런데도 바울만 못한 우리는 대개 '내가 무슨 죄가 있어? 나만큼만 예수님 믿으면 괜찮지'라는 생각을 갖고 있다. 그런데 우리와 비교할 수 없이 하나님에 대하여 열심이 있었던 바울은 자기는 죄인 중에 괴수라고 고백한다. 왜 이런 걸까?

7.

하나님의 법을 누가 더 열심으로 품었냐는 것이다. 대충 살려고 하면 '나 정도면 괜찮구만. 뭐 살인을 하지도 않았는데. 남들처럼 그렇게 나쁜 짓도 안 하는데' 하며 살 수 있지만, 하나님의 법에 욕심을 갖다 보니 그 말씀에 근접할 수 없는 자신의 한계를 깨닫고 자꾸 자기 죄를 깨닫는 것이다. 내가 말로 사람 죽인 죄가 생각난다. 욕심 품었던 게 생각난다. 그러다가 나중에 절망하는 것이다. '아, 괜찮은 줄 알았더니 나라는 인간은 참 형편없구나. 죄인 중에 괴수구나' 하게 되는 것이다.

8.

이것이 율법의 중요한 기능 중의 하나이다. 율법은 지키려고 마음먹으면, 그리고 제대로 지키면 지켜서 복을 받고, 다 지키지 못해도 복을 받는다. 다 지키지 못했기 때문에 우리는 굉장히 중요한 걸 깨닫는다. '내가 죄인이구나' 하는 것 말이다.

그래서 로마서 3장 20절 말씀을 보는 것이다. '율법으로 구원을 얻는 게 아니야. 율법으로 어떻게 구원을 얻니? 율법 다 지키는 사람은 없어. 율법의 가장 중요한 기능은 죄에 대한 깨달음이야.'

9.

앞에서도 얘기했지만, 율법의 기능은 마치 엑스레이와 같다. 엑스레이를 찍으면 부러진 뼈가 붙는 게 아니라 뼈의 어디가 부러졌는지 알 수 있다. "뼈도 못 붙이는데 엑스레이 밤낮 찍으면 뭐해?"라고 말하는 사람은 없다. 그러니까 율법은 죄를 깨닫게 하고 자기가 죄인인 것을 깨닫게 하는 게 굉장히 중요하다. 그래서 사도 바울이 죄인인 것을 깨닫고 어떻게 한 줄 아는가?

10.

죄를 깨달으니 십자가를 붙잡을 수 있다. 예수님 앞에 나갈 수 있다. 자기가 죄인인 줄 모르는 사람은 절대로 예수님을 붙잡지 못한다. 십자가에 나갈 필요가 없잖은가. '뭐, 난 죄 없는데. 난 의인인데.'

11.

우리는 십계명을 붙잡고 바울의 길을 걸어가야 한다. 십계명을 통해 죄인인 것을 깨닫고 결국 십자가를 붙들어서 율법을 완성하는 그 길로 가는 것이 바울의 길인 줄 믿는다.

12.

바리새인의 길은 무엇인가? 어디서 잘못됐나? 율법을 잘 지키려고 안식일 법을 600가지나 만들어놓으니까 아무래도 남들보다 율법을 잘 지키지 않았겠는가? 무언가를 남보다 잘할 때, 가장 위험한 게 무엇인가? 사탄이 무엇을 노리는가? 그때, 교만하게 한다. 그렇게 교만해지다 보면 자랑하고 싶다. '나 율법 잘 지킨다' 자랑하다가 그다음에는 남을 공격한다. "나는 저 세리와 같지 않아", "당신은 목사라며, 장로라며 왜 그렇게 사는 거냐?" 자꾸 남을 비방하는 쪽으로 간다.

왜 그런가? 자기를 높이기 위해서다.

교만은 패망의 선봉이다. 십계명을 잘 지키려고 하다가 그것을 자랑하기 시작하고, 자만하기 시작하고, 교만에 빠지면 바울의 길에서 하루아침에 바리새인의 길로 접어들 수 있다.

13.

우리가 산수를 배울 때, 가장 기본적인 공식이 있다. 마이너스 곱하기 마이너스는 플러스. 마이너스 곱하기 플러스는 마이너스. 우리가 아무리 율법을 잘 지키려고 한다고 해도 우리는 죄인이지 의인이 아니다.

그러니까 우리의 삶에 기호를 매긴다면 우리는 플러스가 아니라 다 마이너스다. 그런데 자기인식을 어떻게 하느냐에 따라서 답이 달라진다.

14.

바리새인은 "세리와도 같지 아니함을 감사하나이다"라고 했다. 세리는 마이너스지만 자기는 플러스라는 것이다. 자기는 십일조도 하고, 일주일에 두 번씩 금식도 하고, 하루에 세 번씩 기도도 했다고. 자기가 잘하는 것, 잘 지키는 것만 나열한다. 자기를 플러스로 인식했다. 실제로는 마이너스인데 플러스라고 하니까 마이너스가 됐다.

15.

세리는 바리새인만 못했지만, 그는 자기가 마이너스인 것을 알았다. "나는 죄인이로소이다." 얼굴도 들지 못하고 마이너스라고 고백하니 하나님이 그것을 의롭다고 하시지 않았는가. '너는 아는구나. 너는 플러스다.' 그날 하나님으로부터 옳다, 의롭다 함을 받은 건 바리새인이 아니라 오히려 율법을 잘 지키지도 못했던 세리였다는 역설적인 사실을 우리가 알지 않은가.

16.

우리도 한번 이렇게 도전해보면 어떨까? '나 하나님의 법대로 살아보고 싶어. 말씀대로 도전해볼 거야. 넘어지면 또 일어서지.' 한 계명 한 계명 복습해가면서, 주기도문 외우듯이 마음에 두고 살아가는 우리가 되었으면 좋겠다. 그렇게 계명을 지킬 때 얻는 복이 많을 것이다. 우리에게 약속하신 대로 하나님이 상 주실 것이다.

17.

그런데 우리가 어떻게 다 지키겠는가? 넘어질 때, 한계에 부딪힐 때, '내가 죄인이구나. 내가 괜찮은 줄 알았는데 형편없었구나'라는 걸 느끼는 것이 큰 은혜이다. 그것이 또 율법의 기능이기 때문이다. 그럴 때 죄인인 것을 깨달아서 십자가를 붙들고 '나의 나 된 것은 하나님의 은혜라. 십자가 외에는 자랑할 것이 없다'라고 고백했던 사도 바울의 고백과 같이 율법을 통해 은혜의 길로 나아가는 삶을 살아가길 바란다.

18.
제대로 붙잡으면 계명을 통해 십자가를 붙잡게 되지만, 교만이 틈타게 되면 은근히 자랑하고, 노골적으로 자랑하고, 거기에 빠지다 보면 율법을 잘 지키려는 것 때문에 예수님의 십자가를 붙잡는 것이 아니라 예수님을 십자가에 못 박는 주범이 되고 만다.
그러니 십계명은 잘 지킨다 하다가도 잘못되면 사망의 길로 갈 수 있으니, 우리는 늘 하나님 말씀 앞에서 겸손해야 한다. 그러면서도 최선을 다하는 우리가 되었으면 좋겠다.

19.
바리새인 못지않게 열심히 하나님의 뜻대로 살지만, 그것 때문에 늘 자신이 죄인인 것을 깨달아 하나님의 십자가를 붙잡고, 은혜를 받으면 내가 율법 잘 지켜서, 내가 착하고 훌륭해서가 아니라 하나님의 은혜 때문임을 아는, 그래서 십자가 외에는 자랑할 것이 없다고 했던 바울의 뒤를 좇아가는 이 시대의 참 그리스도인들이 다 되기를 바란다.

●

달고 오묘한 그 말씀 생명의 말씀은
귀한 그 말씀 진실로 생명의 말씀이
나의 길과 믿음 밝히 보여주니
아름답고 귀한 말씀 생명샘이로다
아름답고 귀한 말씀 생명샘이로다

－

율법을 통해 우리가 죄인인 것을 깨닫고
십자가를 붙들고 예수님을 붙잡아서
구원의 복에 이를 수 있게 하여주시옵소서.
그리하여 바리새인처럼 자기 의를 자랑하는 것이 아니라
"나의 나 된 것은 하나님의 은혜라
십자가 외에는 자랑할 것이 없노라" 고백하면서
하나님께 나아가는 온전한 그리스도인들 다 되게 하옵소서.

31

사람을 귀하게 여기라

출애굽기 21:1-6

1 네가 백성 앞에 세울 법규는 이러하니라 2 네가 히브리 종을 사면 그는 여섯 해 동안 섬길 것이요 일곱째 해에는 몸값을 물지 않고 나가 자유인이 될 것이며 3 만일 그가 단신으로 왔으면 단신으로 나갈 것이요 장가 들었으면 그의 아내도 그와 함께 나가려니와 4 만일 상전이 그에게 아내를 주어 그의 아내가 아들이나 딸을 낳았으면 그의 아내와 그의 자식들은 상전에게 속할 것이요 그는 단신으로 나갈 것이로되 5 만일 종이 분명히 말하기를 내가 상전과 내 처자를 사랑하니 나가서 자유인이 되지 않겠노라 하면 6 상전이 그를 데리고 재판장에게로 갈 것이요 또 그를 문이나 문설주 앞으로 데리고 가서 그것에다가 송곳으로 그의 귀를 뚫을 것이라 그는 종신토록 그 상전을 섬기리라

I.

성경을 읽다 보면 이해가 안 되는 부분들이 참 많다. 여러 가지 이유가 있을 수 있는데, 가장 중요한 이유는 무한하신 하나님을 유한한 존재인 우리가 다 이해한다는 것이 말이 안 되기 때문이다. 그 한계 때문에 당연히 하나님의 말씀 중에

이해 안 되는 부분들이 많이 있다. 그래서 농담처럼 얘기하지만, 농담이 아니다. 나는 하나님의 말씀이 이해 안 되는 것이 다행히 이해된다. 사실이다. '이다음에 천당 가서 물어보면 되지. 이해되는 말씀도 많은데'라고 생각한다.

2.

그런데 또 다른 이유가 하나 더 있다. 성경이 이해하기 어려운 이유가 뭔가 하면 그 말씀이 기록될 당시의 문화와 지금 우리 문화가 많이 다르기 때문이다. 성경의 본문을 이해하려고 할 때 이 말씀이 언제, 어느 시대, 어떤 문화에 있는 사람들에게 하셨던 말씀인가를 아는 일은 본문의 핵심을 이해하는 데 굉장히 중요한 관건이 된다. 하나님은 우리에게 말씀하실 때 우리가 이해하기 쉽도록 그 문화를 충분히 이해하시고 그 문화적인 배경 속에서 말씀하시기 때문이다.

3.

말씀은 바뀌지 않는다. 세월이 바뀐다고 말씀이 바뀌나. 그런데 문화는 바뀐다. 문화는 엄청나게 바뀌는데, 그 문화가 바뀐 생각을 안 하고 하나님의 말씀을 읽으면 이해가 안 된다. 그 문화에 있는 사람들에게 주신 말씀인데 지금 다른 문화에 살고 있는 우리가 보면 그 말씀을 이해할 수가 없다. 그러므로 성경을 읽을 때 가능한 문화를 고려해서 그 말씀을 하시려고 했던 본래 핵심의 내용이 뭔가를 파악하는 일은 하나님의 말씀을 읽는 데 있어서 매우 중요한 일 중 하나이다.

4.

본문인 출애굽기 26장의 내용이 이해되는가? 은혜가 되는
가? 나는 안 된다. 이해도 안 되고 은혜는 더더욱 안 된다. 왜
냐하면 종에 관한 이야기가 나오기 때문이다. 그 당시에는
종의 문화가 있었다. 사실 종의 문화는 최근까지도 있었다.
미국이 노예 해방한 지 얼마나 됐는가? 모든 나라가 아프리
카에 가서 흑인들을 데려다가 짐승처럼 팔았던 일이 고대의
역사가 아니다. 아직 다 이루어지진 않았지만, 그래도 지금
은 인권을 이야기하며 사람은 다 평등하다고 말이라도 한다.
하지만, 그것이 통념되는 문화가 된 것은 최근의 일이다.

5.

본문이 쓰인 출애굽기 당시의 문화는 완전히 종의 문화다.
종은 사람이 아니었다. 인권, 그런 것 없다. 당시에는 종을 가
축으로 취급할 때 아닌가. 그런 문화 속에서 하나님이 하신
말씀이다. 그래서 사람은 다 평등하다는 인권 의식이 어느
정도 있는 우리에게는 이 말씀이 도무지 이해가 잘 안 된다.
문화적인 차이 때문이다.

6.

하나님이 어떻게 종을 용인하실 수 있냐며 의견이 충돌될 수

도 있다. 그런데 이 말씀의 핵심은 무엇일까? 내가 받아들인 건 아이러니하게도 '인권'이다. 하나님이 출애굽기를 통해서 이스라엘 백성들에게 '종에게도 인권이 있다', '종의 인권도 존중해주어라', '종도 사람이다'라는 메시지를 꽤 충격적이지만 그들이 받아들일 수 있을 만큼 말씀하고 계신다. 사람을 귀히 여기라는 것이다.

7.

우리 문화에서 보면 이런 말씀은 도리어 인권을 무시하는 것으로 보이지, 여기서 '인권을 존중해라, 종도 사람이니까 귀히 여기라'는 교훈을 얻기 어렵다. 하지만 당시 이스라엘 사람들의 입장에서는 충격적인 말씀이었다. 그 예로 9절에 보면 이런 말씀이 있다. "만일 그를 자기 아들에게 주기로 하였으면 그를 딸 같이 대우할 것이요."

여종을 아들에게 주었고 아들이 그 여종을 마음에 들어 해서 결혼을 시켰으면 딸로 여기라는 건 굉장히 파격적인 말이다. 종을 성적인 쾌락의 도구로만 생각하지 말고 딸로 여겨라. 그 당시 사람들에겐 충격적이었을 것이다.

8.

본문 2절에 보면, 종을 부리더라도 6년만 부려라, 7년째 되는 해에는 풀어주라는 말이 있다. 물론 예외 조항도 있다. 자기가 나가기 싫어하거든 데리고 있어도 좋다는 것이다. 이 말씀 역시 핵심은 사람을 귀히 여기라는 것이다. 너무 다른 문화 속에서 이 말씀을 읽고 사람을 귀히 여기라는 핵심을 발견하지 못하면, 성경이 도무지 이해가 안 되는 것이다.

9.

우리는 명품을 좋아한다. 명품에는 판매 전략이 있다. 바로 '차별화'다. 내가 은퇴하기 전이니까 꽤 여러 해 전의 일이다. 교회 사무실에서 한 10분만 걸어가면 유명한 백화점이 있었다. 결혼한 지 삼십몇 주년인가 되어서 잘 하지 않다가 결혼 기념일에 아내에게 선물을 사다 주려고 백화점에 들어갔다. 가끔 가던 백화점인데 낯설었다. 분위기도 이상하고 컴컴하고. 알고 보니까 명품관을 따로 만들어놨는데 내가 입구를 잘못 찾아서 명품관으로 들어간 것이었다. 조금 가니까 여자들 가방이 보였다. 가방 하나 사다 줄까 하고 갔더니 가격이 대개 몇백만 원이었다. 천만 원이 넘는 것도 있었다. 무슨 가방 하나가 몇백만 원씩 하나 싶어서 결국 못 사고 나왔다. 그런데 보니까 젊은이들이 줄을 서 있었다. 매장에 한꺼번에 들여보내지 않고 몇 사람씩만 들어오게 하고 있었기 때문이다. 명품관의 분위기나 인테리어를 보니까 남대문 시장처럼 손님을 모으려고 손뼉 치고 소리 지르는 게 아니라 은근히 사람을 내쫓는다. 여기는 아무나 들어오는 데가 아니라는 듯이. 그래서 나 같은 사람은 함부로 들어가지 못한다. 이게 명품의 전략이다.

또 차별화하기 위한 중요한 전략이 '고가 전략'이다. 아무나 들어오지 못하도록 말도 안 되는 가격을 매긴다. 가방 하나에 몇백만 원, 몇천만 원 붙여 놓으니까 사고 싶어도 가난한 사람은 못 간다. 그 가방을 살 수 있는 사람은 그것으로 차별화가 되는 것이다. '난 너와 다르다.' 그것이 주는 만족감이 참 크다.

10.

남들이 못 사는 명품 같은 걸 사서 올라가는 수도 있지만, 그 다음이 무엇인지 아는가? 사람을 발로 밟고 깔보고 업신여기는 것이다. 그렇게 올라가서 높아지려고 한다. 다른 사람을 밟고 더 높아지려는 본능이 우리 인간에게 있다.

인간에게는 가난하고 약한 사람을 깔보고 업신여기는 본능이 있다. 나에게도 있고, 우리에게도 다 있다. 숨어 있기도 하고, 드러나기도 한다. 공부 왜 열심히 하는가? '난 너와 다르다' 차별하기 위해서다. 왜 돈 버는가? 차별하기 위해서다. 왜 출세하려고 그러는가? 차별하기 위한 것이다. 그런데 예수님을 믿는 사람들은 그렇게 살면 안 된다.

11.

평생 종으로 살던 사람이 자유인이 되면 자기도 종을 부리려고 한다. 옛말에 '거지가 부자 되면 거지 쪽박 찬다'는 말이 있었다. 사람에게는 다 그런 본능이 있는데, 종노릇으로 한이 맺힌 이스라엘 사람들에게 하나님은 '너는 종을 그렇게 생각하면 안 돼. 종도 사람이야. 그러니 귀히 여겨라. 딸로 여겨라. 몇 년 되면 풀어주어라. 제값 잘 치러 주어라'라고 말씀하신 것이다.

12.

이것이 굉장히 중요한 말씀이라는 걸 알아야 한다. 예수 믿는 사람도 돈 벌 수 있으면 벌고, 공부할 수 있으면 해야 한다. 높아도 지고 권력도 얻을 수 있으면 얻고. 나는 그런 건 문제없다고 생각한다. 그런데 세상 사람과 목적은 달라야 한다. 창세기부터 늘 이야기하는, '복의 근원이 되라'는 말씀을 생각하자. 왜 돈을 버는가? 돈 벌어서 남 주려고. 왜 그렇게 권력을 얻으려고 하는가? 권력이 없어서 억울함을 당하는 사람들의 한을 풀어주려고. 그런 마음을 갖고 사는 게 예수 그리스도를 믿는 사람들의 삶의 방식이라고 생각한다.

13.

얼마 전까지 십계명을 공부했다. 예수님은 율법을 딱 두 가지로 정리해주셨다. 하나님을 사랑하라. 1계명에서 4계명까지 하나님을 사랑하라는 것이다. 5계명에서 10계명까지는 한마디로 사람을 사랑할 줄 알아야 한다, 사람을 귀히 여길 줄 알아야 한다는 것이다.

14.

살다 보면 우리보다 나이 많고 힘도 세고 자리가 높은 사람도 있지만, 우리보다 직급이 낮고 힘없고 따돌림당하는 사람도 있다. 세상 사람들처럼 함부로 사람 무시하고 거기서 만족을 느끼고 교만해져서 자기를 높이는 일에 생각 없이 따라가다 보면, 예수님을 믿는 일이 아무런 의미가 없다. 사람, 특히 가난한 사람을 귀히 여길 줄 알아야 한다. 예수님이 말씀하시지 않았는가. "이 작은 자 중의 하나도 업신여기지 말라"(마 18:10). '작은 자'를 개역한글성경에서는 '소자'(小子)라고 표현했었다. 기독교에 소자라는 말이 있을 수 없다. 하나님 앞에 소자는 없다. 그런데 사람들은 다 소자가 있다. 사람들이 깔보는 종, 가난한 사람, 직급이 낮은 사람. 이런 사람들을 존중하고 귀히 여겨서 세상 사람들과 구별되는 삶을 살아가는 우리가 되었으면 좋겠다.

15.

출애굽기 21장을 읽으면서 처음엔 당황했지만, 교훈을 얻었다. 지금 문화에서는 이해할 수 없는 종에 대한 말씀을 읽으며 내가 받은 교훈은 사람을 귀히 여기라는 것이다. 그렇게 해석하니까 그것도 일리가 있다. 난 그것이 하나님의 뜻이라고 생각한다. 종처럼 취급받는 사람들의 인권과 인격과 그 모든 자유함과 권리를 존중히 여기면서 살아가는 우리가 되기를 바란다.

●

사랑하는 주님 앞에 형제자매 한자리에
크신 은혜 생각하며 즐거운 찬송 부르네
내 주 예수 본을 받아 모든 사람 내 몸 같이
환난 근심 위로하고 진심으로 사랑하세

–

우리에게도 교만함이 있습니다.
남을 무시하고 차별하고,
그것으로 삶의 만족을 얻으려고 하는
어리석은 마음이 우리에게 있습니다.
하나님, 그 마음을 없애주시옵소서.
사람을 다 귀히 여기게 하여주옵소서.
세상의 많은 가난하고 약한 사람들이
우리로 인하여 하나님의 사랑을 깨달을 수 있도록,
저희를 사용하여주옵소서.

32

복수가 아니라 책임을 말씀하시는 하나님

출애굽기 21:22-25

22 사람이 서로 싸우다가 임신한 여인을 쳐서 낙태하게 하였으나 다른 해가 없으면 그 남편의 청구대로 반드시 벌금을 내되 재판장의 판결을 따라 낼 것이니라 23 그러나 다른 해가 있으면 갚되 생명은 생명으로, 24 눈은 눈으로, 이는 이로, 손은 손으로, 발은 발로, 25 덴 것은 덴 것으로, 상하게 한 것은 상함으로, 때린 것은 때림으로 갚을지니라

I.

"눈은 눈으로, 이는 이로"라는 말씀은 교회를 안 다니는 사람들도 아는 말씀 중 하나이다. 그런데 많은 사람이 이 말씀을 하나님이 우리에게 주신 뜻과 정반대로 이해하고 있어서 문제가 된다. "눈은 눈으로, 이는 이로"라고 할 때, 우리는 그것을 복수의 법으로 이해한다. 하지만 상식적으로 조금만 생각해보면 알 수 있는데, 성경은 우리에게 복수를 가르치지 않는다. 하나님이 우리에게 "눈은 눈으로, 이는 이로" 복수하라는 것을 가르치실 리가 없다.

2.

자주 얘기하는 것처럼, 이 말씀은 복수의 법이 아니라 '책임의 법'이며 '배상의 법'이다. 어떤 사고가 일어나면 가해자와 피해자가 있다. 만일 이것이 피해자에게 주신 말씀이라면 그것은 복수의 법이다. 그런데 이 말씀은 자세히 뜯어보면 피해자가 아니라 가해자에게 주신 말씀이다. 가해자에게 이 말씀을 주셨다고 하면 그것은 복수가 아니다. '책임질 줄 알아야지, 갚아줘야지, 배상해야지'라고 하시는 말씀이 된다. 다음 장인 출애굽기 22장부터 계속 배상에 대한 말씀들이 자세히 나온다.

3.

우리가 "눈은 눈으로, 이는 이로"라는 말씀을 잘못 해석하고 있기 때문에, 예수님은 마태복음 5장에서 이 말씀을 다시 한번 가르쳐주신다. "또 눈은 눈으로, 이는 이로 갚으라 하였다는 것을 너희가 들었으나 나는 너희에게 이르노니 악한 자를 대적하지 말라 누구든지 네 오른편 뺨을 치거든 왼편도 돌려 대며"(마 5:38,39).

'너희는 이 말씀을 복수의 법으로 들었지만, 그건 잘못 들은 거야. 그게 아니야. 내가 너희들한테 다시 잘 가르쳐줄게' 하고 나온 것이 '오른편 뺨을 치거든 왼편도 돌려 대고, 오 리를 가자면 십 리를 가주라'는 말씀이다.

4.

사람이 살다 보면 실수할 때도 있고, 잘못할 때도 있고, 한 걸음 더 나아가서 죄를 지을 때도 있다. 실수가 없는 사람, 잘못이 없는 사람, 죄가 없는 사람은 단 한 사람도 없다고 성경에서 말해주고 있다. 그런데 사람은 실수와 잘못을 했을 때 잘못을 인정하고 그 책임을 지려는 사람과 그것을 인정하지 않고 책임지지 않으려는 사람, 두 종류로 나뉜다.

우리는 어디에 속할까? 잘못을 인정하고 책임지려는 쪽에 속하기 쉬울까? 아니면 자기를 합리화하고, 남한테 뒤집어씌우고, 책임지지 않으려는 쪽에 속하기 쉬울까? 당연히 후자다. 그게 우리의 죄 된 본능이기 때문이다.

5.

자기의 잘못을 인정하는 것은 신앙의 기본 중 기본이다. 그것이 되지 않으면 신앙생활을 영위할 수가 없다. 신앙생활에서는 내가 죄인이라는 것을 깨닫고, 인정하고, 회개하고, 돌이켜 십자가를 붙잡는 일이 가장 중요하기 때문이다. 잘못해놓고도 그것을 감추려고 하거나 부인한다면, 그 상태로 신앙생활을 하려 한다면 출발부터가 잘못된 것이다.

자기의 죄를 깨닫고 인정하지 않으면 회개에 이를 수 없다. 그리고 우리가 십자가와 십계명에서 살펴본 것처럼, 십자가를 붙잡을 수 없다. 우리가 바리새인을 보지 않았는가? 율법 좀 열심히 지키려다가 교만해지니까 예수님의 십자가를 붙잡는 것이 아니라 예수님을 십자가에 못 박는 죄를 짓게 되었다. 교만해져서 회개할 줄 모르고 도리어 자기가 의인인 줄 알면, 십자가를 붙잡는 삶이 아니라 예수님을 십자가에 못 박는 삶을 살아갈 수밖에 없다.

6.

성경 인물 중에서 내가 좋아하는 사람들이 참 많은데, 그중에 처음엔 별로 안 좋아했다가 어느 날 성경을 다시 이해하게 되면서 좋아진 인물이 있다. 바로 '요나'다. 요나를 좋아하기는 쉽지 않다. 하나님 앞에 불순종하고 도망갔던 사람이니까 우리와 비슷한 사람이지 존경하고 좋아할 만한 인물은 아닌 것 같았다. 그러던 어느 날, 요나가 우리하고는 비교도 되지 않을 만큼 훌륭한 믿음의 사람이라는 것을 알게 되었다.

7.

하나님이 요나에게 니느웨로 가서 하나님의 말씀을 전하라고 하셨다. 그런데 요나는 가기 싫었다. 니느웨 사람들은 원수였는데, 괜히 하나님의 말씀을 전해서 회개하고 돌이켜서 구원을 얻을까봐 다시스로 달아났다. 하지만 하나님과 약속하면 어길 수 없다. 하나님이 풍랑을 일으키셔서 결국은 요나를 니느웨로 되돌려놓지 않으셨는가.

8.

큰 풍랑이 일어났을 때 뱃사람들이 이것은 하늘에 죄를 지은 사람이 있어서 그런 것으로 판단하고 제비를 뽑았다. 그때 마침 배 밑창에서 잠자고 있던 요나가 걸렸다. 그때 요나가 한 말이 참 놀랍다. "이 큰 폭풍을 만난 것이 나 때문인 줄을 내가 아노라"(욘 1:12). 요나는 '맞아, 이 풍랑은 나 때문에 일어난 거야. 내 불순종 때문에 일어난 거야'라고 인정했다. 사실 그때 인정하지 않았어도 됐을 것이다. 무슨 증거가 있는 것도 아니고, 제비 뽑아서 죄를 묻는다니 생사람 잡지 말라고 딱 잡아떼고 버티면 되는 것이었다. 그런데 요나는 한마디 변명도 하지 않았다. 그대로 인정했다. 그런데 더 중요한 게 뭔지 아는가? "나를 들어 바다에 던지라." 돈 몇 푼으로 책임지는 게 아니라 생명을 걸고, 죽음으로 책임을 지려고 했던 요나였다. 그래서 결국 바다에 던져졌다.

9.

예수님을 믿는 사람들은 이것을 배워야 한다. 실수하고 잘못했을 때 '내가 실수했어, 내가 잘못했어'라고 인정하는 일이 믿음의 사람들에게 얼마나 중요한지 모른다. 그리고 죄에서 도망치려 하지 말고, 남한테 뒤집어씌우려 하지 말고, 책임지려고 노력하고 애쓰는 사람이 되어야 진정한 그리스도인이라 할 수 있을 것이다.

10.

내가 영락교회 부목사로 있을 때, 당시 안수집사님이셨던 한 집사님의 간증을 듣고 얼마나 감동했는지 모른다. 그 집사님이 친구의 빚보증을 서준 적이 있었다. 그런데 친구가 빚을 갚지 못하자 채권자가 집사님에게 "당신이 보증을 섰으니 당신이 대신 갚아야 한다"라고 했다. 난감한 일이었다. 그때 집사님이 그러셨다.

"예, 갚아드리지요. 제가 약속을 했으니까 갚아드리려고 합니다. 그런데 현찰은 없습니다. 집이 한 채 있는데 그것을 팔면 빚은 갚을 수 있습니다. 제가 집을 팔아서 갚아드릴 테니, 집 팔리는 동안은 좀 참아주십시오."

너무 순순히, 그것도 집을 팔아서 친구 보증 선 빚을 갚겠다고 하자 채권자가 잘 믿어지지 않아서 정말이냐고 물었단다. 그때 집사님이 기가 막힌 말을 했다.

"저는 예수님을 믿는 사람입니다. 예수님을 믿는 사람은 말하면 말한 대로 합니다."

그러고는 집안에 난리가 나고 반대가 극심했는데도, 결국 집 팔아서 친구 빚 갚아주고 남은 돈으로 서울 변두리에 땅 사서 집을 지었다.

11.

내가 처음 담임 목회를 시작했던 교회에 안수집사님 한 분이 계셨는데, 그 분은 목사님 아들로 태어나 워낙 가난해서 고

생하다 고등학교를 졸업하자마자 사업을 시작했다. 공부보다 돈부터 벌 것이라면서. 돈을 잘 버셨다. 그러다 거래하는 사람이 부도를 내는 바람에 휘말려서 자기도 부도나고 감옥살이를 했던 적이 있다. 하나님의 은혜로 모든 문제가 다 풀려서 나왔는데, 그 분은 자기가 실수해서 빚진 것은 끝까지 다 갚으셨다.

12.

그 분은 다시 사업을 시작하셨고, 헌금하는 걸 보며 사업이 잘되는구나 했다. 그런데 정말 작은 집에서 사시고, 작고 오래된 차를 끌고 다니셨다. 왜 그러신가 했더니 빚을 끝까지 다 갚느라고 그러셨단다. 그 분이 나에게 하셨던 말씀을 잊을 수가 없다. "목사님, 빚 갚는 것이 너무 재밌어요."
예수님을 믿는 사람들은 참 대단하다. 빚 갚는 것이 힘들지 뭐가 재미있겠는가. 다 요구하지도 않았는데, 힘들어서 다른 사람은 포기했는데, 그것을 악착같이 다 갚아주는 것을 보면서 예수님을 믿는 사람은 다르구나 싶었다.

13.

예수님을 믿는 사람도 실수할 수 있고 잘못할 수 있다. 그것을 인정하고 끝까지 책임지려고 노력할 때, 하나님의 영광이 드러나는 삶을 사는 것 아니겠는가? 그렇게 살라고 하나님께서는 출애굽기에서 "눈은 눈으로, 이는 이로"라는 말씀을

주신 것이다. 이 말씀을 엉뚱하게 복수하는 데 쓰면 하나님
이 당황하신다.

핑계 대고 싶고, 인정하고 싶지 않을 때마다 이 말씀을 기억
하자. 그래서 자기 잘못을 인정하고 책임지고 보상해서, 예
수님을 믿는 사람답게 살아갈 수 있기를 바란다.

14.

1907년은 한국교회 교회사에서 '대부흥의 해'다. 대부흥은
평양의 장대현교회에서 시작됐다. 부흥회가 끝나고 당시 장
로였던 길선주 목사님이 은혜를 받아 자리에서 벌떡 일어나
회중 앞에서 "나는 아간과 같은 놈입니다"라고 고백하셨다.
친구가 세상을 떠날 때 자기에게 유산 정리를 부탁했는데,
일부를 떼어먹었다는 것이다. 그때 성령이 임했다. 모든 사
람이 성령의 감동으로 자기의 죄를 고백하고 회개하는 대회
개운동이 일어났다.

15.

회개하니까 부흥이 일어났다. 진정한 부흥은 잘못과 죄를 인
정하고 회개하고 책임지려고 할 때, 십자가를 붙잡으려고 할
때, 그때 개인적으로 부흥이 일어나고 교회 부흥도 일어날
줄 믿는다. "눈은 눈으로, 이는 이로"라는 말씀을 바로 깨달
아 바르게 적용하며 살아가는 우리가 되기를 바란다.

먹보다도 더 검은 죄로 물든 마음이

흰 눈보다 더 희게 깨끗하게 씻겼네

주의 보혈 흐르는데 믿고 뛰어 나아가

주의 은혜 내가 입어 깨끗하게 되었네

–

예수님을 믿는 우리만이라도 자기 죄와 허물과

실수와 잘못을 인정하는 일에 용감할 수 있게 하시옵소서.

부담이 되고 손해가 되더라도

그것을 갚으려고 애쓰는 사람이 되게 하셔서

예수 믿는 사람의 본을 보일 수 있는

이 시대의 사람들이 다 될 수 있게 하여주시옵소서.

33

하나님이 가장 싫어하시는 일

출애굽기 22:21-24

21 너는 이방 나그네를 압제하지 말며 그들을 학대하지 말라 너희도 애굽 땅에서 나그네였음이라 22 너는 과부나 고아를 해롭게 하지 말라 23 네가 만일 그들을 해롭게 하므로 그들이 내게 부르짖으면 내가 반드시 그 부르짖음을 들으리라 24 나의 노가 맹렬하므로 내가 칼로 너희를 죽이리니 너희의 아내는 과부가 되고 너희 자녀는 고아가 되리라

I.

나는 설교할 때 참 많이 반복한다. 오죽하면 내 별명이 '반복동호'였겠는가. 자꾸 반복하는 데는 내 나름의 이유가 있다. 반복되지 않는 진리는 학습되지 않는다는 것이다. 핑계로 들릴 수도 있겠지만, 정말 정직한 마음으로 그냥 핑계는 아니다. 뭐 하나 학습되려면 끊임없이 반복해야 그것이 우리 삶 속에, 마음속에, 머릿속에 깊이 새겨진다. 진리를 한 번 듣고 그것을 기억하고 지키며 사는 일은 쉽지 않다. 그래서 진리는 끊임없이 반복해야 한다.

2.

그런데 사실 반복을 가장 많이 하신 분 중 한 분이 하나님이
시다. 성경처럼 반복이 많은 책이 또 있을까? 하신 말씀 또
하시고, 또 하신다. 그렇게 반복하시는 말씀 중 하나가 '나그
네를 압제하지 말라, 약한 사람들을 억압하지 말라'는 것이
다. 나는 형제가 없어서 집에서 강아지나 고양이를 많이 길
렀고, 좋아했다. 강아지를 길러보면 강아지도 동물이다 보니
동물적인 본능이 있다. 본능적으로 집안의 서열을 파악한다.
그다음, 자신의 서열을 정확히 파악한다. 그래서 자기보다
높은 서열에는 철저히 복종한다. 그런데 아래 서열에는 무섭
게 군림한다. 그래서 동물들은 강자에게는 약하고, 약자에게
는 강하다. 그게 동물의 본능이다. 약육강식이 거기서 나오
는 것이다.

3.

우리 인간에게도 그런 동물적인 본능이 있다. 인간도 동물이
기 때문이 아니다. 본래 하나님은 인간을 창조하실 때 동물
의 본능을 우리에게 주시지 않았다. '강한 자에게 비굴해져
라, 그래야 네가 산다. 약한 자는 어떡하든지 짓밟아라' 하는
것들을 우리에게 심어주지 않으셨다. 그건 타락한 인간의 본
능, 죄 된 본능이다. 하나님이 우리에게 주신 본능은 동물의
본능과 정반대다. 강자가 약자를 짓밟는 것이 아니라 강자가
약자를 섬기는 것이다. 강자가 약자를 지배하고 군림하고 착

취하는 것이 아니라 강자가 약자를 보호하고 섬기고 도와주는 것이다.

4.

이것이 가장 강하게 드러난 장면이 무엇인가 하면, 예수님이 제자들의 발을 씻기신 것이다. 제자들이 누가 더 높으냐를 가지고 싸우고 있을 때 예수님이 모범으로 보여주신 게 물을 떠다가 제자들의 발을 씻겨주신 것이다. 세상은 약한 사람이 강한 사람의, 낮은 사람이 높은 사람의 발을 씻겨주고, 강한 사람은 약한 자들에게 자기 발을 씻기게 한다. 하지만 예수님은 그것을 바꾸셨다. "내가 주와 또는 선생이 되어 너희 발을 씻겼으니 너희도 서로 발을 씻어주는 것이 옳으니라"(요 13:14). 이건 굉장히 중요한 그리스도인의 삶의 자세다.

5.

성경에 보면 예수님은 나그네들, 가난한 사람들, 병든 사람들, 고아, 과부, 쉽게 말해서 요즘 사회 취약 계층이라고 하는 사람들에게 관심이 많으시다. 그리고 '그들을 잘 보살펴주어라, 그들을 도와주거라, 저들에게 잘하는 게 나한테 잘하는 것이다'라고 끊임없이 말씀하신다.

우리나라 사람들은 나그네와 외국인들에게 친절한 민족일까, 무례한 민족일까? 나는 이중적이라고 생각한다. 조금 비판적인 이야기지만, 미국이나 유럽과 같은 백인들에게는 대개 우호적이다. 우리보다 부하고 강한 나라, 대개 백인으로 표현되는 그들에게는 굉장히 친절하고 겸손하고 우호적이다. 그래서 미국이나 유럽의 백인들이 한국을 여행하면 한국 사람들이 참 친절하다고, 부드럽다고 생각한다. 실제로 그렇기 때문이다. 그런데 동남아나 아프리카 사람들에게는 그렇지 않다. 굉장히 무례하다. 심지어 멸시하는 경향도 있다.

6.

어느 선교사님이 동남아 어느 나라에 가서 선교하다가 거리에서 누가 던지는 돌에 맞았다. 누군가 알아봤더니 한국에서 외국인 노동자로 몇 년 동안 살다간 사람인데, 한국 사람한테 하도 멸시를 당하고 억울함을 당하고 핍박을 받아 한국 사람을 보자 화가 나서 돌을 던졌다는 것이다. 이건 사실이다. 우리가 실제로 그렇게 살고 있다.

7.

소위 선진국이라는 나라에 가보면 후진국과 확연히 다른 것이 하나 있다. 선진국일수록 약자에 대한 보호가 강하다. 약자에 대한 배려와 보호와 섬김이 강한 나라일수록 선진국이다. 후진국으로 갈수록 반대다. 약자를 깔보고 멸시하고 업신여기고 천대한다.

우리나라도 그런 부분에서 약점이 있기는 하지만, 많이 발전했다. 아직 완전하지는 않지만, 약자와 가난한 사람들, 병든 사람들, 장애가 있는 사람들을 조금이라도 섬기려는 일들이 많아지고 있다.

8.

선진국으로 갈수록 가난하고 약하고 병든 사람들과 외국인에게 친절하고 섬기려고 하는데, 그렇다면 최고의 선진국은 어느 나라일까? 미국일까? 유럽일까? 아니다. 정말 일등 가는 나라가 있다. 바로 '하나님나라'다. 하나님나라가 선진국 중의 선진국이다. 당연하다. 그런데 나라는 국민이 결정하는 것이다. 하나님나라의 백성은 바로 우리다. 하나님나라의 백성들이 자기보다 가난하고 힘없고 병들고 약하고 나그네 되는 사람들에게 얼마나 진심으로 따뜻하게 도와주고 섬기고 베풀려고 하는지에 따라 하나님나라의 선진성이 결정된다고 생각한다.

9.

이것은 굉장히 중요하다. 예수님을 믿는 사람은 우리보다 강하다고 거기에 빌붙어 사는 비겁한 사람이 되면 안 된다. 하나님은 그것을 우상숭배라고 하셨다. 그리고 질투하신다. 예수님을 믿는 사람은 강하다. 그래서 아무리 힘 있고 골리앗 같아도 무릎 꿇지 않는다. 항복하지 않는다.
동시에 하나님나라의 백성들은 사람을 깔보지 않는다. 자기보다 약하다고 짓밟지 않는다. 멸시하지 않는다. 착취하지 않는다. 도리어 그들을 섬긴다. 그리고 자기도 자긍심이 있다.

10.

나는 우리 젊은이들이, 특히 예수님을 믿는 젊은이들은 '흙
수저'니 '금수저'니 하는 말을 안 했으면 좋겠다. 흙수저는 없
다. 금수저도 없다. 하나님은 다 평등하게 보신다. 그러니까
자기가 흙수저라고 금수저를 붙잡으며 살 필요가 없다. 가난
해도 당당해야 한다. 자존감이 있어야 한다. '난 예수 믿는 사
람이다. 그렇게 만만하지 않다. 우리 아버지가 하나님이시
다'라는 당당함이 있어야 한다. 누구에게도 빌붙지 않는다.
그리고 누구도 빌붙게 하지 않는다. 깔보지 않는다. 업신여
기지 않는다. 그들을 섬긴다.

11.

하나님이 가장 싫어하시는 것이 있다. 사람 업신여기는 것,
약한 사람을 괴롭히는 것, 착취하는 것이다. 그렇게 하면 아
마 천벌을 받을 것이다. 본문 말씀이 그것이다. '나그네들 압
제해 봐. 내가 가만 있지 않을 거야.' 무서운 말씀이다.
반대로 하나님이 가장 좋아하시는 것이 뭘까? 그것은 약자
를 진심으로 돕고 섬기는 것이다. 그것이 바로 예수님의 비
유에 나오는 선한 사마리아 사람의 이야기 아니겠는가? 작
은 자에게 냉수 한 그릇 떠준다 할지라도 그것은 마음을 주
는 것이다. 인격으로 대하는 것이다. 차를 같이 나누고, 마음

을 나누고, 인격적으로 대하면 하나님께서 결코 상을 잊지 않으신다.

12.
주변에 보면 우리가 백인에게 친절하듯이 잘해주고 싶은 사람이 있다. 또 우리가 알게 모르게 업신여기고 깔보는 사람이 있다. 우리보다 강한 사람이라고 함부로 대할 건 아니지만, 그들도 존중히 여겨야 하지만, 하나님처럼 대하지는 말고 당당해져야 한다. 다 똑같이 하나님의 사람이다. 우리보다 약한 사람도 하나님의 사랑하는 자녀인 줄 알아야 한다. 외국인들, 특히 노동자들, 사회 취약 계층을 잘 섬기며 살아서 하나님 앞에 칭찬받는 우리가 되기를 바란다.

13.
예수님을 믿는 사람은 하나님을 사랑할 줄 알아야 하고, 사람을 사랑할 줄 알아야 한다. 그런데 우리에게는 사람을 깔보고 마음을 아프게 하고 짓밟으려는 죄 된 본능이 있다. 그것과 싸우게 하기 위해서 하나님은 잊을 만하면 말씀하시고 또 잊을 만하면 말씀하신다. 창세기에서도 말씀하시고 출애굽기에서도 말씀하신다. 하나님이 자꾸 반복하신다고 귀찮아 하지 말고 '아, 이게 중요하구나. 이건 시험에 꼭 나오겠구나. 그래서 자꾸 반복하시는구나'라고 생각해야 한다. 이 말씀을 다시 한번 새겨서 직장생활이나 사회생활 할 때, 우리보다 약하고 소외된 사람들에게 그리스도의 사랑을 가지고 다가가는 하루가 될 수 있기를 바란다.

●

주 믿는 형제들 사랑의 사귐은
천국의 교제 같으니 참 좋은 친교라

하나님 보좌 앞에 다 기도드리니
우리의 믿음 소망이 주 안에 하나라

－

율법의 완성이 하나님을 사랑하고 사람을 사랑하는 것이라고
간단히 정리해주셨는데, 예수님을 믿는 사람들은
하나님을 사랑하고 사람을 사랑할 줄 알아야 한다는 것을
단단히 배울 수 있도록 축복하여주시옵소서.

34

하나님의 정의

출애굽기 23:1-9

1 너는 거짓된 풍설을 퍼뜨리지 말며 악인과 연합하여 위증하는 증인이 되지 말며 2 다수를 따라 악을 행하지 말며 송사에 다수를 따라 부당한 증언을 하지 말며 3 가난한 자의 송사라고 해서 편벽되이 두둔하지 말지니라 4 네가 만일 네 원수의 길 잃은 소나 나귀를 보거든 반드시 그 사람에게로 돌릴지며 5 네가 만일 너를 미워하는 자의 나귀가 짐을 싣고 엎드러짐을 보거든 그것을 버려두지 말고 그것을 도와 그 짐을 부릴지니라 6 너는 가난한 자의 송사라고 정의를 굽게 하지 말며 7 거짓 일을 멀리 하며 무죄한 자와 의로운 자를 죽이지 말라 나는 악인을 의롭다 하지 아니하겠노라 8 너는 뇌물을 받지 말라 뇌물은 밝은 자의 눈을 어둡게 하고 의로운 자의 말을 굽게 하느니라 9 너는 이방 나그네를 압제하지 말라 너희가 애굽 땅에서 나그네 되었었은즉 나그네의 사정을 아느니라

I.

공자의 《논어》에 내가 참 좋아해서 늘 마음에 새기고 사는 말이 하나 있다.

'군자유어의(君子喩於義), 소인유어리(小人喩於利).'

군자는 매사에 '의'(義)를 생각한다는 말이다. '이게 의로운 일이냐, 불의한 일이냐. 의로운 일이면 손해가 돼도 하고, 불의한 일이면 이익이 생겨도 안 한다.' 이것이 군자라는 것이다. 소인은 그 반대다. 아무리 의로운 일이라고 해도 손해가 나면 안 하고, 아무리 불의한 일이라고 해도 이익이 되면 한다. 마음에 새겨둘 귀한 말이다.

2.

예수님도 마태복음 6장 33절에서 우리가 잘 아는 말씀을 하셨다. "그런즉 너희는 먼저 그의 나라와 그의 의를 구하라 그리하면 이 모든 것을 너희에게 더하시리라."

무엇을 입을까, 무엇을 먹을까, 무엇을 마실까도 당연히 중요하지만, 그것을 먼저 염려하지 말라는 말씀이다. 그것을 먼저 염려하고 살면, 공자가 말하는 소인배가 된다. 예수님을 믿는 사람은 하나님의 나라, 하나님의 의를 먼저 생각하라고 하셨다.

아모스서에도 우리가 잘 아는 유명한 말씀이 있다. "오직 정의를 물같이, 공의를 마르지 않는 강같이 흐르게 할지어다"(암 5:24).

3.

그렇다면 하나님의 의와 정의는 구체적으로 무엇을 말하는가? 본문에서 하나님은 이제 출애굽한 이스라엘 백성에게 '정의'를 가르쳐주신다. '하나님을 믿는 사람은 바르게 살아야 해, 정의롭게 살아야 해' 하시며 정의를 가르치시면서 구체적으로 몇 가지 말씀을 하셨다.

4.

첫째, 허망한 풍설을 만들지 말아라. 이 말씀을 하신 걸 보니 동서고금을 막론하고 사람은 다 비슷한 것 같다. 허망한 풍설을 요즘 말로 하면 가짜 뉴스다. 당시에도 가짜 뉴스를 만들어서 퍼뜨리는 것을 좋아했던 모양이다. 그런데 그게 가장 불의한 일이다.

이것은 우리에게 굉장히 중요한 말씀이다. 요즘 SNS의 발달로 수많은 이야기와 뉴스들이 세상을 뒤덮고 있다. 그걸 보려고 사람들은 길을 가면서도 휴대폰을 쳐다본다. 그런 뉴스들이 다 가짜 뉴스인 것은 아니지만, 정말 많은 가짜 뉴스들이 떠돌아다니는 것을 볼 수 있다. 가짜 뉴스, 나쁜 뉴스, 사람들이 흥미를 느낄만한 자극적인 뉴스들이 많이 돌아다니는데 예수님을 믿는 사람들은 거기에 휩쓸리지 말라는 말씀이다.

무조건 말 안 하는 것이 능사는 아니다. 할 말은 해야 하고, 아닌 것은 아니라고 말해야 한다. 하지만 그렇게 말을 해야 할 때, 허망한 풍설을 퍼뜨려서는 안 된다. 사실 확인도 하지 않고 남의 말 하기 좋아하면 안 된다는 이 말씀을 늘 간직하고 살면 하나님의 정의에 가까운 삶을 살아갈 수 있으리라 믿는다.

5.

둘째, 원수에게 잘해주라는 말씀이다. '네가 미워하는 사람, 네 원수의 소나 나귀가 길을 잃고 집을 못 찾거든 못 본 체하지 말고 찾아주어라. 네가 미워하는 원수의 나귀가 짐을 싣고 가다 넘어져 일어나지 못하거든 가서 일으켜 세워주거라.' 하나님은 이것을 정의라고 하신다. 이 말씀을 보면서 하나님의 말씀대로 지키며 살긴 참 어렵겠다 싶었다. 그런데 할 수 있다면 정말 근사한 하나님의 사람이 될 수 있겠다고 생각했다.

이런 말씀이 신약에도 나온다. "네 원수가 주리거든 먹이고 목마르거든 마시게 하라 그리함으로 네가 숯불을 그 머리에 쌓아 놓으리라"(롬 12:20). 예수님은 더 완성된 말씀으로 "원수를 사랑하라"(마 5:44)라고 하셨다. 계속 언급한 것처럼, 계명을 요약하면 '하나님 사랑'과 '이웃 사랑' 아닌가. 이웃 사랑에서 한 걸음 더 나아가 이웃의 끝이라 할 수 있는 원수를 사랑하라는 말씀이다. 이것이 하나님을 믿는 사람, 그리스도인의 '정의'이다.

6.

셋째, 편들지 말라고 하신다. 편드는 것은 세상의 정의를 많이 어그러뜨린다. 우리는 편을 너무 잘 가른다. 내 편, 네 편. 일단 편을 가르면 옳고 그름이 없다. 내 편은 옳은 것이고, 저편은 틀린 것이다. 흔히 이런 것을 '진영논리'라고 하지 않는가?

가난한 자와 부자가 싸웠다. 하나님은 누구의 편이실까? 하나님은 가난한 자의 편이실까? 부자의 편이실까? 답을 생각하기 전에 또 다른 질문을 해보자. 세상 사람들은 가난한 자와 부자가 싸우면 대개 누구의 편을 들어줄까? 당연히 부자의 편을 든다. 그래야 뭐 하나라도 생기니 말이다. 그래서 '유전무죄(有錢無罪) 무전유죄(無錢有罪)'라는 말이 나왔다. 세상은 강한 사람, 부한 사람의 편을 든다. 옳고 그름은 중요하지 않다. 그렇다면 하나님은 가난한 자의 편을 들어주실까?

7.

세상이 왜곡되게 강한 자와 부자 편을 드니까 가난한 자와 약한 자의 편을 드는 것이 정의라고 생각하는 사람들이 많아졌다. 그런데 이것이 논리의 모순이다. 착각이다. 부자 편을 드는 것도 잘못됐지만, 가난한 자의 편을 드는 것도 잘못된 것이다. 가난한 사람이 언제나 옳지는 않다. 부자가 언제나 옳지 않은 것은 아닌 것처럼.

그러니까 가난하냐, 부하냐를 가지고 판단하지 말고 그 사안을 놓고 옳으냐 그르냐, 정의냐 불의냐를 따져야 한다. 편을 가르기 시작하면 정의에서 멀어진다. 진보냐 보수냐, 이 당이냐 저 당이냐를 놓고 편이 갈리면 그다음에는 의를 잃어버리는 경우가 너무나 많다. 편들지 말라는 말씀을 마음에 깊이 새길 수 있기를 바란다.

8.

마지막으로 뇌물을 주지 말라고 하신다. 돈이 정의를 굽게 한다. 돈을 주어서 불의를 의로운 것으로, 의를 불의한 것으로 만드는 경우가 너무 많다. 그러니 뇌물을 주지도 말고 받지도 말라는 것이다.

9.

한 20년 전에 유학생을 대상으로 한 코스타 집회에서 강사로 설교를 했었는데, 그때 코스타 주제가 '거룩과 능력'이었다. 그 주제를 가지고 설교하면서 예화로 들었던 실화가 있다. 우리나라에 예수님을 잘 믿는 공무원이 있었는데, 어떤 사업가가 일을 부탁하면서 쉽게 말하면 뇌물을 줬단다. 그때 그 공무원이 돈을 돌려주면서 이렇게 말했다. "충분히 압니다. 제가 사장님이라도 아마 그랬을 겁니다. 그런데 전 예수 믿는 사람입니다. 이것을 받을 수 없습니다. 그러나 너무 걱정하지 마십시오. 이 일은 될 일이니까 제가 최선을 다해서 잘되도록 도와드리겠습니다."

10.

이 이야기를 들었을 때 참 기뻤다. 보통 자기가 정의로우면 불의한 사람을 못 견뎌 한다. '너 같은 사람 때문에'라면서 판단하고 망신 주기 좋은데, 이 크리스천 공무원은 우리가 보기엔 분명 안 그럴 사람인데 '나라도 그랬을 겁니다'라고 상대방의 마음을 편하게 한 후에 '예수님을 믿어서 제가 못 받습니다. 그러나 잘되도록 도와드리겠습니다'라고 말했다.

그래서 당시 박사과정에 있던 학생들에게 설교하면서 '우리 이것을 연습해보자'고 했다. 아무래도 열심히 공부하는 학생들이니 박사 마치고 더 성장하면 뇌물을 받는 자리에 많이 가지 않겠는가? 뇌물을 받을 수 있는 자리에 가서 뇌물을 안 받아야 세상이 좀 좋아질 것 아닌가.

11.

예수님을 믿는 사람만이라도 있는 곳에서 하나님의 정의를 흉내라도 내며 산다면, 우리가 이 세상에 예수님이 말씀하신 빛이 되고 소금이 되는 삶을 어느 정도 살아내는 것 아닐까. 예수님의 십자가를 붙잡고 구원받는 일도 매우 중요하지만, 십계명을 붙들고 조금이라도 바르게, 하나님을 믿는 사람답게 사는 일도 꼭 필요하고 중요한 일이 아닐까. 그래서 우리에게 이렇게 끊임없이 반복해서 말씀을 주시는 것이 아닐까 싶다.

하나님이 말씀하신 정의를 우리 마음에 새기고 지키려 애쓰며 살다가 넘어지면 다시 일어서서라도 포기하지 않길 바란다. 그래서 옳은 길, 바른길을 따라 하나님의 식과 법을 좇아 행하는 우리가 될 수 있기를 바란다.

●

옳은 길 따르라 의의 길을 세계 만민의 참된 길
이 길 따라서 살기를 세계에 전하세 만백성이 나갈 길
어둔 밤 지나고 동튼다 환한 빛 보아라 저 빛
주 예수의 나라 이 땅에 곧 오겠네 오겠네

–

허망한 풍설 퍼뜨리지 말고, 편들지 말고,
원수에게 잘해주고, 뇌물 받지 말라고 하셨습니다.
쉬워 보이지만 실천하며 사는 것이 쉽지 않은데,
도전할 수 있도록 도와주셔서 하나님의 말씀대로 바르게 살아
이 세상에 하나님의 공의와 정의를 실천하는 일에 쓰임 받는
우리가 되게 하여주시옵소서.

35

나 아니면 안 돼? 너 없어도 돼!

출애굽기 23:10-13

10 너는 여섯 해 동안은 너의 땅에 파종하여 그 소산을 거두고 11 일곱째 해에는 갈지 말고 묵혀두어서 네 백성의 가난한 자들이 먹게 하라 그 남은 것은 들짐승이 먹으리라 네 포도원과 감람원도 그리할지니라 12 너는 엿새 동안에 네 일을 하고 일곱째 날에는 쉬라 네 소와 나귀가 쉴 것이며 네 여종의 자식과 나그네가 숨을 돌리리라 13 내가 네게 이른 모든 일을 삼가 지키고 다른 신들의 이름은 부르지도 말며 네 입에서 들리게도 하지 말지니라

I.

이 말씀은 안식년에 관한 법이다. 하나님은 이스라엘 백성들에게 좀 엉뚱한 명령을 내리신다. 여섯 해 동안 농사를 짓다가 7년째 되는 해에는 아예 농사를 짓지 말라는 것이다. 파종하지 말고, 경작하지 말라면서 자라난 것들을 짐승들과 가난한 사람들을 위해서 다 버려두라고 하신다. 왜 그러셨을까? 이런 안식년의 법을 만드시고 지키게 하신 이유와 목적은 무엇일까?

2.

나는 동안교회에서 목회할 때 처음으로 안식년을 가져보았다. 안식년을 앞두었을 때, 안식년을 보낼 상황이 전혀 아니었다. 교회 건축 중이었고, 게다가 그때가 IMF에 구제금융을 받던 시기여서 초비상 상태였다. 그럴 때 안식년을 맞게 되었는데, 그때 이런 생각을 했다. 하나님은 왜 안식년이란 법을 만드시고 지키라고 하셨을까? 6년 동안 열심히 일했으니까 포상 휴가를 주신 것일까? 그런 해석은 들지 않았다. 그런 뜻도 전혀 없진 않겠지만, 더 중요한 뜻이 있겠다 싶었다. 그러면서 참 엉뚱한 깨달음을 얻었다. 나는 이렇게 해석했다. '너 없어도 돼! 너 없어도 돼.'

3.

6년 동안 열심히 농사짓고 성실히 살다 보면 하나님의 은혜로 사는 것인지, 자기가 노력해서 그 노력의 대가로 사는 것인지 헷갈릴 때가 있을 것이다. 성실한 사람이 범하기 쉬운 오류 중 하나다. 자기가 열심히 노력하고 땀 흘려 살기 때문에 자기 힘으로 사는 것으로 착각하기 쉽다. 6년쯤 일하다 보면 그런 착각에 빠지기 쉬울 텐데, 그때 하나님이 통째로 쉬라는 것이다. '먹고 사는 게, 생명이, 네 손에 달린 것이 아니야. 네가 놀아도 내가 입을 것과 먹을 것을 줄 거야. 너 없어도 돼.'

이것이 참 마음에 와닿았다. 교회에서 열심히 일하다 보니,

'나 때문에 부흥했구나'란 생각이 자꾸 들 위험이 많은데 하나님께서는 이 말씀을 통해 '네가 목회하지 않아도 교회는 잘될 거야'란 마음을 주셨다.

4.

그래서 당회에 안식년을 달라고 요청했다. 그랬더니 장로님들이 기막혀하셨다. '우리 목사님이 왜 이러시나, 지금 때가 어느 땐데 담임 목사가 교회를 비우고 안식년을 가겠다고 하나?' 하시기에 내가 깨달은 것을 잘 설명했다. "장로님, 저도 제가 지금 쉴 때가 아닌 것은 아는데, 사람들의 판단에 김동호 목사가 없으면 안 되는 때, 그때 저 없어도 되는 교회, 하나님이 계셔서 문제가 다 해결되는 교회가 되는 것이 굉장히 중요한 공부일 것 같습니다."

우리 장로님들이 믿음이 있으셔서 안식년을 주셨다. 나는 안식년 때 교회에 전화도 잘 안 했다. 전화하면 자꾸 의논하고 물어볼까봐. 그리고 언제 들어왔는가 하면 건축을 다 마치고 입당 예배 드리기 전날 들어왔다.

그런데 내 깨달음이 맞았다. 내가 없으니까 장로님들과 교인들이 더 긴장했다. 부교역자들도 그랬다. 그래서 하나님께 더 매달리고 실수할까 봐 더 열심히 하다 보니 교회의 체질이 좋아졌다. 건축도 더 완벽해졌다. 그때 그 안식년 동안 '너 없어도 돼'라는 굉장히 중요한 실험을 성공적으로 했었다.

5.

똑같은 실험을 높은뜻숭의교회에서도 했었다. 솔직히 말하면 높은뜻숭의교회는 내가 이름도 좀 알려지고 쉰 살이 넘어 개척한 교회여서 수적으로 많이 부흥했었다. 6년 정도 열심히 목회하다 보니 교회가 꽤 커졌다. 그때 나에 대한 교인들의 의존도가 참 높았다. 그래서 내가 없으면 안 되는 교회처럼 됐는데, 안식년을 떠나겠다고 했다. 그때 내가 한 달에 한 주일은 설교를 안 하곤 했는데, 내가 설교를 하는지 안 하는지에 따라 교회에 오는 성도들의 숫자가 크게 차이가 났다. 그런 걸 보며 장로님이 이렇게 걱정하셨다.

"목사님, 우리 교회가 성도의 숫자는 많아졌지만, 아직도 개척교회입니다. 목사님이 설교하시는 주일은 교인들이 많이 오고 설교 안 하시는 주일은 이렇게 빠지는데, 한두 주일도 아니고 일 년을 빠지시면 교회가 무너지는 수도 있습니다."

나는 이렇게 말씀드렸다.

"그러니까 가야 합니다. 언제까지 '김동호'에게만 의존하는 허약한 교회에 머무르겠습니까? 젖을 떼야 합니다. 저 없어도 되는 교회가 되어야 교회가 오래가고 튼튼해집니다."

장로님들도 이해하시고 안식년을 보내주셨다.

6.

내가 안식년을 떠난 후에 교인이 줄었을까, 안 줄었을까? 줄었다. 많이 줄었을까, 조금 줄었을까? 많이 줄었다. 내가 안식년을 떠난 첫 주일과 그다음 주일에 천 명이 안 왔다. 엄청난 일이었다. 나도 조금 충격을 받았고, 바로 장로님들께 연락이 왔다. "그것 보십시오. 우리가 뭐라 그랬습니까. 당장 들어오셔서 수습해야 하지 않겠습니까?"

그때 내가 근사한 대답을 했다. "다 무너져도 안 들어갑니다. 제가 들어가면 수습은 되겠지만, 제가 들어가야만 수습이 되는 교회는 '김동호 교회'지 '하나님 교회'가 아닙니다. 그건 약해서 못 씁니다. 무너질 교회는 이참에 무너지는 게 차라리 낫습니다. 그리고 다시 시작하렵니다. 제가 목회를 잘못한 겁니다."

정말 그 배짱이었다. 그런데 하나님이 그것을 믿음으로 인정해주셨다.

7.

한 주 만에 천 명이 줄었는데 1년 버티는 동안 다시 다 회복했다. 내가 안식년을 떠날 때와 마치고 들어갈 때 교인의 숫자는 변동이 없었다. 숫자는 변동이 없었지만, 체질은 달라졌다. 내가 안식년을 떠날 때는 내가 없으면 안 되는 교회였다. 버티다가 들어오니까 내가 없어도 괜찮은 교회로 바뀌어 있었다.

결국 나중에 교회를 넷으로 분립하게 되었는데 분립하고 나서도 어려움 없이 지금까지 뿌리를 잘 내릴 수 있었던 중요한 이유 중 하나가 내가 안식년을 보내며 훈련했기 때문이라고 생각한다. 그리고 하나님이 주신 이 교훈 때문이었다.

'너 없어도 돼. 너 없어도 돼.'

8.

기독교에서 나태는 죄다. 일하지 않고 노는 것, 게으름을 악한 것이라고 하지 않았는가? 한 달란트를 땅에 파묻은 사람을 악하고 게으른 종이라고 하지 않았는가? 그러나 일만 하는 것이 능사는 아니다. 부지런하고 근면하라고 해서 그것이 '일 중독'까지 가서는 안 된다. 그리고 모든 것을 자기 힘으로 한다는 착각에 빠져서도 안 된다. 일할 때는 일하고, 쉴 때는 쉬고, 놀 때는 놀 줄 아는 게 믿음 아닐까.

9.

최고의 리더십은 없어서는 안 되는 사람이 되는 게 아니다. 그렇게 되면 자기중심적이 된다. 자기가 없으면 안 되는 조직을 만들어 놓으면, 자기한테는 유리하겠지만 교회에나 조직에는 절대로 유리하지 않다. 그건 하나님의 식이 아니다. 모세가 40년을 충성하여 이스라엘 백성을 이끌었지만, 마지막에 가나안에 들어가지는 못하고 느보산에 올라가 죽으리라는 하나님의 말씀에 순종함으로 훌륭한 지도자의 길을 완수하지 않았는가. 나중에는 있으나 마나 한 사람처럼 혼자 가서 죽었다. 그러니까 여호수아가 그다음 대를 잘 이었고, 이스라엘 백성들이 한 사람에게만 의존하지 않게 되었다. 그게 바로 있으나 마나 한 리더십 덕분 아니겠는가.

IO.

나에게 안식년은 있으나 마나 한 사람이 되는 좋은 연습이
되었다. '나 없어도 괜찮구나' 하는 것이 사람을 겸손하게 만
든다. 그래서 높은뜻숭의교회에서는 아예 법으로 정했다. 담
임 목사는 무조건, 권리가 아니라 의무적으로, 안식년을 간
다. 이것이 틀이 잡히자 담임 목사가 안식년을 갔는데도 교
인이 도리어 느는 경우도 나왔다. 어느 목사님이 안식년을
갔는데 교인이 조금 느니 나에게 메일을 보냈다. "목사님, 이
걸 도무지 어떻게 이해해야 합니까? 담임 목사가 나왔는데
교회가 더 부흥하네요." 그래서 "목회를 잘해서 그런 거야.
그게 건강한 교회야"라고 말했던 적이 있다.

II.

안식년의 법을 지키고 싶어도 여러 가지 여건상 지키지 못하
는 경우가 많다. 또 직장에 매인 사람들은 직장이 쉬어야 쉬
지 내 마음대로 그만둘 수는 없지 않은가. 그래서 천편일률
적으로 다 지킬 수 있는 법은 아닌 것 같다. 안식년을 지키냐
안 지키냐가 아니라 그 정신을 배우는 것이 더 중요하다고
생각한다.

열심히 일하다가 착각하지 말라. 우리가 수고하고 노력해서,
우리가 잘나고 부지런해서, 우리가 훌륭해서 사는 것처럼 착

각하면 안 된다. 모든 것은 하나님의 손에 달려 있다. 그래서 전폭적으로 "천부여 의지 없어서 손들고 옵니다"고백하며 손 바싹 들고 '하나님이 내 삶의 주인이시잖아요. 내 삶이 전적으로 하나님께 달려 있다는 것을 저는 믿어요'라는 마음으로 살면 안식년을 지키는 것 아닐까 싶다.

12.

할 수 있는 일이라면 불안한 마음 버리고, 욕심을 버리고, 한 해 더 벌겠다는 생각을 버리고, 안식년을 한 번 가져보는 것이 실제로 도움이 된다. 더 어려운 일이겠지만 회사의 사장이 되거나 주인이 됐을 때 힘이 있으면 직원들 안식년 한번 보내주면 근사하지 않을까 싶다. 안식년을 지키고 안 지키고 하는 것은 형편에 따라 할 수 있겠지만 그 정신은 꼭 지켜서 '있으나 마나 한 사람, 나 없으면 안 된다고 착각하지 않는 사람'이 다 되기를 바란다.

13.

우린 착각하기 쉽다. 나 없으면 교회가 안 되고, 나 없으면 뭐가 안 된다고. 나는 안식년이 그 착각에서 벗어나라는 하나님의 교훈이라고 해석했다.
'충성스럽게 일하고, 근면하고, 부지런하지만 착각하지 말아라. 우리의 삶은 하나님께 달렸지 내 손에 달린 게 아니다.' 우리는 열심히 우리의 일을 하지만 하나님을 의지하고 사는 사람이다. 우리가 다 이 안식년의 정신을 배울 수 있으면 좋겠다.

●

구주 예수 의지함이 심히 기쁜 일일세
영생 허락 받았으니 의심 아주 없도다
예수 예수 믿는 것은 받은 증거 많도다
예수 예수 귀한 예수 믿음 더욱 주소서

–

하나님만 의지하고 살아가는 믿음의 본을
안식년의 법에서 철저히 배울 수 있게 하여주시옵소서.
그리하여 내가 없어도 되는 교회, 내가 없어도 되는 세상,
내가 없어도 되는 조직을 만들어나가는 데 쓰임 받게 하여주시옵소서.

36

여호와를 섬기라

출애굽기 23:24-26

24 너는 그들의 신을 경배하지 말며 섬기지 말며 그들의 행위를 본받지 말고 그것들을 다 깨뜨리며 그들의 주상을 부수고 25 네 하나님 여호와를 섬기라 그리하면 여호와가 너희의 양식과 물에 복을 내리고 너희 중에서 병을 제하리니 26 네 나라에 낙태하는 자가 없고 임신하지 못하는 자가 없을 것이라 내가 너의 날 수를 채우리라

I.

본문을 묵상할 때 마음에 딱 와닿는 구절이 있었다. "여호와를 섬기라"는 말씀이었다. 그런데 마음에 와닿으면서도 '섬기라'는 말씀이 구체적으로 이해가 되지 않았다. 왜냐하면 지금 우리 문화와 세상이 누구를 섬기는 문화가 아니기 때문에 그렇다. 누구를 섬겨본 일이 없어서 '하나님을 섬긴다'고 할 때, 이해를 전혀 못할 것은 아니지만 구체적으로 어떻게 하는 것인지 잘 모르겠어서 조금 당황스러웠다.

2.

옛날에는 신하가 왕을 섬겼다. 또 젊은이가 어른을 섬기고 동경하는 문화도 사실 얼마 전까지 있었다. 아랫사람이 윗사람을 공경하고 섬기는 문화도 물론 있었다. 그런데 요즘은 그런 문화가 아니다. 사람 간의 평등을 중요하게 여기면서 소중한 섬김의 정신까지도 다 무너진 것은 아닐까 하는 생각도 들었다.

3.

그렇기 때문에 '섬김'이라는 말의 뜻과 그 삶이 마음에 깊이 와닿지 않는다. 어떻게 하는 것이 하나님을 섬기는 것일까? "여호와를 섬기라"고 할 때 제일 먼저 마음에 와닿은 것은 '하나님을 나의 왕으로 삼아야겠다'는 생각이었다.

왕으로 섬긴다는 것은 뭘까? 하나님이 '왕'이시라면, 나는 '신하'다. 옛날에 왕을 섬기는 신하에게 가장 중요한 덕목은 '충'(忠), 즉 충성이었다. 하나님께 충성한다는 것이다. '충성한다'라고 할 때 가장 중요한 개념은 그 삶의 목적이 자기 자신이 아니고 왕이라는 것이다. 왕을 위하여 자기의 모든 것, 목숨도, 모든 지혜와 지식과 모든 것을 왕을 위하여 쓴다고 할 때 그것을 '섬긴다'라고 하지 않았겠는가? 그렇게 생각하니 하나님을 섬긴다는 말씀이 조금 더 분명해졌다.

4.

하나님을 알지 못하는 사람들의 삶의 목적은 '자기 자신'이
다. 하나님이 없는데, 자기가 하나님인데, 자기가 자기 삶에
왕인데 삶의 목적이 자기 자신인 게 당연하지 않겠는가? 왜
공부하는가? 자기 자신을 위해서. 그래서 '공부해서 남 주나'
는 말도 생기지 않았는가? 왜 돈 버는가? 잘 살려고. 왜 출세
하려 그렇게 힘쓰는가? 다 자기 자신을 위해서다. 그런데 '하
나님을 왕으로 섬긴다'라고 하면 그것이 뒤바뀌는 것이다.
'나'는 내 삶의 하나님이 아니다. '나'는 내 삶의 주인이 아니
다. '나'는 내가 섬겨야 할 왕이 아니다.

5.

그러니까 예수님을 믿는 사람은 '하나님을 섬긴다'라고 할
때, 더 이상 삶의 목적이 자기 자신이 아니다. 왜 공부하는
가? 하나님께 드리려고. 왜 돈을 버는가? 주를 위하여 쓰고
싶어서. 왜 출세하려고 하는가? 하나님께 쓰이고 싶어서다.
그러니까 말씀대로 먹든지 마시든지 무엇을 하든지 다 하나
님의 영광을 위하여서 하라는 것이다.

6.

이런 '충'(忠)의 개념이 현대 교인들에게 점점 사라지고 있는
것이 아닌가 싶을 때, 이 말씀이 마음에 와닿았다. 그래서 나
도 부족하지만, 다시 한번 이 말씀을 붙잡고 하나님을 나의

주인으로 삼아야지, 내 삶의 목적으로 삼아야지, 먹든지 마시든지 무엇을 하든지 다 하나님과 하나님의 나라와 그의 영광을 위해서 해봐야지 하는 마음의 다짐을 하게 됐다.

7.

'하나님을 섬긴다'라고 할 때 두 번째로 마음에 와닿은 것은, '하나님께 가장 좋은 것을 드리며 살아야지' 하는 것이다. 섬김의 가장 구체적인 표현 중 하나가 '드림'이다. 섬기는 것은 '드림'으로써 표현된다. 하나님께 드리되, 가장 좋은 것을 드리는 것이다. 나중에 드리는 것이 아니라 먼저 드리는 것, 그것이 '섬김'이라고 생각했다. 옛날에는 왕에게 드리는 진상품이 있었다. 제일 좋은 것을 선별하여 드렸다. 하나님도 그런 마음으로 섬기면 좋겠다고 생각했다.

8.

나는 옛날에 종이돈으로 용돈을 받아본 기억이 별로 없다. 우리집이 그럴 여유가 없었기 때문이다. 그런데 어머니가 나에게 참 좋은 교육을 해주셨다고 생각되는 게 있다. 용돈을 종이돈으로 받아본 기억은 별로 없지만, 헌금으로 동전을 들고 교회에 가본 적은 한 번도 없었다. 어머니가 그렇게 하지 않으셨다. 언제나 종이돈으로 주셨다. 어려서부터 그게 생활화되다 보니까 큰돈은 하나님을 위해서 쓰는 것, 작은 돈은 나를 위해 쓰는 것, 이것이 완벽하지는 않아도 몸에 어느 정도 배게 되었다. 어머니가 나에게 남겨주신 굉장히 중요한 신앙의 유산이라고 할 수 있다.

9.

어느 날 외할머니가 우리집에 오셔서 하룻밤 주무셨는데 주일날 내가 헌금으로 종이돈을 들고 가려니까 할머니가 깜짝 놀라며 "너 참 용하다. 그렇지, 하나님께 그렇게 해야지" 하시며 칭찬을 하셨다. 그런데 할머니가 종이돈을 자세히 보시더니 "얘, 그런데 틀렸다" 하셨다. 왜 틀렸냐고 물으니 돈이 구겨졌다는 것이다. 그러고는 몇 시까지 교회에 가면 되느냐고 물으시고는, 아직 시간이 있으니 기다리라 하시더니 그 돈을 다리미로 다려주셨다. 그게 어린 나에게 충격이었다. 그 시절은 전기다리미를 쓰던 시절이 아니었다. 다림질하려면 숯불을 피워야 했다. 풍로에 돌려서 숯불을 피우고 다리미에 담은 다음 물 뿌린 손수건을 대서 다려주셨다.

10.

돈을 다린다고 만 원짜리가 2만 원이 되겠는가? 또 구겨진다고 만 원짜리가 9천 원이 되겠는가? 돈은 다리든 안 다리든 가치가 같은데 할머니의 생각은 그렇지 않았다. "하나님께 드리는데 아무렇게나 막 드리면 안 돼. 깨끗한 것을 드려야지. 다려서 드려야지." 하나님께 드릴 때는 좋은 것을 드려야 된다는 것을 할머니가 그때 삶으로 가르쳐주셨다.

II.

요즘은 헌금을 온라인으로 많이 하지만, 전에는 헌금할 때 꼭 은행에 가서 신권으로 바꿔서 하곤 했었다. 아이들한테도 그렇게 하게 했다. 왜? 하나님께 좋은 것을 드리고 싶어서. 사실 그것이 중요하고 본질적인 것은 아닐 테지만, 그런 마음이 하나님을 잘 섬기려고 하는 우리의 삶에 도움이 되지 않을까? 그리고 돈 다 쓰고 십일조로 얼마를 내야지 하지 않고 하나님 앞에 먼저 드리고 난 다음에 '내가 얼마 써야지' 하는 마음도 가져봤었다. 그런 마음들이 하나님을 섬기는 신앙생활에 도움이 되었다.

12.

세 번째는 신령과 진정으로, 개역개정성경의 표현으로 하면 '영과 진리로' 예배드리는 것이다. 예배는 잘못하면 습관이 되기 쉽다. 그러다 보면 건성으로 드리게 된다. 그러다가 형식적으로 드리게 되기가 쉽다. 마음을 다하고 뜻을 다하고 정성을 다하여 하나님께 예배드리는 일이 점점 무뎌진다.

13.

하나님을 알지 못하던 우리 조상들이 미신을 섬길 때, 해에 빌고 달에 빌고 이럴 때도 그 정성이 보통이 아니었다. 목욕재계하고, 아무 시간에나 막 빌지 않고 정한 시간에, 그리고 하나를 드려도 정성껏 최선을 다해서 드렸다. 가난해서 드릴 것이 없어서 정화수 한 그릇만 뜨더라도 온 정성을 다했다. '정화수'가 뭔지 TV에서 본 적이 있는데, 보름달이 뜨는 날 우물에서 물을 긷는데, 우물 속 물에 보름달이 비쳤을 때 그 달을 뜬다는 것이다. 그렇게 정성을 다했다. 그러면서 천지 신명에게 기도하고, 빌고, 제사를 드렸다.

14.

오늘 우리에게 그런 마음이 있는가? 천지신명이 아니고 천 지를 창조하신, 나를 사랑하시는 하나님께 예배드리는데 그 런 마음의 정성이 있는가? 마음을 다하고 뜻을 다하기보다 는 습관적으로, 형식적으로 예배드리고 교회 생활만 열심히 하고 있진 않은가? '하나님을 섬긴다'는 것은 하나님께 신령 과 진정으로 예배드리는 것으로 생각한다.

15.

그리고 마지막으로 "여호와를 섬기라"라고 할 때, 계속 반복 하는 것이지만, 하나님 외에는 누구도 섬기지 않는다, 누구 의 덕도 보려고 하지 않겠다, 누구도 '빽'과 '끈'으로 삼지 않 겠다는 것이라고 이해되었다. 사람은 동등해서 서로 도움을 주기도 하고 받기도 할 수는 있지만, 하나님 외에는 그 누구 도 하나님 자리에 절대로 올려놓지 않는 것, 바로 이것이 '하 나님을 섬긴다'의 의미라고 생각되었다.

16.

하나님을 섬긴다는 걸 생각할 때, 오래전 TV에서 본 영화가 하나 생각났다. 〈약속〉이란 영화였다. 배우 박신양이 조폭 두목인 공상두로 나오고 전도연이 그와 사랑에 빠지는 의사 채희주로 나온다. 조폭 두목인 공상두가 사람을 죽였는데, 그 죄를 부하가 다 뒤집어쓰고 감옥에 갇혔다. 공상두가 면회를 가자 그 부하가 자기 두목에게 무릎을 탁 꿇고 하는 대사가 감동적이다. 아마도 두목이 부하들에게 참 잘해줬던 모양이다.

"사장님은 언제나 저에게 좋은 것만 주려고 하셨습니다."
그다음 대사가 기가 막힌다.
"사장님을 위해서라면 무엇을 드려도 아깝지 않습니다."
깡패들의 대사에 눈물이 핑 돌았다. 조폭들도 저런 의리가 있는데, 저렇게 자기 두목을 섬기는데, 나는 천지를 창조하신 하나님, 나를 위해 모든 만물을 창조하신 하나님, 나의 죄로 십자가를 지신 예수님을 믿는다고 하면서도 저 조폭만도 못했구나 생각했었다.

17.

우리의 섬김과 예배를 받으시기에 홀로 합당하신 하나님이 아니신가. 그 하나님을 아무렇게나 대하고 허물없는 친구처럼 대하려는 버릇없음이 우리에게 있지 않나 생각했다. 사람끼리는 평등한 것, 민주적인 것이 옳다. 그런데 하나님과 우리 사이는 민주주의가 아니다. 하나님이 우리의 주인이시다. 하나님이 우리의 왕이시다. 이게 우리 문화 속에서 훈련이 안 되어, 몸에 익지 않아서 자꾸 하나님을 함부로 대하려고 하는 면이 있다. 하나님이 우리에게 주시는 말씀, "여호와를 섬기라" 하시는 말씀을 다시 한번 깊이 생각하면서 마음과 뜻과 정성을 다해서 하나님을 섬기는 예배자의 삶을 살아갔으면 좋겠다.

●

사철에 봄바람 불어 잇고 하나님 아버지 모셨으니
믿음의 반석도 든든하다 우리 집 즐거운 동산이라
고마워라 임마누엘 예수만 섬기는 우리 집
고마워라 임마누엘 복되고 즐거운 하루하루

－

우리가 마음을 다하여 하나님을 섬기고
예배하며 살아가는 삶의 예배자들이 되게 하여주옵소서.
그리하여 우리의 삶과 예배를 통하여 하나님 영광 받아주시고
우리가 다 하나님이 약속하신 축복의 증인들이 되게 하여주옵소서.

37

다시 말씀으로 돌아가자

출애굽기 24:1-3

¹ 또 모세에게 이르시되 너는 아론과 나답과 아비후와 이스라엘 장로 칠십 명과 함께 여호와께로 올라와 멀리서 경배하고 ² 너 모세만 여호와께 가까이 나아오고 그들은 가까이 나아오지 말며 백성은 너와 함께 올라오지 말지니라 ³ 모세가 와서 여호와의 모든 말씀과 그의 모든 율례를 백성에게 전하매 그들이 한 소리로 응답하여 이르되 여호와께서 말씀하신 모든 것을 우리가 준행하리이다

I.

일반적인 종교, 특히 미신적인 종교에서 아주 중요한 것이 두 가지 있는 것 같다. 하나는 기도하는 것이고 또 하나는 제사 지내는 것이다. 제사를 정성껏 드려서 신의 마음을 흡족하게 한 후에 그 틈에 기도하여 응답을 받겠다는 것이 그들의 종교적인 행위가 가진 목적이다.

2.

물론 기독교에도 제사가 있고, 제물도 있다. 그리고 기도도 당연히 있다. 그런데 기독교에는 미신적인 종교에 없는 아주 특별히 중요한 것이 있다. 그것은 '말씀'이다. 그래서 기독교를 '말씀의 종교'라고 이야기한다. 하나님은 말씀으로 우주 만물을 창조하셨다. 그 말씀 속에는 하나님의 마음이 있고, 하나님의 철학이 있고, 하나님의 관(觀)이 있고, 하나님의 정신이 있다. 그러므로 말씀은 그냥 소리, 언어가 아니라 하나님 그 자체다.

3.

그래서 요한복음에서 예수님을 말씀하실 때 "태초에 말씀이 계시니라"(요 1:1)라고 하시며 예수님을 '말씀'으로 표현하신다. 그 말씀이 우리와 함께 계신다. 그 말씀이 곧 예수 그리스도이시며, 하나님 그 자체시다. 그래서 기독교에서 하나님의 말씀처럼 소중한 것은 없다.

4.

또 이렇게 생각하면 더 깊은 의미가 있다. 하나님이 우리에게 말씀하신다는 것이다. 그리고 이것은 우리를 다른 피조물과 달리 여기신다는 것이다. '말씀하신다, 대화하신다'는 것은 동등한 인격으로 대해주신다는 것이니 말이다. 하나님이 우리에게 말씀하시고, 또 우리가 기도하면 들어주시고, 하나님과 마주 앉아 이야기하는 종교가 기독교라고 할 수 있다.

5.

그러므로 신앙은 말씀을 '들음'에서 시작한다. 그리고 '들음'
에서 완성된다. 시작되는 들음은 귀로 듣는 것이다. 우선 귀
로 들어야 하시 않겠는가? 그러니까 들음에서 시작한다고
할 때의 들음은 '귀로 듣는 들음'이라고 할 수 있다. 그런데
완성되는 들음은 귀로 듣는 들음이 아니다. 우리의 삶으로,
행함으로써 듣는 들음을 말한다.

6.

아이들을 기르면서 '너는 왜 이렇게 말을 안 들어' 혹은 '아이
착해라. 말 참 잘 듣네'라고 할 때 '들음'이 청력이 아니란 걸
다 알고 있지 않은가? '청력이 나빠서 말을 잘 못 들어'라는
뜻이 아니다. 여기서 '말을 잘 듣는다' 혹은 '말을 안 듣는다'
는 것은 '순종한다' 혹은 '순종하지 않는다'는 뜻이다. 그러므
로 '들음'은 귀로 듣는 들음도 있지만 정말 우리에게 필요한
들음은 '순종과 행함'이다.
하나님이 어린 사무엘을 부르실 때 사무엘은 "말씀하옵소서
주의 종이 듣겠나이다"라고 했다. 이 대답이 중요하다. 하나
님이 말씀하실 때 듣는 것, 주님이 가라고 하시면 가고, 서라
고 하시면 서는 이 들음의 훈련이 우리에게 많이 필요하다.

7.

나는 군대를 방위로 다녀왔다. 5월에 가서 잠깐 훈련을 받았
는데, 제식훈련부터 시켰다. 땡볕에 풀어놓고 "앞으로가, 뒤
로돌아, 좌향좌, 우향우" 등의 훈련을 받는다. 몇 번 하면 알
아듣겠는데, 그걸 여러 날 동안 내내 시켰다. 땡볕에서 각 맞
추고 발맞추고. 솔직히 짜증이 조금 났다. 속된 말로 똥개 훈
련 시키나 싶었다. 몇 번 얘기하면 됐지, 그걸 왜 며칠씩이나
땡볕에서 '앞으로가, 뒤로돌아' 하고 있는 것일까? 그러던 어
느 날 스스로 깨달았다. '아, 군인들에게는, 군대에는 이 훈련
이 정말 중요하구나. 가라면 가고 서라면 서고 뒤로 돌라면
도는 훈련부터 돼야지, 그게 안 되는 군인들을 데리고 어떻
게 전쟁을 할 수 있을까?' 그때 깨달았다. 예수님을 믿는 사
람들에게도 그런 훈련이 필요하다는 것을.

'주여, 말씀하옵소서. 주의 종이 듣겠나이다. 이해되면 이해
하고 가고, 안 되면 그냥 가겠습니다. 명령만 하세요. 말씀만
하세요. 저희는 듣겠습니다.'

8.

본문은 모세를 통하여 십계명을 주신 후에, 쉽게 말하면 백
성들에게 전달하는 것이다. 아주 중요한 사건이다. 출애굽
한 이스라엘 백성들에게 하나님이 하신 가장 중요한 사건은
'계명을 주신 것'이다. 말씀을 주신 것이다. 율법을 주신 것이
다. 그리고 이스라엘 백성들과 대화하기 시작하셨다.

'내가 말하는 것을 잘 들어야 해. 귀로도 듣고 삶으로도 들어야 해. 이것을 지키면 너 복 받아. 하지만 말씀에 어긋나면 그 삶 자체가 벌이 될 거야. 화가 될 거야.'

그래서 십계명을 친히 써서 주시고 약속하신 것이다.

9.

하나님은 말씀을 통하여 삶의 길을 가르쳐주신다. 삶의 이치와 원리를 가르쳐주신다. 당연하다. 하나님이 이 세상을 창조하신 분이니까 이 세상의 삶과 원리와 원칙을 하나님 외에 누가 알겠는가. 그러니까 하나님의 말씀을 듣고 순종하면 하나님의 원리를 배운다. 이 세상이 돌아가는 이치를 배울 수 있다. 그렇게 하면 당연히 복을 받을 수밖에 없다.

10.

말씀은, 계명은 '언약'이다. 하나님이 백성들과 피로 언약을 세우셨다고 할 때 말씀이 굉장히 중요하다. 말씀은 '약속'이다. 하나님은 '너 이렇게 살아야 해' 하시고는 꼭 약속하신다. '그러면 너 복 받을 거야. 형통할 거야. 잘 될 거야.' 이것이 하나님의 '언약'이다.

11.

하나님은 말씀과 계명에 복을 거셨다. "여호와께서 집을 세우지 아니하시면 세우는 자의 수고가 헛되며 여호와께서 성을 지키지 아니하시면 파수꾼의 깨어 있음이 헛되도다"(시 127:1).

우리가 하나님의 축복 없이 산다는 건 교만한 것이다. 신앙이 기복주의적으로 미신화되는 것은 경계해야 하지만, 그것을 경계한답시고 너무 교만해져서 하나님의 복 자체를 무시하고 그것을 무조건 기복주의라고 내모는 것은 더 나쁜 일이라고 할 수 있지 않을까. 하나님의 복, 하나님이 약속하신 축복, 이걸 우리가 욕심내고 살아야 한다. 그리고 하나님의 모든 복은 '말씀'에 달려 있다. 기독교는 말씀 없이 기도만 열심히 한다고, 말씀 없이 헌금만 많이 한다고 되는 미신적인 종교가 아니다.

12.

요즘 우리 신앙생활을 말씀에 비춰서 돌이켜볼 필요가 있다. '예수를 잘 믿는다', '신앙생활을 잘한다'라는 뜻이 '하나님의 말씀을 잘 듣는다'에서 벗어나기 시작한 것 같다. 교회 봉사를 열심히 하는 것, 교회에 열심히 출석하는 것을 신앙생활 잘하는 것으로 여기는 것 아닌가? 그러다 점점 교회에서 예수님을 믿는 참 재미가 아닌 세상의 재미에 맛을 들이기 시작한다.

교회도 사람이 모인 사회니까 주인 노릇을 하는 사람, 힘이 있는 사람, 영향력이 있는 사람이 있다. 혹시 결정권을 가지고, 재정도 다루고, 의사결정도 좌지우지하는 맛에 빠져 하나님을 위해서, 하나님의 말씀대로가 아니라 자기의 만족과 유익을 위해 열심히 일하면서 신앙생활을 잘하는 것으로 착각하고 있는 것은 아닐까 생각을 해보았다.

13.

중세교회가 타락할 때 말씀을 버리고 형식에 치우쳤다. 제사 드리는 예식에만 치우쳤다. 그래서 종교개혁자들이 들고 나온 것이 '오직 말씀' 아니었는가.

14.

오직 말씀. 말씀으로 돌아가자. 한국교회도 개혁이 필요하다. 왜 개혁이 필요하게 되었나. 한국교회에 말씀은 참 많다. 시간마다 설교하고 성경 읽고. 말씀은 많은데, 말씀으로 돌아가지를 못했다. 정말 말씀으로 돌아가는 진정한 개혁이 필요한 때가 되었다. 말씀에 귀를 기울이고, 한 말씀이라도 지키고 순종하려고 애쓰는 신앙인의 모습을 회복해야 할 때가 됐다고 생각한다.

15.

말씀은 법이다. 법은 지켜야 하는 것이다. 그런데 요즘 교회와 교인들이 법을 지키지 않는다. 하나님의 법을 지키지 않는다. '어떻게 다 지키고 사나. 그냥 교회에 가서 예배 잘 드리면 되지. 헌금 잘하면 되지. 봉사 잘하면 되지' 그렇게 잊어버리고 하나님의 식과 법을 버렸다. 교회도 버렸다. 큰 교회일수록 그 힘으로 교회법을 더 무시하고 하나님의 법을 무시하며 사는 세상이 되었다.

16.

말씀으로 돌아가자. 듣기만 하는 자가 되지 말고, 깨닫기만 하는 자가 되지 말고, 정말 듣는 자가 되어서 하나님의 계명을 마음에 품고 그걸 지키려고 노력해서 새로운 교회를 개혁하는 주인공들이 되었으면 좋겠다.

17.

하나님이 말씀하시면 듣고 또 우리가 하나님께 말하면 하나님이 들어주시고, 하나님의 계명과 법으로 살아서 이 세상에서도 하나님나라를 이루며 하나님을 기쁘시게 하는 우리가 되기를 축원한다.

●

주님 약속하신 말씀 위에서 영원토록 주를 찬송하리라

소리 높여 주께 영광 돌리며 약속 믿고 굳게 서리라

굳게 서리 영원하신 말씀 위에 굳게 서리

굳게 서리 그 말씀 위에 굳게 서리라

말씀을 떠나면 하나님의 정신을 잃어버립니다.

말씀을 떠나면 모든 신앙이 형식적으로 되고,

부패하고, 타락하게 됩니다.

그래서 중세에 타락한 교회를 개혁할 때

개혁자들은 말씀을 앞세웠습니다.

한국교회가, 우리가 말씀으로 돌아가야 할 때가 되었습니다.

우리의 세상과 삶을 하나님나라로 만들어나가는

일꾼들이 될 수 있게 축복하여주시옵소서.

4
PART

순종,
삶의 성전을 지으라

38

우리의 삶에 아름다운 교회를 세우자

출애굽기 25:1-9

1 여호와께서 모세에게 말씀하여 이르시되 2 이스라엘 자손에게 명령하여 내게 예물을 가져오라 하고 기쁜 마음으로 내는 자가 내게 바치는 모든 것을 너희는 받을지니라 3 너희가 그들에게서 받을 예물은 이러하니 금과 은과 놋과 4 청색 자색 홍색 실과 가는 베 실과 염소 털과 5 붉은 물 들인 숫양의 가죽과 해달의 가죽과 조각목과 6 등유와 관유에 드는 향료와 분향할 향을 만들 향품과 7 호마노며 에봇과 흉패에 물릴 보석이니라 8 내가 그들 중에 거할 성소를 그들이 나를 위하여 짓되 9 무릇 내가 네게 보이는 모양대로 장막을 짓고 기구들도 그 모양을 따라 지을지니라

I.

나는 개인적으로 복을 참 많이 받은 사람이라고 생각한다. 그래서 늘 감사하며 산다. 내가 좋아하는 찬송 중 하나가 이것이다. "아 하나님의 은혜로 이 쓸데없는 자 왜 구속하여주는 지 난 알 수 없도다." 이 가사가 내 마음의 고백이기 때문에 난 이 찬송을 참 좋아한다.

2.

나는 늘 내가 이해가 안 되는 복을 받고 있다고 생각한다. 강물에는 근원이 있지 않은가? 아무리 큰 강도 거슬러 올라가다 보면 조그만 시내가 된다. 큰 강의 처음도 작은 샘에서 시작되는 것을 알 수 있다. 나도 큰 강물과 같은 은혜와 복을 받고 있는데, 그 복의 근원을 추적하다 보면 작은 샘 같은 것을 발견하게 된다. 그것이 나에게는 '교회'다.

3.

나는 목사가 되어 내 모교회에서 부목사까지 했었다. 다른 임지를 찾아 떠나기까지 그 교회에 24년을 다녔다. 그곳에서 아버지 같은 좋은 목사님을 만났고, 좋은 선생님들을 만났고, 좋은 믿음의 친구들을 만나 믿음을 얻게 되었으며, 그 믿음을 통해 하나님을 만나게 되었다. 그리고 하나님과 만남을 통해서 이제껏 감당 못 할 복을 받으며 살아왔다.

4.

나는 교회가 정말 좋았다. 옛날 우리 교회는 산비탈에 있었다. 그래서 비가 많이 오면 그때는 하수 시설이 잘 안 되어 있어서 길이 파였다. 그러면 연세가 많으신 어르신 분들은 올라오기가 힘들었다. 그래서 비가 오면 서로 연락하지 않아도 친구 몇 명이 학교에 가기 전에 교회에 와서 새벽기도 끝나면 가마니에 흙을 퍼서 그걸 다 메꾸고 학교에 가곤 했었다. 교회 땅이 높은 곳도 있고 낮은 곳도 있어서 층이 져 있었는데, 몇 년이 지나니까 600평 정도 되는 마당이 평평해져 있었다. 다 비가 올 때마다 친구들이 길을 메꾸어서 그렇게 된 것이다.

5.

"예루살렘을 위하여 평안을 구하라 예루살렘을 사랑하는 자는 형통하리로다"(시 122:6).

내가 좋아하는 말씀 중 하나다. 하나님의 성전을 사랑하면 그 사람은 형통하리라는 것인데 이 말씀이 그렇게 와닿았다. 나의 모든 삶을 하나님께서 형통하게 인도해주셨는데 왜 그렇게 해주셨을까 생각했을 때, 이 말씀이 떠올랐다. 교회를 사랑했더니! 이 말씀이 맞다. 내가 제일 좋아하는 곳이 교회였다. 또 그만큼 좋은 교회를 만나는 축복을 받았다. 좋은 목사님도 만났다. 좋은 선생님도 만났다. 지금까지 동역하는 좋은 믿음의 친구들도 다 교회에서 만났다. 그래서 나에게는 교회가 큰 복이 되었다.

6.

공부를 잘하기 위해서 꼭 학교에 다녀야 할 필요는 없다. 학교를 안 다니고도 공부를 잘한 사람도 있다. 검정고시를 볼 수도 있다. 혼자서도 할 수 있다. 집에서도 할 수 있다. 그런데 그건 특별한 경우다. 대부분의 경우, 공부를 잘하기 위해 제일 중요한 것 중 하나는 좋은 학교에 들어가는 것이다. 거기서 좋은 선생님을 만나고 공부하는 좋은 친구들을 만나서 함께할 때, 학교가 주는 유익은 말로 다 할 수 없다. 그런데 학교가 잘못되면 학교에 다니면서 도리어 많은 문제가 생길 수 있다. 그래서 학교가 주는 유익이 있음에도 불구하고 그것을 포기하고 차라리 혼자 하는 게 낫겠다 싶어서 학교를 다니지 않기로 결정하는 일들이 생기는 것이다.

7.

신앙생활도 마찬가지다. 꼭 교회에 다니지 않아도 예수님을 믿을 수 있다. 잘 믿을 수도 있다. 교회 다닌다고 구원 받고, 교회 안 다닌다고 구원을 받지 못하는 것은 아니지 않은가. 교회를 다녀서 구원을 받는 게 아니라 예수님을 믿어서 구원을 받는 것이다. 그러니 이론적으로는 교회에 꼭 다니지 않아도 예수님을 잘 믿을 수 있다.

그러나 정말 좋은 교회를 만나면 그것은 큰 축복이다. 교회가 주는 유익이 얼마나 큰지 모른다. 교회를 정말 좋아해서 교회가 자기 삶의 중심이 되고 교회를 사랑하면 시편 122편에서 말씀하신 것처럼 형통한 삶의 축복을 누릴 수 있다고 믿는다.

8.

혹시 '가나안 성도'라는 말을 들어본 적이 있는가? '가나안'

을 거꾸로 하면 '안 나가'가 된다. 사람들이 모이는 곳이기에 교회가 잘못되고, 타락하는 교회도 생기고, 교회에서 상처받는 일이 생긴다. 교회에서 신앙적인 유익을 얻지 못하고 오히려 상처를 입게 된다. 그래서 예수님은 믿지만 교회는 안 나갈 것이라면서 자기 믿음을 지키는 성도들이 있다. 그런 성도들을 '가나안 성도'라고 한다.

9.
교회가 타락했기 때문이다. 목회자들이 잘못했기 때문이다. 너무 많은 실망을 주었기 때문이다. 좋은 교회를 찾고 만나는 게 쉽지 않기 때문이다. 오죽하면 교인이 교회를 포기하겠는가. 이해한다. 그들이 쉽게 교회를 포기한 게 아니라는 것, 안간힘을 쓰다 쓰다 결국 할 수 없이 교회를 포기하게 됐다는 것을 안다.

그래서 목회자인 나는, 참 죄스럽고 부끄럽기까지 하다. 그래도 교회는 그렇게 쉽게 포기할 수 있는 것이 아니다. 포기해야만 하는 교회를 억지로 다닐 필요는 없다. 포기해야만 하는 교회는 포기하는 것이 더 좋을지도 모른다. 그런데 포기하는 데서 끝나면 안 된다. 포기할 수 없는 교회, 절대로 포기할 수 없는 교회를 찾아야 한다. 반드시 찾아야 한다. 땅끝까지 뒤져서라도 찾아내야만 한다. 그리고 나처럼 교회가 주는 복을 받아야 한다.

10.

출애굽기 25장부터 마지막 40장까지는 하나님이 이스라엘 백성들에게 성막을 짓고 거기에 둘 기구들을 만들라고 하시는 말씀이 아주 자세하게 기록되어 있다. 본문 말씀은 성소를 지으려고 하시면서 예물을 가지고 오라고 하시는 내용이다. 그리고 예물로 그 당시엔 귀한 물건들을 가져오라고 하셨다. 하나님이 금과 은을 좋아하셔서 그러셨을까? 그렇지 않다. 여기에는 어떤 교육적인 의도가 들어 있다. '하나님의 성소를 귀히 여겨라. 네 삶에서 가장 소중한 것으로 만들고 그것을 지니고 살아라.' 바로 성소를 가까이하며 살라는 교훈, 성소가 네 삶의 중심이 되어야 한다는 것, 네 삶에 있어서 가장 중요한 것이 성소여야 한다는 것을 가르치시기 위하여 하나님이 말씀하신 것이라고 나는 생각한다.

11.

교회는 우리의 삶에 가장 소중한 것 중 하나다. 그것을 위해서 기도하길 바란다. 실망할 교회가 많지만, 실망은 쉽게 하면서 왜 귀한 교회를 찾는 일은 그렇게 쉽게 포기하는가? 귀한 것은 흔한 것이 아니다. 노력을 기울여서, 땅끝까지 뒤져서라도 좋은 교회를 찾아야 한다. 그리고 찾을 뿐만 아니라 우리가 힘써 만들어야 한다. 교회는 교인이 만드는 것 아닌가? 목사가 좋은 목사가 되고, 성도가 좋은 성도가 된다면 좋은 교회가 되는 것 아닌가? 왜 남이 좋은 교회 못 만들어주는 것만 불평하고 내가 그것을 찾고 만드는 일에 대한 책임은 감당하지 않으려 하는가?

12.

내가 높은뜻숭의교회를 개척할 때, 하나님께 진심으로 이런 기도를 드렸다.

"하나님, 저는 좋은 교회를 만나서 복을 많이 받았습니다. 좋은 목사님을 만나서 평생 마음의 복을 받고 좋은 스승을 만나는 복을 받았습니다. 하나님, 이제 교회를 개척하려고 합니다. 우리 교회에 출석하는 교인들이 제가 받은 복을 받게 해주세요. 하나님, 제가 못나고 부족하지만 잘할 터이니, 저를 목사로 만난 교인들이 제가 우리 목사님을 만난 것과 같은 복을 받게 해주세요."

이건 내 진심이었다. 내가 목회하는 교회가 그런 교회가 되었으면 좋겠다. 우리가 그런 교회를 섬기는 복을 받았으면 좋겠다. 그런 교회를 만나고, 만들기 위해서는 우리의 모든 것을 아끼지 말아야 한다. 마음을 다하고 뜻을 다하고 예물을 드리고 정성을 다해야 한다. 우리가 그런 교회를 세워나갈 수 있었으면 좋겠다.

13.

본문 말씀은 '성막을 지어라, 좋은 교회를 세우라'고 하시는 하나님의 부탁이다. 지금 교회들이 세상의 손가락질을 받고 발에 밟히는 소금과 같이 짓밟히는 때가 되었다. 비판하는 일이야 누군들 못하겠는가. 잘못된 교회 때문에 교회가 무너지는 것이 아니다. 좋은 교회가 없어서 그러는 것이다. 우리가 부족하지만, 그루터기처럼 좋은 교회를 만들기 위해서 성막을 짓는 마음으로 한다면, 하나님의 나라가 다시 영광을 받고 회복되리라 믿는다.

●

내 주의 나라와 주 계신 성전과
피 흘려 사신 교회를 늘 사랑합니다

이 교회 위하여 눈물과 기도로
내 생명 다하기까지 늘 봉사합니다

─

하나님, 교회가 주는 영적인 복은 말로 다 할 수 없습니다.
그런데 교회 때문에 상처받는 교인들이 얼마나 많은지 모릅니다.
교회에 실망하여 쉽게 교회를 포기하지 말고,
정말 하나님께 영광 돌리고 많은 사람이 복을 받을 수 있는
아름다운 교회를 찾고 그것을 만들기 위하여
우리 여생을 하나님 앞에 헌신할 수 있게 하여주시옵소서.

39

회개와 약속의 말씀

출애굽기 25:10-22

10 그들은 조각목으로 궤를 짜되 길이는 두 규빗 반, 너비는 한 규빗 반, 높이는 한 규빗 반이 되게 하고 11 너는 순금으로 그것을 싸되 그 안팎을 싸고 위쪽 가장자리로 돌아가며 금 테를 두르고 12 금 고리 넷을 부어 만들어 그 네 발에 달되 이쪽에 두 고리 저쪽에 두 고리를 달며 13 조각목으로 채를 만들어 금으로 싸고 14 그 채를 궤 양쪽 고리에 꿰어서 궤를 메게 하며 15 채를 궤의 고리에 꿴 대로 두고 빼내지 말지며 16 내가 네게 줄 증거판을 궤 속에 둘지며 17 순금으로 속죄소를 만들되 길이는 두 규빗 반, 너비는 한 규빗 반이 되게 하고 18 금으로 그룹 둘을 속죄소 두 끝에 쳐서 만들되 19 한 그룹은 이 끝에, 또 한 그룹은 저 끝에 곧 속죄소 두 끝에 속죄소와 한 덩이로 연결할지며 20 그룹들은 그 날개를 높이 펴서 그 날개로 속죄소를 덮으며 그 얼굴을 서로 대하여 속죄소를 향하게 하고 21 속죄소를 궤 위에 얹고 내가 네게 줄 증거판을 궤 속에 넣으라 22 거기서 내가 너와 만나고 속죄소 위 곧 증거궤 위에 있는 두 그룹 사이에서 내가 이스라엘 자손을 위하여 네게 명령할 모든 일을 네게 이르리라

I.

하나님이 이스라엘 백성들에게 성막 짓는 일을 말씀하시기 시작하셨다. 제일 먼저 만들라고 하신 것은 '증거궤'였다. 들고 다닐 수 있는 것으로, 증거궤에는 십계명 돌판이 들어 있다. 이것은 굉장히 중요한 말씀이다. 교회는, 성막은 건물이 아니라는 것이다. 건물이 중요한 것이 아니라 성막에서 가장 중요한 중심은 하나님의 말씀, 하나님의 계명, 하나님의 율법이라는 것이다.

2.

잘못하면 오해할 수도 있다. '온통 금으로 둘러싸라고 하신 것을 보면 하나님도 돈을 좋아하시나? 부자들만 좋아하시나?' 하지만 그런 뜻이 아니다. 하나님의 성막과 하나님의 증거궤와 그 안에 담기는 것들, 성소의 모든 것들을 귀히 여기라는 교육적인 의도가 있다고 생각한다. 가장 귀한 것으로 만들었으니까 가장 귀히 여기라는 것이다.

3.

십계명을 살피면서 하나님의 말씀에 관한 이야기를 많이 했다. 다 아는 것처럼, 하나님께서는 말씀으로 천지를 창조하셨다. "태초에 하나님이 천지를 창조하시니라"(창 1:1).
하나님이 말씀으로 천지를 창조하셨는데, 하나님의 말씀이 이 땅에 임하기 전의 모습을 창세기 1장은 이렇게 전한다.

"땅이 혼돈하고 공허하며 흑암이 깊음 위에 있고…"(창 1:2).
그런 세상에 하나님의 말씀이 부딪치니까 공허했던 세상은
아름다운 세상이 되었다. 혼돈하고 무질서한 세상은 질서 있
는 세상이 되었다. 어두운 흑암의 세상은 밝은 빛의 세상이
되었다.

4.

이것은 오늘날 이 세상도 마찬가지다. 이 세상에 하나님의
말씀이 임하지 않기 때문에, 사람들이 하나님의 말씀을 마음
에 품고 살지 않기 때문에 나타나는 현상은 공허함과 혼돈과
무질서, 그리고 어두움이다. 암흑의 세계다. 이것은 돈으로
해결되는 것이 아니다. 과학으로 해결될 수 있는 게 아니다.
인간이 세우는 문명으로 해결되는 줄 알지만, 그렇지 않다.

5.

하나님의 말씀이 임하면 세상이 아름다워진다. 우리의 삶이
아름다워진다. 그리고 무질서가 사라진다. 하나님의 창조는
얼마나 완벽한 질서를 이루는지 모른다. 먼저 할 것은 먼저
하고, 나중 할 것은 나중에 하고 그 순서가 착착 진행되는 질
서의 세계다. 우리의 삶도 마찬가지다. 혼돈이 없다. 그리고
어두움이 없다. 슬픔도 없다. 아픔도 없다. 고통도, 죽음도 없
다. 병드는 것도 없다. 이것이 다 하나님의 말씀으로 이루어
지는 것이다.

6.

그러므로 교회에서 가장 중요한 것은 말씀이다. 교회는 말씀
이 살아야 하고, 교인들은 그 말씀을 붙잡아야 한다. 귀로 듣
는 것만이 아니라 순종함으로 들어야 한다. 아름다운 교회,
정말 좋은 교회를 찾고 만들려고 할 때 제일 중히 여겨야 할
것은, 증거궤를 만들라는 말씀에서 보듯이, 하나님의 말씀이
다. 하나님의 계명, 하나님의 율법, 하나님의 말씀을 중히 여
기라는 말씀을 마음에 새길 수 있기를 바란다.

7.

그런데 중요한 것이 있다. 계명이 쓰인 돌판을 넣기 위해 증
거궤를 만들라고 하시면서 하나님이 하나 더 만들라고 하
신 것이 있다. 바로 '속죄소'다. 나는 이것이 참 마음에 와닿
는다. 하나님은 우리에게 계명을 주셨지만, 우리가 다 지키
지 못한다는 것을 알고 계신다. 우리가 그걸 어떻게 다 지킬
수 있을까? 계명을 주시면 지키는 것도 있지만 못 지키는 것
도 있다. 그런데 하나님의 말씀을 지키지 않는 것은 죄다. 성
경에 죄의 삯은 사망이라고 했다. 그러니까 계명을 주시면
우리는 결국 어기게 되고, 불순종하게 된다. 그것 때문에 사
망의 종노릇 하게 되었는데, 하나님께서는 그 사망의 길에서
건져주실 길을 처음부터 만들어주셨다. 속죄, 죄를 용서하여
주시는 장치를 먼저 만들어주신 것이다. 그래서 증거궤와 같
이 처음으로 만드신 것이 '속죄소'다.

8.

신앙생활에서 가장 중요한 것은 '회개'다. 속죄는 회개를 통해서 이루어진다. 우리가 진심으로 하나님 앞에 회개하면 하나님은 속해주신다. '그래, 내가 용서해줄게. 다음에 그러지 말자' 하시며 용서해주신다. 이 속죄의 은총을 받기 위해서 우리가 해야 할 일이 '회개'다. 회개만 하면 하나님은 우리의 죄를 용서해주신다. 그런데 회개하는 데 무엇을 해야 할까? 얼마를 내야 할까? 하나님이 요구하신 것은 단 하나다. 진심. 진심으로 회개하는 것이다.

9.

그런데 이것이 힘들다. 진심으로 회개한다는 게 얼마나 힘든지 모른다. 왜 그런 줄 아는가? 사람들은 자기가 죄인인 걸 잘 모르기 때문이다. 자기가 죄인인 것을 인정하지 않는다. 남의 죄, 남의 눈에 있는 티는 잘 안다. 그런데 예수님도 말씀하셨듯이 자기 눈의 들보는 잘 못 본다. 이것은 남의 이야기가 아니다. 바로 우리의 이야기다. 진정한 회개는 참 어렵다.

10.

그럼 어떻게 해야 회개할 수 있을까? 벌써 앞에서 여러 번 얘기한 것처럼, 마음으로 하나님의 법을 섬겨야 한다. 사도 바울은 죄에 민감한 사람이었다. 죄를 아파했다. 그러니까 회개도 잘했다. 그리고 자기가 죄인 중에 괴수라고 생각했다.

바로 그 이유가 마음으로 하나님의 법을 섬겼기 때문이다. 마음의 중심에 하나님의 뜻대로 살아야지, 말씀대로 살아야지 하는 것이 늘 있었다. 그러니 그것이 어겨지면 속상한 것이다. 그래서 마음이 아프고, 그러니 진정한 회개가 이루어졌다.

II.
회개하려면 하나님의 법에 대해 주리고 목말라야 한다. 의에 주리고 목마른 마음이 있어야 애통해하는 복을 받는 것이다.

I2.
말씀대로 살아보려고 발버둥치는 것이 중요하다. 남들과 비교하면서 적당히, 대충 만족하며 살면 안 된다. 하나님의 말씀대로 살아보려고 발버둥쳐야 한다. 그리고 그대로 살지 못하는 것을 마음 아파하며 살아야 한다. 그것을 잃어버리면 신앙생활을 잃어버리는 것이다. 평생 교회 다녀도 우리의 삶 중심에 진정한 의미의 성막은 없는 것이다. 교회는 없는 것이다. 그렇게 하면 교회를 통해서 받는 축복을 받을 수 없다. 하나님을 통하여 얻을 수 있는 축복을 우리의 것으로 만들 수 없다.

I3.
하나님이 우리에게 '증거궤를 만들어라. 적당히 만들지 말고 가장 소중한 것을 드려서 마음에 소원하며 네 삶 속에 증거궤를 들여라. 그리고 그것을 지키기 위해서 애를 쓰거라'라고 말씀하신다. 그러나 다 지킬 수 없다. 하나님도 아신다. 그러면 하나님 앞에 와서 정말 뼈저리게 회개하고 죄 사함을 받고 용서받은 몸으로 또 하나님 말씀 앞에 나아가며 살라는 말씀을 주신 줄을 믿는다.

14.

삶의 중심에 성막을 짓자. 최상의 것으로, 세상에서 가장 귀하고 아름다운 것으로, 우리의 삶에서 가장 중요한 가치로, 우리의 삶 속에 하나님의 성막을 짓자. 그러기 위해서 제일 먼저 해야 할 일은 말씀을 붙잡는 것이다. 그리고 말씀을 붙잡고 살다가 넘어졌을 때 아파서 애통해하는 마음이 있어야 한다. 또 하나님 앞에 진심으로 회개하고 죄 사함을 받는 '속죄소'가 늘 우리에게 있어야 한다. 그래서 우리의 삶 속에 아름다운 하나님의 성소가 지어져가는 그런 놀라운 축복의 간증이 있기를 주의 이름으로 축원한다.

●

구주의 십자가 보혈로 죄 씻음 받기를 원하네
내 죄를 씻으신 주 이름 찬송합시다
찬송합시다 찬송합시다
내 죄를 씻으신 주 이름 찬송합시다

하나님 앞에 회개하고 십자가를 붙드는

속죄와 회개와 말씀의 정신이 살아 있는

아름다운 성막, 아름다운 교회를

다시 세워달라고 부탁하시는 하나님의 말씀을

우리 마음에 새기게 하여주시옵소서.

40

우리의 삶을 하나님께 진설병으로 드리자

출애굽기 25:23-30

²³ 너는 조각목으로 상을 만들되 길이는 두 규빗, 너비는 한 규빗, 높이는 한 규빗 반이 되게 하고 ²⁴ 순금으로 싸고 주위에 금 테를 두르고 ²⁵ 그 주위에 손바닥 넓이만한 턱을 만들고 그 턱 주위에 금으로 테를 만들고 ²⁶ 그것을 위하여 금 고리 넷을 만들어 그 네 발 위 네 모퉁이에 달되 이는 상을 멜 채를 꿸 곳이며 ²⁷ 턱 곁에 붙이라 이는 상을 멜 채를 꿸 곳이며 ²⁸ 또 조각목으로 그 채를 만들고 금으로 싸라 상을 이것으로 멜 것이니라 ²⁹ 너는 대접과 숟가락과 병과 붓는 잔을 만들되 순금으로 만들며 ³⁰ 상 위에 진설병을 두어 항상 내 앞에 있게 할지니라

I.

본문은 하나님이 성막 안에 '진설병'을 놓는 상을 만들라고 하시는 말씀이다. '진설병'은 하나님 앞에 드리는 떡이다. 성막 안의 상 위에는 늘 떡을 올려야만 했다. 그리고 그 떡은 일주일에 한 번씩 새것으로 갈아야 했다.

2.

오늘날 우리가 하나님 앞에 올려드려야 할 '진설병'은 뭘까?
진설병은 떡이고, 떡은 양식이다. 그러니까 '진설병'은 하나
님이 드시는 양식이라고 생각했다.

3.

하나님은 무슨 양식을 드시고 싶어 하실까? 어떤 것을 드시
고 싶어 하실까? 하나님이 좋아하시는 떡은 무엇일까 할 때,
요한복음 4장에서 예수님이 사마리아 여인과 만난 이야기가
생각났다.

제자들이 떡을 사러 동네로 들어갔을 때 예수님이 우물가에
서 사마리아 여인을 만났다. 그때 시간이 정오였다. 아무도
물을 뜨러 오지 않는 시간인데, 이 여인 혼자만 물을 뜨러 왔
다. 죄가 많은 여자였기 때문이다. 사람을 만나기 싫어서 정
오에 몰래 물을 뜨러 왔다가 예수님을 맞닥뜨린 것이다.

4.

그렇게 예수님과 대화가 시작됐다. 유대인들은 사마리아 여
인에게 말을 걸지 않는다. 그런데 예수님이 말을 거시니까
유대인 남자가 왜 나 같은 여자에게 말을 거냐며 마음의 문
을 열기 시작했다. 그리고 예수님이 사마리아 여인에게 물을
달라고 하시면서 "이 물을 마시는 자마다 다시 목마르려니
와 내가 주는 물을 마시는 자는 영원히 목마르지 아니하리니

내가 주는 물은 그 속에서 영생하도록 솟아나는 샘물이 되리라"(요 4:13,14)라고 하셨다.

그러다 예수님은 느닷없이 여인의 가장 부끄러운 면, 감추고 싶은 면을 지적하신다. "이르시되 가서 네 남편을 불러오라 여자가 대답하여 이르되 나는 남편이 없나이다 예수께서 이르시되 네가 남편이 없다 하는 말이 옳도다 너에게 남편 다섯이 있었고 지금 있는 자도 네 남편이 아니니 네 말이 참되도다"(요 4:16-18).

남편이 많은데 지금 있는 남편은 남편이 아니라며, 정당한 남편이 아니라는 것을 지적하신다. 그럴 때 '뭐 이런 사람이 다 있어. 내가 남편이 넷이 있든 다섯이 있든 무슨 상관이야'라고 반발하면 변화가 일어나지 않았을 텐데 여인은 그 말을 받아들이고 자기의 삶을 돌이킨다. 그리고 마을로 뛰어 들어가면서 소리친다. 이분이 그리스도라고. 내가 그리스도를 만났다고.

5.

그런 일이 있고 난 뒤, 제자들이 떡을 사서 예수님께 권하니 예수님이 조금 새로운 말씀을 하신다. "이르시되 내게는 너희가 알지 못하는 먹을 양식이 있느니라"(요 4:32).

내게는 다른 양식이 있다. 내게는 너희가 알지 못하는 양식이 있다. 쉽게 말하면 예수님이 배가 부르다고 하신 것이다. 여기서 이야기하신 예수님의 양식이란 무엇인가? '사마리아 여인의 변화'다. '사마리아 여인의 거듭남'이라고 할 수 있다. 사마리아 여인이 예수님을 만나서 말씀을 듣고 그 말씀 앞에 자기의 죄를 돌이키고 그것을 많은 사람에게 증거하는 변화의 사람이 된 게 기뻐서 배가 부르신 것이다. 그래서 '너희들이 알지 못하는 양식이 내게는 있다'라고 말씀하신 것 아니겠는가.

6.
말씀을 생각하면서 하나님께 올려드려야 할 진설병, 하나님이 기뻐하시는 하나님의 양식이 뭔가 했을 때 우리가 하나님을 만나는 것, 그리고 그 말씀을 마음에 새기는 것, 그 말씀에 따라 자기의 삶을 돌이키는 것보다 하나님이 더 배불러하시고 좋아하시는 일이 어디 있을까 하는 생각을 하게 되었다.

7.
하나님은 지금도 우리에게 성막을 지으라고 말씀하신다. 그리고 성막을 지을 때 필요한 것들을 말씀하신다. 하나님이 '진설병을 잊으면 안 돼. 너희들 최소한 일주일에 한 번씩은 새것으로 갈아서 끊이지 않고 떨어뜨리지 말고 나에게 진설병을 줘야 해'라고 말씀하실 때, 나는 그 말씀을 '너희가 날마다 기막힌 새벽을 통해 내가 주는 말을 듣잖아. 그중에 한두 개라도 실천해서 꼭 내가 기뻐하는 진설병을 상에다 올려놔'라고 적용했다.

8.

내가 담임 목회를 시작했을 때, 성도가 한 150명 정도 출석하는 교회였는데, 교회에 부임하자마자 처음 했던 일이 '교인배가운동'이었다. 연말까지 출석 교인을 3백 명으로 만들겠다고 목표를 세웠다. 젊은 목사가 와서 교회를 부흥시키겠다고 새벽부터 열심을 내니까 교인들이 한마음이 되었다. 곧 3백 명이 될 것 같았다. 그런데 새벽기도를 하고 있는데 하나님이 느닷없이 내 마음에 이런 말씀을 주셨다. '왜 3백 명이냐?' 그래서 당황했다. 그것은 조금 못마땅해서 하시는 말씀이었다. 왜 3백 명이냐니, 그 말을 이해하기가 어려웠다. 목사가 교회를 부흥시키겠다고 열심을 내면 칭찬하시고, 응원해주시고, 격려해주셔야 한다고 생각했는데 하나님은 못마땅해하셨다. '왜 3백 명이냐?'

9.

그때 깨달았다. '내가 언제 너한테 교회를 부흥시키라고 했냐?'는 그런 말씀이었다. 그러고 나서 하나님은 나에게 교회를 부흥시키라고 말씀하신 적이 없다는 걸 깨달았다. 그런데도 나는 그것이 소명인 줄 알았다. 하나님을 위하여서 하는 일인 줄 알았다. 그날 깊이 생각해보니까 교회를 부흥시키는 일이 잘못된 일은 아닌데, 목적과 동기가 순수하지 않았다. 그것이 소명을 가장한 야망이라는 걸 알았다. 나를 자랑하고 싶어서, 나를 드러내고 싶어서, 인정받고 싶어서 그랬다는 것을 알았다. 그래서 하나님 앞에 회개했다.

10.

그 이후, '교인배가운동'을 폐지했다. 그리고 교인들한테 고백했다. 내가 이런 마음으로 하는 걸 알았는데 하나님이 깨우쳐주셨다고. 배가운동 안 한다고. 그날 하나님과 나에게 결심했다. '목회하는 동안 숫자 가지고 목회하지 않겠다. 크다면 크고 작다면 작은 교회인데, 내가 이 150명 되는 교인들을 행복하게 해줘야지. 하나님이 기뻐하시는 순수한 교회를 해야지.'

그때 '교인 몇 명' 하는 목표를 가지지 않겠다고 목회 방향을 바꾸었는데, 그게 내 평생의 잘한 일 중 하나가 아닌가 싶다.

11.

그때 하나님이 나에게 큰 상을 주셨다. 교인 중에는 내가 담임 목사가 된 것을 못마땅해하는 분이 계셨다. 내가 너무 어렸기 때문이다. 제직회 때도 못마땅해하는 듯한 발언을 하셔서 '참 힘든 분이겠다' 각오를 했다. 하여간 배가운동은 거두고 교회를 부흥시키려고 하기보다는 교인을 섬겨야겠다는 마음을 가지고 열심히 목회에 전념했다. 그러고 나서 한 1년쯤 지났다. 남선교회에서 후원하는 개척교회가 여주에 있었는데, 그곳에 심방을 가게 되었다. 어느 휴게소에 도착했는데, 나를 못마땅해하던 그 집사님이 자판기에서 커피 한

잔을 뽑아서 가져오시고는, 나에게 평생 잊을 수 없는 이야기를 해주었다. "목사님, 저는 예수님은 믿어도 사람은 안 변한다고 생각했습니다. 그런데 제가 틀렸습니다. 사람이 변합니다. 아무개 집사도 변했고요, 아무개 권사도 변했고요⋯." 그렇게 나열하더니 마지막 말씀에 기가 막혔다.

"정말 중요한 건 목사님, 제가 바뀌었습니다."

12.

그 분은 나에게 주신 하나님의 큰 상이었다. 나는 교회의 규모를 바꾸려고 했는데 그걸 포기했더니 하나님이 사람을 바꾸어주셨다. 예수님은 믿어도 사람은 안 변한다던 사람의 생각을 바꾸어주셨다. 그리고 그 증거를 보여주셨다. 그 증거가 자기 자신이었다.

그때 하나님이 얼마나 기뻐하셨을까. 예수님을 믿고 사람이 변한다는 것, 이것 이상으로 하나님이 기뻐하시는 일은 없다. 우리에게 바라시는 것도 바로 이것이라고 생각한다. 그것이 하나님이 오늘 우리에게 요구하시는 말씀이라고 생각한다.

13.

듣기만 하면 뭐하겠는가. 깨닫기만 하면 뭐하겠는가. 듣고 깨달았으면 변해야 한다. '에이, 사람이 그렇게 쉽게 변하나. 사람은 안 변해' 하지 말자. 날기새를 통해 일주일 동안 여섯

개의 말씀을 들으면 한 가지 말씀이라도 지키겠다는 생각을 가져야 한다. 그래서 하나님 앞에 변화된 내 생각, 내 삶, 내 행동을 진설병처럼 올려드리면 얼마나 좋아하실까.

14.

우리는 성막을 지어야 하는 사람이다. 집을 지을 때 무엇으로 짓는가? 주의 말씀을 듣고 준행하는 것이 반석 위에 집, 성막, 하나님의 교회를 짓는 것이다. 나는 그렇게 해석했고 그렇게 믿는다. 우리가 다 그런 생각을 가지고 진설병을 하나님 앞에 올려드리는 마음으로 하나님의 말씀을 듣고 깨달아 준행하여 하나님을 기쁘시게 하고, 하나님을 배부르시게 하는 삶이 될 수 있었으면 좋겠다.

●

주의 말씀 듣고서 준행하는 자는
반석 위에 터 닦고 집을 지음 같아
비가 오고 물나며 바람 부딪쳐도
반석 위에 세운 집 무너지지 않네
잘 짓고 잘 짓세 우리 집 잘 짓세
만세 반석 위에다 우리 집 잘 짓세

41

불똥 그릇도 귀하다

출애굽기 25:31-40

31 너는 순금으로 등잔대를 쳐 만들되 그 밑판과 줄기와 잔과 꽃받침과 꽃을 한 덩이로 연결하고 32 가지 여섯을 등잔대 곁에서 나오게 하되 다른 세 가지는 이쪽으로 나오고 다른 세 가지는 저쪽으로 나오게 하며 33 이쪽 가지에 살구꽃 형상의 잔 셋과 꽃받침과 꽃이 있게 하고 저쪽 가지에도 살구꽃 형상의 잔 셋과 꽃받침과 꽃이 있게 하여 등잔대에서 나온 가지 여섯을 같게 할지며 34 등잔대 줄기에는 살구꽃 형상의 잔 넷과 꽃받침과 꽃이 있게 하고 35 등잔대에서 나온 가지 여섯을 위하여 꽃받침이 있게 하되 두 가지 아래에 한 꽃받침이 있어 줄기와 연결하며 또 두 가지 아래에 한 꽃받침이 있어 줄기와 연결하며 또 두 가지 아래에 한 꽃받침이 있어 줄기와 연결하게 하고 36 그 꽃받침과 가지를 줄기와 연결하여 전부를 순금으로 쳐 만들고 37 등잔 일곱을 만들어 그 위에 두어 앞을 비추게 하며 38 그 불 집게와 불똥 그릇도 순금으로 만들지니 39 등잔대와 이 모든 기구를 순금 한 달란트로 만들되 40 너는 삼가 이 산에서 네게 보인 양식대로 할지니라

I.

하나님은 하나를 만들어도 꼼꼼하게 규격까지 말씀하신다. 무엇을 어떻게 싸고 어떻게 하는 것까지 일일이 말씀하시는데, 금이 많이 사용되는 걸 알 수 있다. 나는 그것을 '성막을 귀히 여겨라, 가장 소중한 것으로 여겨라' 하는 것을 가르치시는 것으로 이해했다. 수치에 의미가 있는 게 아니고 금이 중요한 것이 아니다. 그만큼 꼼꼼히, 대충대충 하지 말고 성실히 만들어서 내 삶 중심에 두라는 교훈으로 받아들였다.

2.

본문은 성막 안에서 쓰는 기구들 중에 '등잔대'를 만들라고 하시는 부분이다. 등잔대를 만들라고 하시면서 등잔 일곱 개와 불 집게와 불똥 그릇을 만들라고 하신다. 물론 가장 중요한 것은 등잔대였을 것이다. 그런데 나는 마지막에 잠깐 나오는 기구들 두 개에 눈길이 가고 마음이 갔다. '불 집게와 불똥 그릇'이었다.

3.

'불똥 그릇'은 불을 피우면 불똥들이 튀어나오는데, 그것을 담아두는 그릇이다. 다시 말하면 쓰레기통 같은 것 아니겠는가. 쓰레기통인데, 크게 중요하지 않을 것 같은데 하나님께서는 불 집게와 불똥 그릇도 순금으로 싸라고 하셨다. 이것이 내 마음에 와닿았다. 하나님은 '등잔대'만 귀히 여기시는 게 아니라 성전 안에서 쓰임 받는, 하찮아 보이는 '불 집게'와 '불똥 그릇'까지도 똑같이 귀히 여기신다는 뜻으로 들렸다.

4.

높은뜻숭의교회를 개척하고는 2년 동안 내가 고집을 부려 직분을 임명하지 않았다. 심지어 구역장을 세우지 않으려고 구역도 만들지 않았다. 그래서 따로 관리도 안 하고 모여서 예배드리는 일에만 집중하려고 했던 적이 있다. 그 2년 동안 교회 안에서 '집사님, 장로님'이라는 호칭을 쓰지 않고 '성도'라는 공식 호칭으로 교인들을 불렀다.

내가 생각할 때 한국교회의 문제점이라고 생각하는, 고쳐보고 싶은 것 중 하나가 교회의 직분이 점점 계급화되고 있다는 것이었다. 이렇게 되면 교회가 건강해질 수 없다.

5.

내가 시무했던 교회 중 한 곳에 '명예권사'란 제도가 있었다. 권사를 투표로 뽑다 보니 다 뽑히질 못한다. 그래서 60세가 넘으면 다 권사로 임명하는 것이다. 투표해서 뽑힌 권사가 있고, 60세가 넘어서 된 권사가 있는데 후자를 '명예권사'라고 했다. 그런데 내가 목회하면서 이 제도를 없앴다. 권사라는 직분은 명예가 아니기 때문이었다. 직분 앞에 '명예'를 쓰는 것 자체가 잘못된 일이라고 생각했기 때문이다. 우리는 직분을 계급화하고 명예 훈장처럼 생각하는 경우가 참 많다.

6.

이렇게 직분이 계급화되어 있어서 '평신도'라는 말도 생겼는데, 나는 '평신도'라는 말이 성서적이 아니라고 생각한다. 그래서 청년들에게 이런 이야기를 한 적이 있다. '평신도'가 있으면 '고신도'도 있겠다고. 그리고 '고신도'가 있으면 '저신도'도 있겠다고. 저신도, 평신도, 고신도. 이러면 교회가 제대로 된 게 아니다.

7.

하나님 앞에서 쓰임 받는 일은 '불 집게'와 '불똥 그릇'과 같은 일도 귀중하다. 똑같이 귀한 일이다. 집사가 높은가, 목사가 높은가? 이 질문 자체가 잘못됐다. 우리는 목사가 높다고 생각한다. 목사는 주의 종이고 누구는 평신도고. 하지만 이런 의식은 성서적이지 않다. 작은 일 하나도 하나님께 쓰이는 일은 똑같이 귀한 일이다.

8.

물론, 사람에 구별은 있다. 어떤 사람은 다섯 달란트를 맡을 능력이 있고, 어떤 사람은 한 달란트밖에 감당을 못할 사람도 있다. 그런데 하나님은 한 달란트 맡은 사람과 두 달란트 맡은 사람과 다섯 달란트 맡은 사람을 달란트의 차이를 가지고 차별하지 않으신다. 두 달란트 맡은 사람과 다섯 달란트 맡은 사람을 똑같이 칭찬하신다. 단어 한 자도 틀리지 않게 똑같이 칭찬하셨다.

사람은 금그릇, 은그릇은 귀한 그릇이라고 생각하고 나무그릇, 질그릇은 천한 그릇이라고 생각하지만 하나님은 나무인지, 금인지가 중요한 것이 아니라 깨끗한 그릇, 비어 있는 그릇을 귀하다고 하신다(딤후 2:20,21 참조).

9.

높은뜻숭의교회를 시작하고 직분도 주지 않았는데 자발적으로 주보를 돌리고 안내하는 교인도 있고 주차 안내를 하는 교인도 생겨났다. 권사님 중에 방송에도 많이 나오시는 유명한 요리 전문가가 계셨는데, 그 분은 매 주일 주보를 들고 교인들을 안내하셨다. 제일 예쁜 옷으로 차려입고 화장도 아주 열심히 하고 향수도 뿌리고 오셔서 안내하신다. 그래서 '무슨 안내하는데 저렇게까지 하고 오실까' 하는 생각을 잠깐 했었다. 그런데 그 분이 굉장히 놀라운 얘기를 해주셨다.

"목사님, 제가 안내할 때 얼마나 준비하고 오는지 아세요? 저 기도하고 해요. 하나님, 우리 교인들이 세상에서 힘들게 고생하다가 옵니다. 그런데 이렇게 마음이 꽉 닫혀 있으면 은혜를 못 받지 않습니까? 제가 화장 예쁘게 하고 예쁜 옷 입고 가서 활짝 웃으면서 반가이 맞아줄 때 저들의 마음이 풀려서 우리 목사님 설교하실 때 은혜받게 해주세요. 그 마음으로 제가 안내해요."

IO.

그때 정말 천하의 보물을 얻은 것 같았다. '아, 이게 정말 작
은 일에 충성하는 것이구나. 주보 돌리는 일은 누구나 할 수
있는 일이지만, 등잔대 같은 역할이 아니라 불 집게와 불똥
그릇 같은 역할인데, 그 역할을 이분은 이렇게 귀한 마음으
로 하시는구나. 그 일에다 순금을 씌웠구나.' 그래서 참 많이
감동했던 적이 있었다. 그렇게 되면 내가 설교하는 것과 그
권사님이 안내하는 것이 하나님 앞에 똑같이 귀한 도구가 되
는 것이고 하나님의 일꾼이 되는 것이 아니겠는가.

II.

자리에 욕심을 부리지 말자. 제자들처럼 '누가 더 높으냐' 하
는 쓸데없는 것으로 서로 비교하고 논쟁하지 말자. 하나님이
나를 나무 그릇으로 쓰시든 질그릇으로 쓰시든, 불 집게로
쓰시든 불똥 그릇으로 쓰시든, 거기에 우리가 믿음의 순금을
입혀서 하나님 앞에 귀히 여김을 받는 순수한 마음을 회복해
야 아름다운 성막이 지어지지 않을까.

I2.

여담인데, 그 권사님이 나보다 한살인가 어리신데 몇 년 전
에 하나님이 먼저 데려가셨다. 임종 몇 시간 전에 가서 예배
드리는데, 권사님이 농담을 하셨다. 이제 몇 시간 후면 하나
님 앞에 가실 분이 나를 "목사님~"하며 부르셨다. 내가 "왜

요" 했더니 "미인박명이래요" 해서 얼마나 배를 잡고 웃었는지 모른다. 자기가 예뻐서 먼저 죽는다며 미인박명이라고. 죽음도 그렇게 여유 있게 믿음으로 잘 받아들이시고 농담하면서 하나님 앞에 가셨다. 작은 일 하나도, 불 집게와 불똥 그릇 같은 역할도 믿음으로 성실히 감당하셨던 그 권사님을 기억한다.

●

겸손히 주를 섬길 때 괴로운 일이 많으나
구주여 내게 힘주사 잘 감당하게 하소서

-

하나님, 우리가 겸손히 하나님을 섬기게 하여주시옵소서.
낮은 마음으로 하나님을 섬기게 하여주옵소서.
그리하여 아름다운 성막을 다시 지어나가는
우리가 다 되게 하여주시옵소서.

42

굴러다니는 교회

출애굽기 26:1-14

1 너는 성막을 만들되 가늘게 꼰 베 실과 청색 자색 홍색 실로 그룹을 정교하게 수 놓은 열 폭의 휘장을 만들지니 2 매 폭의 길이는 스물여덟 규빗, 너비는 네 규빗으로 각 폭의 장단을 같게 하고 3 그 휘장 다섯 폭을 서로 연결하며 다른 다섯 폭도 서로 연결하고 4 그 휘장을 이을 끝폭 가에 청색 고를 만들며 이어질 다른 끝폭 가에도 그와 같이 하고 5 휘장 끝폭 가에 고 쉰 개를 달며 다른 휘장 끝폭 가에도 고 쉰 개를 달고 그 고들을 서로 마주 보게 하고 6 금 갈고리 쉰 개를 만들고 그 갈고리로 휘장을 연결하여 한 성막을 이룰지며 7 그 성막을 덮는 막 곧 휘장을 염소털로 만들되 열한 폭을 만들지며 8 각 폭의 길이는 서른 규빗, 너비는 네 규빗으로 열한 폭의 길이를 같게 하고 9 그 휘장 다섯 폭을 서로 연결하며 또 여섯 폭을 서로 연결하고 그 여섯째 폭 절반은 성막 전면에 접어 드리우고 10 휘장을 이을 끝폭 가에 고 쉰 개를 달며 다른 이을 끝폭 가에도 고 쉰 개를 달고 11 놋 갈고리 쉰 개를 만들고 그 갈고리로 그 고를 꿰어 연결하여 한 막이 되게 하고 12 그 막 곧 휘장의 그 나머지 반 폭은 성막 뒤에 늘어뜨리고 13 막 곧 휘장의 길이의 남은 것은 이쪽에 한 규빗, 저쪽에 한 규빗씩 성막 좌우 양쪽에 덮어 늘어뜨리고 14 붉은 물 들인 숫양의 가죽으로 막의 덮개를 만들고 해달의 가죽으로 그 윗덮개를 만들지니라

1.

우리 막내는 목사다. 목회를 잘했었는데, 목사를 사임하고 지금은 옷가게 사장이 되었다. 더 정확히 말하면 빈티지 옷가게의 사장이다. 막내는 어려서부터 옷 같은 것을 굉장히 좋아했다. 그래서 패션 디자이너가 될 줄 알았다. 돌아가신 우리 아버지가 그렇게 옷에 관심이 많으셨다. 가난해서 그랬지 나름 멋쟁이셨다. 아마 그 피가 우리 막내에게 흐른 것 같다.

2.

그런데 어느 날 좋아하기는 하지만 자기의 소명은 아닌 것 같다면서 힘들게 준비해서 신학을 공부하고 목사가 되었다. 아들이라서 그랬는지 모르지만, 내가 보기에는 목회를 곧잘 했다. 담임 목사님에게 사랑도 많이 받고, 교인 중에도 우리 막내를 좋아하는 교인들이 꽤 있었던 것 같다. 그런데 잘하던 목회를 갑자기 그만두고 옷가게 사장이 되었다. 화요일부터 토요일까지는 장사하고, 주일은 교회로 쓴다. 주일에 한 열 명 정도 모여서 예배를 드리는 조그만 교회다. 빈티지 숍의 이름은 '수박 빈티지'고, 교회 이름은 '수박 교회'다.

3.

막내가 교회를 사임하고 '수박 빈티지'와 '수박 교회'를 시작하려는 이유를 나에게 말해준 적이 있다.

"아버지, 아버지가 인정하든 안 하든 명품족이 있어요. 그런데 명품족들이 교회 다니기가 힘들어요. 아버지 같은 사람이 자꾸 눈치를 줘서 그래요."

조금 찔림이 있었다. 그런 사람들을 한심하게 보고 돈 허투루 쓰는 사람이라고 하는 생각들이 팽배하여 명품족들은 교회를 다니기 쉽지 않다는 것이다. 듣고 보니 그럴 수도 있겠다는 생각이 들었다. 그리고 그다음 단계가 '빈티지'란다. '빈티지족'이 된다는 것이다. 명품은 가격으로 차별을 두어서 만족을 느낀다면, 빈티지는 옷의 역사에서 만족감을 찾는 모양이다. '이것은 2차 세계대전 때 어느 나라 군인이 입었던 파카다' 하는 식으로 역사를 따지기 때문에 낡은 것, 색이 바랜 것, 해어지고 구멍 난 것들 자체에 빠져들기 시작한다. 그러면 그것이 명품 못지않은 만족을 준다고 한다.

그런데 빈티지족이 되면 사람들이 더 이상하게 생각하기 때문에 교회에 발붙이기가 더 어려워진다고. 그러다 교회에서 영영 멀어지고 하나님으로부터도 멀어지다가 자기 삶을 망치는 경우가 많다고 한다. 그런데 아무리 교회에 오라고 해도 현재 교회 구조나 문화 속에서 그들을 포용하기는 참 어렵다. 그러니 그들 보고 교회로 오라고 하지 말고 교회가 그들에게 다가가야 한다는 것이었다.

4.

그 말이 마음에 와닿았다. 그것이 '미셔널 처치'(Missional

Church), 선교적인 교회라는 것이다. 그러면서 왜 이름을 '수박'이라고 했는지도 설명해주었다. 수박은 네모나지 않고 둥그렇다. 네모난 것은 안정적이어서 구르지 않는다. 그 자리를 지킨다. 하지만 둥그런 것은 여기도 갈 수 있고 저기도 갈 수 있다. 교회가 큰 성전을 짓고 이리 오라며 사람들을 불러 모으는 것도 좋지만, 수박처럼 둥그레서 '너, 거기 있어. 내가 갈게' 하고 굴러가는 교회도 필요하다는 것이다. 그래서 자기 교회는 '굴러가는 교회'라는 뜻으로 '수박 교회'라고 이름을 지었다는 것이다.

5.
그리고 또 하나를 설명했다. 수박에는 줄무늬가 있는데, 그게 '위장'이다. 동물들에게 먹히지 않으려고 자기를 위장하는 것 중 하나라고. '수박 교회'와 '수박 빈티지'는 수박의 '위장'과 같은 것이란다. 그들의 옷을 입고 그들에게 동질감을 주면서 그들을 대하는 교회를 할 것이라고. 나는 그 말을 듣고 그 자리에서 마음으로 동의가 되었다. '그래, 그것도 참 좋은 교회다. 좋은 목회다. 큰 교회를 하는 사람도 있어야 하겠지만, 네모난 교회도 있어야 하겠지만, 너처럼 굴러다니는 수박 교회를 하는 사람도 있어야지' 하고 마음에 동의가 되고 기특하다는 생각도 들었다.

6.

하나님이 이스라엘 백성들에게 성막을 지으라고 말씀하셨다. 성막은 천막이다. 그렇다고 허투루 지은 건 아니지만 내용은 천막이다. 쉽게 말하면 '수박 교회'와 같다. 굴러다니는. 이스라엘 백성들이 움직이는 곳마다 늘 함께하지 않았는가. 고정된 교회가 아니라 천막 교회니까 이동할 때는 거둬서 들고 가다 다시 세우는 '이동형 천막'이었다. 그 천막이 요즘으로 따지면 '미셔널 처치' 같은 개념이라고 생각하게 되었다.

7.

여러 번 이야기했지만, 목사만 주의 종이 아니다. 모든 직업이 다 성직이고 또 예수님을 믿는 모든 사람이 자기 직업을 제사장처럼 여기고 살아갈 때, 이 땅에 하나님의 나라가 이루어진다는 것은 하나님의 굉장히 중요한 사상이고 뜻이라고 나는 생각한다.

우리의 직업이 다 성직이고 제사장이라면, 우리 삶의 현장 하나하나가, 학교든 가게든 회사든 무엇을 하는 곳이든, 돈을 버는 현장이 아니라 그 자체가 하나님의 성전이 되고 성막이 되어야 하지 않겠는가. 직업이 성직이라면 삶의 현장, 직업의 현장도 성전이, 성막이 되어야 한다. 그런데 그것은 찾아가는 교회니까 천막이 더 맞다. 그래서 성전보다는 성막이 더 그 개념에 맞는 것 같다.

8.

성막은 예수님을 닮았다. 하나님은 본래 하늘 보좌에 계신 분이지 않은가. 그런데 그 하나님이 우리를 만나시겠다고 인간의 몸을 입으시고 이 땅으로 내려오셨다. 굴러 내려오셨다. '임마누엘'이다. 하나님이 우리와 늘 함께 계신다는 '임마누엘'이 예수님인데, 그 예수님의 모든 모습이 성막을 닮았다. 그게 크리스천들이 이 땅에서 선교적인 사명을 감당할때 갖추어야 할 또 하나의 모습이 아닌가 생각했다.

9.

이스라엘 백성들이 후에 다윗 때부터 준비해서 솔로몬이 예루살렘 성전을 짓지 않는가. 성전도 있어야 한다. 성전은 다 필요 없다고 얘기하는 것은 너무 극단적이다. 성전도 있어야 한다. 하지만 우리의 직업과 삶의 현장 구석구석이 하나님께 제사드리는 성막이 돼야 한다는 것이 그에 못지않게 중요한 개념이라고 나는 생각한다.

10.

성경에 이런 말씀이 있다. "너희 몸을 하나님이 기뻐하시는 거룩한 산 제물로 드리라"(롬 12:1).

하나님은 우리의 삶이 제사가 되고 예배가 되는, 그리고 우리의 직업과 모든 삶이 제사장이 되는 삶을 오늘 우리에게 요구하고 계신다. 우리가 예배는 예배당에서만, 교회에서만

드리는 것으로 생각하다 보니 하나님의 생각과 방식은 교회에서만 통하고, 세상에서는 세상의 식과 법대로 살아가는 이중적인 그리스도인들이 된 것이 아닐까. 그러다 보니 교회가 점점 힘을 잃어가는 것이 아닐까 생각했다.

II.

이스라엘 백성들과 함께하고 싶으셔서 성막을 짓게 하시고 이스라엘 백성들이 가는 곳마다 따라가신 우리 하나님. 그런 마음을 우리도 본받아서 주일날 거룩한 성전에서 예배드리고 하나님 앞에 제사를 드리는 것도 중요하지만, 가정에서 직장에서 세상에서 우리의 직업을 제사장으로 삼고 우리의 삶의 현장을 하나님께 제사 드리는 성막으로 삼아 살아간다면, 부족하지만 우리로 말미암아 이 땅에 하나님의 나라가 임하게 되지 않겠는가.

I2.

성막을 지으라는 말씀을 읽을 때, 처음엔 참 힘들었다. 성경을 읽기도 힘들었다. 한국말인데 한국말 같지 않았다. 몇 규빗으로 뭘 어떻게 하라는데, 그 의미를 잘 모르겠다. 그런데 그것이 중요한 게 아니다. '너희도 성막을 지어야 한다'는 말씀이 와닿았다.

13.

나는 목사다. 당신의 직업은 무엇인가. '다 똑같은 제사장이야. 예배당만 성전이 아니야. 너희들의 삶의 현장에 성막을 지어라' 하시는 하나님의 말씀을 마음에 새기고 삶의 현장에 하나님의 성막을 지어서 그곳에서 늘 하나님을 만나고 살아갈 수 있기를 주의 이름으로 축원한다.

●

시온 성과 같은 교회 그의 영광 한없다
허락하신 말씀대로 주가 친히 세웠다
반석 위에 세운 교회 흔들 자가 누구랴
모든 원수 에워싸도 아무 근심 없도다

－

하나님은 이스라엘 백성들에게 성막을 지으라고 하셨습니다.
그것은 내가 어디를 가든지 너와 함께할 것이며,
너희는 내 중심의 삶을 살아야 한다는 뜻이었습니다.
그 말씀을 오늘 우리에게도 주십니다.
너희 직업은 제사장이고,
삶의 현장은 하나님께 제사 드리는 현장이 되어야 한다.
그것이 하늘 보좌를 버리시고 인간의 몸으로 우리와 함께 계시기 위하여
이 땅에 오신 예수님의 모습을 닮았습니다.
우리의 삶이 예수님을 닮아가게 하심으로
우리 삶의 현장에 성막이 세워지게 하옵소서.

43

햇빛 되게 하소서

출애굽기 27:20,21

20 너는 또 이스라엘 자손에게 명령하여 감람으로 짠 순수한 기름을 등불을 위하여 네게로 가져오게 하고 끊이지 않게 등불을 켜되 21 아론과 그의 아들들로 회막 안 증거궤 앞 휘장 밖에서 저녁부터 아침까지 항상 여호와 앞에 그 등불을 보살피게 하라 이는 이스라엘 자손이 대대로 지킬 규례이니라

Ⅰ.

본문에서 하나님이 '등불' 이야기를 하신다. '어두운 때에 등불을 켜서 저녁부터 아침까지 끊이지 않게 하라. 또 깨끗한 기름, 감람나무 열매로만 짠 순수한 기름으로 등불을 켜라'는 말씀을 해주셨다.

2.

나는 이 '등불'이 하나님이 우리에게 요구하시는 착한 행실이라고 생각했다. 마태복음 5장에서 예수님은 '너희는 세상의 소금이다. 너희는 세상의 빛이다. 그러니 너희 착한 행실

을 보고 사람들이 하나님께 영광을 돌리게 하라'(마 5:13-16 참조)고 말씀하셨다. '너희는 세상의 빛이다'라고 했을 때 그 '빛'이 '등불'과 연관되었다. 그리고 순수한 기름은 우리의 '착한 행실'이라고 해석되었다.

3.

우리가 출애굽기를 함께 살피면서 십계명부터 율법을 집중적으로 다루고 있다. 그동안 한국교회가 너무 믿음을 강조하다가 행함이 없는 쪽으로 치우친 면이 있는 것 같다. 그러다 보니 출애굽기를 살피면서는 반대로 계명과 율법, 말씀, 의로운 행실과 삶에 대해 많이 다루게 되었다. 하나님의 말씀과 의와 율법과 착한 행실을 강조할 때, 모자라지도 않아야겠지만 치우치지 않도록 조심해야 한다. 이것이 줄타기하는 것처럼 참 쉽지가 않다. 잘못하면 왼쪽으로 떨어지고, 잘못하면 오른쪽으로 떨어지기 때문이다.

4.

제일 위험한 것 중 하나가 율법과 의를 강조하다가 율법주의자가 되는 것이다. 바리새인들이나 예수님 당시의 율법사들, 제사장들처럼 율법주의자가 되는 것이 가장 위험한 일이다. 율법으로 구원을 얻지 못한다는 것은 다 아는 일이다. 우리는 하나님의 법을 다 지킬 수 있는 그런 완전한 존재가 아니다. 그래서 율법을 지켜야만 구원을 얻는다고 하면 우리는 백 퍼센트 다 멸망할 수밖에 없다. 그러니 율법주의에 빠지는 것은 굉장히 위험한 것이다.

5.

그리고 또 위험한 것이 있다. 율법을 지키려고 하다가 남보다 조금 더 잘 지키게 되면 '자기 의'에 빠진다. '내가 너보다 좀 낫지', '너는 나처럼 살아야 해'라며 교만해지는 것이다. 바리새인들이 그러지 않았는가. 그들은 그렇게 자기의 의를 과장하기 시작했고, 위선자가 되었다. 하나님이 가장 싫어하시는 사람 유형 중 하나가 되었다.

예수님도 바리새인들을 참 못마땅해하셨다. 우리에게도 그런 연약함이 있기 때문에 율법, 계명, 착한 행실로 가다가 잘못하면 바리새인이 되기 쉽다. 구원 얻을 수 없는 것을 위해서 자꾸 자기를 과장하다 보면 잘못되기 쉬운 면이 있다. 자기 의를 드러내기 위해서 너무 율법에 얽매이는 것은 하나님의 뜻이 아니다.

6.

그런데 하나님께서 우리에게 율법을 주신 뜻이 무엇인가 생각할 때, 나는 그것을 "율법으로는 죄를 깨달음이니라"(롬 3:20)라는 말씀으로 풀었다. 율법이 없다면 우리가 죄인인 것을 깨달을 수 없지 않은가. 율법을 지키려고 애쓰다 보니 율법을 다 지킬 수 없다는 것도 깨닫게 되고, 다 지키지 못하는 한계에 부딪혔을 때 그것이 안타깝기도 한 것 아니겠는가. 그때 '아, 내가 아무리 노력해도 나는 죄인이구나. 나는 어떻게 할 수 없는, 정말 구원받을 수 없는, 멸망 받을 수밖에 없는 죄인이구나' 하는 것을 깨닫는 것이다.

7.

만일 바울의 마음과 삶에 하나님의 법이 없었더라면, 하나님의 법을 지키겠다는 주리고 목마른 마음이 없었더라면, 바울은 자기가 죄인이라는 것을 깨닫지 못 했을 것이다. 그러니 하나님의 계명을 지키고 말씀대로 살아보려고 발버둥치는 것을 무조건 '바리새주의'로, '율법주의'로 몰아치는 것도 또 다른 쪽으로 치우치는 것이다. 거기에 속으면 안 된다.

8.

바리새인과 바울의 공통점은 마음에 하나님의 법이 있었다는 것이다. 그것이 옳은 것이다. 그런데 중요한 것은 마음에 하나님의 법을 버려두는 게 아니라 그것을 가지고 '바울' 쪽으로 떨어질 것인가 '바리새인' 쪽으로 떨어질 것인가 하는 것이다. 이것을 조심해야지 바리새인이 될까봐 하나님의 법대로 살겠다는 열망과 욕심을 버려서는 안 된다. 그것이 우리가 범하기 쉬운 또 하나의 오류다.

9.

행함이 없는 믿음은 죽은 믿음이라고 야고보서에서 하나님이 말씀하지 않으셨는가. 요즘 한국교회의 문제는 바리새인들, 율법주의자들의 오류를 지적하다가 그 오류를 범하지 않으려고 아예 율법 자체를 마음속에서 뽑아버린다는 것이다. 율법을 무조건 다 율법주의로 매도하는 것이다. 그리고 그것을 멀리한다.

10.

그러다 보니까 우리가 죄에 점점 더 가까워지는 것이다. 자기가 죄인인 것을 모르게 된다. 그러니 자기가 의인인 줄 알고, 죄를 범하고, 타락하게 되고, 십자가에서 멀어지게 된다. 십자가는 그냥 허상이 되고 마는 것이다.

11.

이 세상은 지금 한밤중 같다. 하나님은 우리에게 '등불을 켜야 해, 매일 잊지 말고. 어두워가는 세상에 너희들이 빛이 되어야지. 착한 행실로 세상에 빛이 되어야지, 소금이 되어야지' 그렇게 말씀하신다.

12.

율법을 엄격하게 지킨다고 우리가 의인이 되겠는가? 그 의가 우리를 구원하겠는가? 아니다. 그래도 우리가 세상 사람과 차별된 삶을 살아야 하지 않겠는가? 등불 같은, 빛과 같은 삶을 꼭 한번 살아보려고 애써야 한다. 그래서 부족한 발버둥질이지만, 그 착한 행실이 순수한 기름이 되어 우리가 어두운 세상을 비추는 하나님 성전의 등불이 되었으면 참 좋겠다.

●

아침 해가 돋을 때 만물 신선하여라
나도 세상 지낼 때 햇빛 되게 하소서
주여 나를 도우사 세월 허송 않고서
어둔 세상 지낼 때 햇빛 되게 하소서

－

삶의 현장에 하나님의 성막 짓기를 원하시는 하나님,
우리의 삶이 하나님께 드려지는 제사와 제물이 되기를 원하시는 하나님!
마음에 하나님의 법을 늘 두고 살게 하여주옵소서.
그리고 바울처럼 그것을 통하여 자신이 죄인인 것을 깨닫고
예수 그리스도의 십자가를 붙잡고 살아가서 승리하는
정말 빛이 되는 삶, 소금이 되는 삶을
살아가는 우리가 될 수 있도록 우리를 지켜주옵소서.

44

제사장이 아니라 제사가 귀하다

출애굽기 28:1-3

1 너는 이스라엘 자손 중 네 형 아론과 그의 아들들 곧 아론과 아론의 아들들 나답과 아비후와 엘르아살과 이다말을 그와 함께 네게로 나아오게 하여 나를 섬기는 제사장 직분을 행하게 하되 2 네 형 아론을 위하여 거룩한 옷을 지어 영화롭고 아름답게 할지니 3 너는 무릇 마음에 지혜 있는 모든 자 곧 내가 지혜로운 영으로 채운 자들에게 말하여 아론의 옷을 지어 그를 거룩하게 하여 내게 제사장 직분을 행하게 하라

I.

본문에서는 하나님이 아론과 아론의 아들들을 제사장으로 세우라는 것과 제사장의 옷을 짓는 일을 말씀하신다. 그런데 성경을 읽다 보니까 참 엄청나다. 보석을 붙이고 실을 어떻게 하고 또 가장 재주 있고 솜씨 있는 사람들을 선별해서 제사장 옷을 아주 특별하게 잘 만들라고 말씀하고 계신다. 이게 무슨 뜻일까? 왜 제사장의 옷을 그렇게 특별하게, 거룩하게 짓게 하셨을까?

2.

하나님이 은과 금과 보석을 좋아하는 분은 아니신데 왜 그러셨을까? 그 당시 이스라엘 백성들의 문화나 삶의 수준이나 생각을 고려했을 때, 여기에 뭔가 하나님이 의도하시는 교육적인 목적이 있지 않을까 싶었다. 자주 얘기하지만, '귀히 여기라'는 것이다.

3.

그렇다면 무엇을 귀히 여겨야 하는가? 잘못하면 사람들이 착각하여 제사장을 귀히 여기라는 것으로 생각하기 쉽다. 그런데 나는 그렇게 해석하지 않는다. 아론과 아론의 자녀들이 거룩하니까, 제사장이 거룩하니까 거룩한 옷을 입혀야 한다고 해석하지 않는다. 아론을 위해서 이런 옷을 입히신 것이 아니라 제사가 귀하다는 것을 가르쳐주시기 위해서 하나님이 그런 말씀을 하셨다고 생각한다.

4.

하나님께서는 짧은 본문 안에서 1절과 3절에서 두 번이나 말씀하신다. '나를 섬기는 제사장 직분을 행하게 하라.' 제사장이 중요한 게 아니라 '제사장 직분'을 귀히 감당하게 하는 것이 중요하기 때문에, 또 그런 교육적인 효과가 필요하기 때문에 하나님이 제사장 옷 하나에도 그렇게 관심을 가지고 신경을 쓰셨다고 해석하게 되었다.

5.

이 말씀을 잘못 인용하면 '하나님이 제사장을 이렇게 귀하게 하셨잖아. 옷 하나만 해도 너희들하고 다르게 하셨잖아. 그러니까 목사는 주의 종이고 너희들은 평신도야' 하는 쪽으로 해석할 위험이 많은 구절이라고 생각했다. 그런데 그게 아니다. 제사장이 귀해서 제사장 옷을 귀하게 만드신 것이 아니라 제사장을 통해서 드리는 제사가 귀한 것임을 가르쳐주시기 위해서 제사장의 옷까지도 하나님이 그렇게 귀하게 만드신 것이다. 나는 그게 옳다고 생각한다.

제사장 옷을 귀하게 만들게 하신 것은 제사의 소중함을 가르쳐주기 위함이지 제사장이 높은 사람이라는 것을 가르쳐주시기 위한 게 아니다. 우리가 그것을 알아야 하나님의 뜻에서 크게 벗어나지 않을 수 있다.

6.

그런데 사람은 한쪽으로만 생각하다 보면 다른 한쪽을 놓치는 경우가 있다. 그래서 균형 잡힌 생각을 하는 게 참 중요하다. 나는 이 말씀을 읽을 때마다 제사장 옷의 강점은 제사장에게 있지 않고 제사에 있다는 것이 나의 변함없는 성경적 해석관이라고 할 수 있다. 그런데 이쪽을 강조하다 보면 한쪽이 비는 경우가 생긴다. 그래서 그쪽 얘기도 나눠보려고 한다.

7.

나는 과목 중에 수학을 좋아하고 조금 잘하기도 했다. 하나
님이 내 머리구조를 수학적으로 만드시지 않았을까 싶다. 공
부를 잘하진 못했지만 다른 과목보다는 수학이 재미있었고
잘했다. 그래서 입시시험을 볼 때, 수학 때문에 유리해져서
승부를 걸 수도 있겠다고 생각했다. 그런데 결론을 이야기하
자면 수학 때문에 대학 진학에 실패했다. 그 이유가 있다.

8.

고등학교 3학년 때, 수학 선생님에게 심하게 맞은 적이 있었
다. 뭘 잘못해서 그랬을 테지만 선생님은 매가 아니라 주먹
으로 내 얼굴을 때리셨다. 그래서 자존심이 많이 상했었다.
그것은 선생님이 할 일이 아니다. 어떻게 주먹으로 학생의
얼굴을 때릴 수 있나. 그래서 마음의 문을 닫았다. 선생님이
싫으니까 수학도 싫어졌다. 그래서 수업도 듣지 않았다. 그
러다 결국 수학 실력이 떨어져서 대학 진학에 실패했다.

9.

내가 늘 그 생각을 하면서 우리 아이들에게 이야기했다. "선
생님이라도 잘못된 건 잘못된 거고 옳은 건 옳은 거라고 해
야 한다. 그래서 그걸 가지고 싸워야 할 때가 있을 수도 있다.
그런데 싸울 때 예의가 있어야 하고, 법이 있어야 한다. 그리
고 더 중요한 게 있는데 선생님하고 싸우다가 선생님이 가르

치는 과목까지 싫어질 정도로 정신없이 싸우면 안 된다는 것이다. 아빠가 그것 때문에 큰 손해를 보지 않았니. 그러니까 싸울 땐 싸우더라도 공부할 때만큼은 선을 그어야 한다. 그런데 만일 수학을 포기하더라도 싸울 만한 가치가 있는 일이라면, 대학 진학을 포기하고라도 싸우긴 싸워라. 그러나 그렇지 않은 일로 거기까지 싸워서 공부를 못하는 것은 좋은 일은 아니다." 이것이 아이들에게 좀 도움이 되지 않았을까 생각한다.

10.

나는 교회개혁을 하려고 했기 때문에 당회 시간에 장로님하고 충돌하는 경우가 참 많았다. 충돌하고 조금 감정이 상해서 그다음 주일날 보면, 장로님이 자기 자리에 앉아 있지 않고 기둥 뒤에 숨어 계셨다. 나 보기가 싫어서. 내가 하는 말이 듣기 싫어서. 그래도 스피커가 있으니까 다 들리기는 하셨을 텐데, 내가 하찮은 소리를 하면 '목사가 허튼소리 하고 있네'라며 마음을 닫으셨다. 또 옳은 말을 할 때도 '말은 잘하시네'라며 받아들이지 않으셨는데, 그러고 보면 목사와의 관계 때문에 하나님의 말씀이 막히는 경우가 많다. 관계가 나빠도 될 만한 일이면 괜찮은데, 그렇지 않은 사소한 일에도 도를 넘어서 목사와 관계가 나빠짐으로 하나님의 말씀이 차단되는 것은 지혜로운 일이 아니라는 생각을 하곤 했었다.

11.

우리 아내는 교사였다. 그래서인지 학기 말이 되면 선생님들에게 조그마한 선물이라도 꼭 준비해서 편지와 함께 보내곤 했었다. 선생님에게 봉투를 주는 것은 좋지 않다. 학기 초에 선물을 드리는 것은 뇌물이다. 그래서 그건 하면 안 된다. 그런데 학기 말에 드리는 것은 뇌물이 아니라 '인사'이지 않은가. 나는 그 정도는 해야 한다고 생각했고, 아내도 그렇게 생각했다. 그래야 우리 아이가 선생님을 귀히 여기고 공부도 잘 배울 수 있다고 생각했기 때문이다.

12.

어른들에게 설교하면 오해할까봐 못하고, 청년들에게는 가르치고 싶은 것이 있었다. "취직하게 되거든 첫째 달 봉급은 하나님께 드려라. 두 번째 달 봉급은 부모님께 드려라. 그리고 세 번째 월급 타면 내가 너희들 교회 목사니까 내 넥타이 하나는 사 와라." 그렇게 얘기했었다.

아이들이 착해서 그 말을 잘 들었다. 그래서 나는 넥타이, 와이셔츠 같은 것은 누구보다 많았다. 왜 아이들에게 그렇게 가르쳤는가. 그래야 아이들이 말씀을 더 잘 들을 수 있을 것 같았다. 주의 종을 잘 섬기는 것까지 가라는 것은 아니지만, 그래도 너무 치우쳐서 목사님을 아무렇게나 생각하고 함부로 대하고 마음의 문을 닫으면 말씀이 무너지지 않겠는가.

13.

나는 제사장이 특별한 사람이 아니지만 왜 하나님이 제사장의 옷을 그렇게 귀하게 만드셨는가 할 때, 이런 의도도 있지 않았을까 생각했다. 사람을 우상화할 필요는 없지만 그렇다고 하나님의 말씀을 가르치는 목사, 스승을 함부로 여기면 내가 받는 교육적인 유익이 없기 때문에 하나님이 이와 같은 교훈을 우리에게 주시는 것이 아닐까 싶다.

14.

좌로도 치우치지 말자. 우로도 치우치지 말자. 제사장은 함부로 무시할 사람도 아니고, 제사장이라고 함부로 우상화할 것도 아니다. 하나님이 그러라고 제사장의 옷을 주신 것이 아니다. 제사가 귀해서, 예배가 귀해서 그런 것이다. 예배가 귀하기 때문에 그 예배를 집례하고 말씀을 가르치는 자를 귀히 여기라는 교훈이다. 이 말을 전하고 싶었다.

15.

예배가 귀해서, 하나님의 말씀이 귀해서 그것을 가르치는 교사와 목사도 지나치게는 말고 귀히 여겨서 하나님의 말씀을 잘 배우고 또 예배로 신앙의 유익을 얻을 수 있기를 바란다.

하늘에 가득 찬 영광의 하나님 온 땅에 충만한 존귀하신 하나님
생명과 빛으로 지혜와 권능으로 언제나 우리를 지키시는 하나님
성부와 성자와 성령 삼위의 하나님 우리 예배를 받아주시옵소서

-

제사가 귀하기 때문에 그 제사를 집례하는 제사장도
귀히 여겨주라고 하시는 교훈의 말씀으로 받았습니다.
하나님께 드리는 예배, 하나님의 말씀을 귀히 여기며 살아가는
우리가 될 수 있도록 축복하여주시옵소서.

45

하나님을 사랑하는 사람이 되고 싶다

출애굽기 29:38-46

38 네가 제단 위에 드릴 것은 이러하니라 매일 일 년 된 어린 양 두 마리니 39 한 어린 양은 아침에 드리고 한 어린 양은 저녁 때에 드릴지며 40 한 어린 양에 고운 밀가루 십분의 일 에바와 찧은 기름 사분의 일 힌을 더하고 또 전제로 포도주 사분의 일 힌을 더할지며 41 한 어린 양은 저녁 때에 드리되 아침에 한 것처럼 소제와 전제를 그것과 함께 드려 향기로운 냄새가 되게 하여 여호와께 화제로 삼을지니 42 이는 너희가 대대로 여호와 앞 회막 문에서 늘 드릴 번제라 내가 거기서 너희와 만나고 네게 말하리라 43 내가 거기서 이스라엘 자손을 만나리니 내 영광으로 말미암아 회막이 거룩하게 될지라 44 내가 그 회막과 제단을 거룩하게 하며 아론과 그의 아들들도 거룩하게 하여 내게 제사장 직분을 행하게 하며 45 내가 이스라엘 자손 중에 거하여 그들의 하나님이 되리니 46 그들은 내가 그들의 하나님 여호와로서 그들 중에 거하려고 그들을 애굽 땅에서 인도하여 낸 줄을 알리라 나는 그들의 하나님 여호와니라

I.

하나님을 믿는가? 좀 당황스러운 질문일 것이다. 당연히 우

리는 하나님을 믿는다. 그런데 사실 하나님을 믿는다는 게 참 신비한 일이 아닐까? 어떻게 보지도 못한 하나님을 우리가 믿는 걸까? 하나님이 믿어지는 건 정말 특별한 하나님의 은혜라고 생각한다. 한 가지 질문을 더 하고 싶다. 하나님을 사랑하는가? 아마 머리로는 당연히 그렇다고 생각할지 모른다. 그런데 정말 우리가 하나님을 사랑하며 살까? 그건 한번 곰곰이 짚어봐야 할 필요가 있다.

2.

사랑은 무엇일까? 사랑하면 어떤 일들이 일어나는가? 크게 두 가지 일들이 일어나는 것 같다. 두 가지 일이 일어나야만 사랑하는 걸 것이다. 첫째는 늘 함께 있고 싶어 하는 마음이다. 그래서 사랑하는 남녀가 결혼하는 것 아닌가? 헤어지는 게 싫어서. 결혼 날짜를 받아놓으면 이런 생각들을 할 것이다. '이제 며칠만 지나면 헤어지지 않아도 된다. 같이 살 수 있다.' 사랑은 이렇게 늘 함께 있고 싶어 하는 마음이다. 그리고 하나 더 있다. 사랑은 좋은 것만 보면 주고 싶어 하는 마음이다.

3.

내가 1977년도에 아내와 결혼을 했는데, 결혼하기 전 1월에 아내에게 선물을 받았다. 그런데 명분이 없었다. 생일은 좀 남았고, 크리스마스는 지났고, 선물을 받을 만한 일이 없어서 무슨 선물이냐고 물었더니 음력 크리스마스 선물이라고 했다. 남자 지갑이었는데, 백화점에 갔다가 마음에 들었던 모양이다. 그게 좋아 보이니까 내 생각이 났고 사기는 샀는데 줄 명분이 없으니 음력 크리스마스라고 이름을 붙여서 나에게 주었다. 그래서 내가 교회 청년들한테 '너희들 음력 크리스마스 선물 받으면 장가간다, 시집간다'라고 얘기했던 적이 있다. 사랑은 이렇게 좋은 것을 보면 주고 싶어 하는 마음이다.

4.

작자가 알려지지 않은 '사랑'이란 시조가 있다.

겨울철 따사한 볕을 님에게 보내고저
봄 미나리 살진 맛을 님에게 드리고저
님께야 부족한 것 있으랴만 늘 못 잊어 하노라

정말 근사한 글이다. 어떻게 이렇게 짧은 글 속에 사랑을 담을 수 있을까? "님께야 부족한 것 있으랴만" 좋은 것만 보면 보내고 싶고, 주고 싶고, 그게 '사랑'이다.

5.

하나님은 우리를 사랑하실까? 당연하다. 지금 얘기한 두 가지 조건에 맞춰보면 딱 맞다. 하나님은 우리와 늘 함께 있고 싶어 하신다. 우리가 죄를 범함으로 하나님을 멀리하고 떠났음에도 불구하고 죄인 된 우리와 함께하고 싶으셔서 하늘 보좌를 버리시고 인간의 몸을 입고 이 땅에 임마누엘로 오신 하나님, 그분이 '예수님' 아니신가.

하나님은 늘 우리와 함께 있고 싶어 하신다. 언제나 눈동자처럼 지키시고, 머리털을 헤아리시는 하나님이시다. 그리고 좋은 것을 주고 싶어 하신다. 천지를 창조할 때부터 하나님의 그 마음이 드러난다. 그리고 우리를 살리겠다고 독생자 예수 그리스도를 십자가에 못 박기까지 하시는 하나님. 한 마디로 '사랑'이다. 하나님은 우리를 사랑하시는 게 틀림없다.

6.

우리가 사랑을 늘 함께 있고 싶은 마음과 좋은 것을 드리고 싶어 하는 마음으로 풀었다. 그러면 우리는 하나님과 늘 함께 있고 싶은가? 하나님을 피하고 싶을 때는 없는가? 무엇보다도 하나님께 드리는 것이 즐거운가? 좋은 것만 있으면 하나님께 드리고 싶은가? 하나님께 드리는 것이 어렵지는 않은가? 의무감에, 책임감에 드리고 부담스러울 때는 혹 없는가?

이렇게 물으면 누구도 자유롭지 못하다. 이런 걸 점검해보면 우리가 하나님을 사랑하지 않는 건 아닌데 정말 자신 있게 하나님을 사랑한다고 얘기하는 게 쉬운 일은 아니라는 것을 알게 된다.

7.

사랑도 어느 정도 훈련이 필요하다. 마음에서, 진심에서 우러나는 본능적인 사랑도 있지만, 훈련하고 연습하면 그리고 노력하고 기도하면 사랑도 발전한다. 그래서 하나님을 사랑하는 훈련이 우리 신앙생활에 필요하다.

8.

좋은 훈련 중 하나가 '헌금 훈련'이라고 생각했다. 나도 하나님 앞에 헌금하는 일이 때로는 부담스럽고 또 그것이 너무 죄스러워서 그런 마음을 없애 보려고 훈련하며 노력을 좀 많이 했다. 그랬더니 조금씩이지만 발전하는 것을 느낄 수 있었다. 나의 헌금 훈련은 십일조 훈련이었다. 흠 없는 십일조를 드리는 훈련이었기에 교인이 명절에 사과 한 상자를 보내도 십일조를 떼려고 했다. 열 개 중의 하나씩 떼서 귀한 사람들에게 베푸는 식으로 십일조 훈련을 했었다.

9.

그리고 힘들었지만, 몸에 익숙하도록 훈련했던 것이 가난한 이웃과 내 삶의 한 귀퉁이라도 나누려고 한 것이다. "너희가 너희의 땅에서 곡식을 거둘 때에 너는 밭 모퉁이까지 다 거두지 말고 네 떨어진 이삭도 줍지 말며"(레 19:9).

네 밭이라고 다 거두지 말아라. 네 귀퉁이는 남겨라. 들고 가다 떨어뜨린 거 줍지 말아라. 네 밭의 이삭을 가난한 사람이 주어갈 수 있게 해라. 그래서 '이삭줍기'라는 헌금을 만들어서 아이들에게도 가르치고 실천해보려고 애를 썼었다.

10.

은퇴를 앞두고 마지막으로 했던 것은 재산의 한 몫을 하나님 앞에 드리는 것이었다. 부모님이 물려주신 집이 있었는데 다 내 몫은 아니었다. 그때 가족이 여섯이었으니까 우리 어머니 1/6, 아내 1/6, 나 1/6, 우리 아들 셋 1/6씩, 그래서 1/6이 내 것으로 생각하고 아이들에게도 얘기해주었다. 그랬더니 그게 정리가 잘 되었다. 아이들도 좋아했고.

그런데 그다음 날 새벽기도를 하는데 하나님이 느닷없이 '나는?' 그러셨다. 첨엔 말귀를 못 알아들었다. 그래서 하나님 앞에 '네?' 했더니 '아버지라며' 하셨다. 그때 알았다. '네 식구가 왜 여섯이냐. 내가 아버지면 너희 식구는 일곱이어야지. 그리고 나도 1/7 줘야지. 내 몫을 주든가 아버지라고 부르지를 말든가!' 그런 마음을 주셨다. 그래서 마음으로 웃었고 또 하나님 앞에 죄송했다. 그래서 다시 정리했다. 아이들에게도 얘기했다. 하나님께 가족의 몫을 드려야 되겠다고. 그리고 실천했다. 또 교인들에게도 그렇게 한번 살아보자 권했는데 감사하게도 많은 분이 동의해주었다.

11.

텔레비전 광고 중에 참 마음에 드는 광고가 있다. 요즘은 잘 안 하던데, 보일러 광고다. 부부가 얘기하다가 날씨가 굉장히 추우니까 시골에 계시는 부모님을 걱정하면서 "여보, 아버님 댁에도 보일러 한 대 놔드려야겠어요"라고 한다. 그 광고가 참 따뜻하다. 자식들이 그런 얘기하는 걸 부모가 들으면 얼마나 행복할까? 그때 나는 우습게도 이 생각이 들었다. '아이고, 우리 하나님 댁에도 보일러 한 대 놔드려야 되는데.' 이런 마음을 갖고 살면 참 좋겠다는 생각이 들었다.

12.

그래서 처음으로 자가용을 살 때 '하나님도 한 대 사드려야지' 하는 생각을 했다. '아, 하나님께도 아파트 하나 사드릴 수 있으면 좋겠다' 하는 마음을 가지고 살았다. 실천한 것도 있고, 못한 것도 있다. 하나님이 아파트를 받으시고 안 받으시고의 문제가 아니라, 그런 마음을 가지고 사는 것을 하나님이 기뻐하시지 않을까 생각했다.

13.

하나님을 눈으로 본 적 없고 직접 만난 적도 없지만, 하나님의 은혜를 생각하면 눈에 보이진 않지만, 증거가 있다. 바라는 것들의 실상이 있고 보지 못하는 것들의 증거가 있다. 하나님에게 받은 은혜와 축복은 실상이다. 그것을 통하여 하나님을 믿게 된다. 나 같은 게 뭐라고 구원해주시고 목사로 삼아 주시고 또 목사직을 감당하게 하시고 가정을 이루게 하시고 자녀들을 주시고 이 복을 받게 하시나 생각하면 하나님께 무엇을 드려도 아깝지 않다. 그리고 그렇게 살고 싶다.

I4.

믿음도, 사랑도 하나님께 인정받아야지 그냥 '믿습니다, 사랑합니다'라고 해서 되는 건 아니다. 입으로 '주여, 주여' 하는 자마다 다 하나님나라에 들어가는 게 아니다. 나는 하나님께 인정은 꼭 받고 싶다. '김동호 목사는 진짜 나 믿지. 김동호 목사는 날 믿는 사람이야'라고 믿음을 인정받으면 좋겠다. 하나님께. 사람들에게 말고. 물론, 사람들에게도 인정받으면 좋겠지만. 그리고 무엇보다도 하나님이 '김동호 목사가나 사랑하는 거 맞아. 김동호 목사는 날 사랑하지. 나도 김동호 목사 사랑해'라고 하시는 것을 날마다 바라고 꿈꾼다. 이것이 결국 신앙의 목적 아니겠는가.

I5.

하나님을 사랑하는 사람이 되고 싶다. 그래서 늘 함께 있고 싶다. 무의식에서조차도 하나님을 잊어버리지 않는 삶을 살고 싶다. 하나님께는 무엇을 드려도 아깝지 않은, 좋은 것만 보면 하나님께 드리고 싶어 하는 그런 삶을 살다가 하나님 앞에 갈 수 있는 우리가 되면 좋겠다. 하나님을 사랑하는 삶에 도전할 수 있기를.

●

내 구주 예수를 더욱 사랑
엎드려 비는 말 들으소서
내 진정 소원이 내 구주 예수를
더욱 사랑 더욱 사랑

–

하나님을 사랑하게 하여주시옵소서.
사랑이 마음으로 되는데, 머리로도 되는데, 그게 쉽지 않습니다.
하나님께 드리는 것이 부담스러울 때가 있습니다. 솔직히 부끄럽습니다.
하나님께는 무엇을 드려도 아깝지 않은 삶을 살게 해주옵소서.
하나님께 우리의 온 삶을, 귀한 것을
제물로, 제사로 올려드리며 살아가는
우리가 될 수 있도록 하시옵소서.

46

돈과 사람을 하나님 삼은 사람

출애굽기 32:1-6

1 백성이 모세가 산에서 내려옴이 더딤을 보고 모여 백성이 아론에게 이르러 말하되 일어나라 우리를 위하여 우리를 인도할 신을 만들라 이 모세 곧 우리를 애굽 땅에서 인도하여 낸 사람은 어찌 되었는지 알지 못함이니라 2 아론이 그들에게 이르되 너희의 아내와 자녀의 귀에서 금 고리를 빼어 내게로 가져오라 3 모든 백성이 그 귀에서 금 고리를 빼어 아론에게로 가져가매 4 아론이 그들의 손에서 금 고리를 받아 부어서 조각칼로 새겨 송아지 형상을 만드니 그들이 말하되 이스라엘아 이는 너희를 애굽 땅에서 인도하여 낸 너희의 신이로다 하는지라 5 아론이 보고 그 앞에 제단을 쌓고 이에 아론이 공포하여 이르되 내일은 여호와의 절일이니라 하니 6 이튿날에 그들이 일찍이 일어나 번제를 드리며 화목제를 드리고 백성이 앉아서 먹고 마시며 일어나서 뛰놀더라

I.

모세가 율법을 받기 위해서 산으로 올라갔다. 그런데 그 기간이 굉장히 길어졌다. 백성들이 모세를 기다리다가 모세가 산에서 내려오는 것이 더뎌지는 것을 보고 금으로 송아지 형

상을 만들어 신으로 섬기기 시작했다는 말씀이 본문에 기록되어 있다.

2.

하나님은 사람에 의해서 만들어지는 신이 아니다. 만들어지는 존재도 아니고 태어나는 존재도 아니다. 하나님은 스스로 존재하시는 분이다. 그래서 하나님이 '나는 스스로 존재하는 자니라'라고 말씀하셨다. 즉, '자존자'이시다.

3.

만들어지는 신은 신이 아니다. 그런데 우리 인간은 끊임없이 신을 만들려고 한다. 이스라엘 백성과 마찬가지다. 신을 만든다기보다는 신으로 삼는다는 말이 더 맞을 것이다.

4.

사람은 자기보다 더 힘이 있어 보이고 강해 보이는 초자연적인 자연이나 그런 힘을 보면 신으로 생각하고 섬기려는 마음이 있다. 해와 달, 큰 강, 큰 산, 천 년 이상 된 큰 고목 등을 보면 신으로 삼으려는 본능이 있다. 일본에는 신이 800만인가 된다는 얘기도 들었는데, 우리나라도 옛날에 미신을 섬기던 문화는 그와 다르지 않다.

5.

그런데 이렇게 우상을 만들고 신으로 삼는 것이 꼭 하나님을 믿지 않는 사람들만 하는 일일까? 유일신이신 하나님을 믿는 우리에게는 그와 같은 행동이 없을까? 나는 그렇지 않다고 생각한다. 하나님을 믿는다고 하는 우리도 알게 혹은 모르게 하나님 외에 다른 신을 섬기고 의지하는 행동들을 많이 한다. 그래서 하나님이 십계명에서 '우상 만들지 말아라, 나 외에 다른 신을 섬기지 말아라' 하는 계명을 주신 것 같다.

6.

우리가 신으로 삼고 의지하고 섬기려는 것들이 뭐가 있을까? 많다. 많은데, 크게 두 가지를 생각할 수 있다. 첫째는 돈이고, 둘째는 사람이다.
돈은 우리에게 거의 신이다. 그래서 '맘몬'(mammon)이라 하지 않는가. 돈은 우리에게 하나님과 같다. 세상에 돈처럼 힘 있는 것이 또 뭐가 있을까. 돈처럼 믿을 만한 게 세상에 또 어디 있을까. 돈은 인간에게 전에도 신이었고, 지금도 신이고, 앞으로도 신일 것이다. 돈은 확실히 인간이 섬기려는 신 중 신이다. 그리고 이것은 하나님을 믿는다고 하는 우리라고 예외는 아니다.

7.

예수님을 믿고 살아오면서 돈을 하나님으로 삼지 않으려고 부족하지만 나름대로 노력해보았다. 그러기 위해 목표를 세우고 실천하려고 훈련했던 것이 첫째로 정당한 과정을 통해 들어오지 않는 돈에 대한 욕심을 버리는 것이었다. 그러니까 '하나님이 주시는 것만 먹겠다, 하나님이 주시는 정당한 돈만 가지고 살겠다, 그 외의 욕심은 부리지 않겠다'는 것이었다. 그래서 좋아하게 된 말씀이 "네가 네 손이 수고한 대로 먹을 것이라 네가 복되고 형통하리로다"(시 128:2)이다. 정직한 수입, 하나님이 인정하시고 하나님의 식대로 들어오는 돈 외에는 욕심을 부리지 않겠다고 생각했다. 그 욕심을 부리기 시작하면 돈이 내 삶의 신이 되겠다고 생각했다.

8.

둘째는 정당한 과정으로 손이 수고하여 얻은 소득도 다 내 것이라고 욕심부리지 않는 것이다. 하나님이 가르쳐주신 대로 그중에 하나님의 몫을 십일조로 떼고, 밭의 네 귀퉁이, 가난한 사람들을 배려하는 몫도 떼고. 그렇게 몫을 떼면서 살려는 훈련을 해왔다.

그것을 통해서 돈에 대한 욕심을 조금 제어할 수 있었다. 그리고 그 욕심을 제어함으로 돈이 내 삶의 하나님이 되고 신이 되는 일을 막아낼 수 있었다. 십일조, 이삭줍기뿐만 아니라 마지막에 은퇴하면서 재산도 어느 정도 정리해서 하나님 앞에 '희년 헌금'이라고 한번 해보았다. 그 모든 이유가 돈은 내게 하나님이 아니다, 돈으로 모든 것을 할 수 없다는 것을 나 자신에게 각인시키려는 행동이 아니었나 싶다.

9.

돈만큼이나 우리가 의지하고 하나님처럼 삼고 싶은 것이 있는데, 그게 '힘 있는 사람'이다. 사람을 하나님으로 삼지 않으려는 노력도 제법 하며 살았다. '큰 물주와 조물주' 이야기를 예화로 자주 들었는데, 큰 물주들이 나에게도 많이 있었지만 나는 큰 물주를 의지하지 않고 조물주이신 하나님을 믿고 살려고 노력했다. 그들과 함께 일은 해도, 그들을 의지하지 않았다. 아이들을 기를 때도 사람에게 의지하지 않는 것을 가르치려고 나름대로 애썼다.

10.

둘째가 군대 갈 때, 내가 훈련소까지 데려다주었는데 둘째의 친구들이 뒷자리에 같이 탔었다. 운전하는데 한 아이가 뒤에서 이런 말을 했다. "야, 군대는 요령이래. 집합하면 앞에도 서지 말고 뒤에도 서지 말고 가운데 숨어."

그래서 내가 웃으면서 말했다. "에이, 이놈아. 네가 무슨 미꾸라지 새끼냐, 숨기는 왜 숨냐. 숨지 말아라. 그렇게 되면 매를 몇 대 덜 맞을지 모르지만, 그런 나약한 정신으로는 군대 생활하기 어려워. 집합하면 매를 몇 대 더 맞는 한이 있어도 앞으로 튀어나가. 정면 돌파해라."

그러면서 내가 우리 둘째에게 해주었던 이야기가 있다. "아버지 군대에 아는 사람 많다. 장군들도 꽤 많이 알아. 아빠는 모르는데 아빠를 아는 장군들도 꽤 있어. 너를 빼주는 건 몰라도 조금 편한 자리, 좋은 자리 부탁하는 전화야 얼마든지 할 수 있지. 될는지 안 될는지 모르지만. 그렇지만 아버지는 전화 안 할 거야. 하나님 앞에만 전화할 거야. 그러니깐 네가 정면 돌파하면서 살아라." 그랬더니 우리 둘째 아이가 "예, 걱정하지 마세요. 그렇게 하겠습니다"라고 했다.

11.

아이를 군대에 보내 놓고 정말 하나님께 전화를 많이 했다. 그래서 하나님이 전화를 받으셨는데도 둘째는 최전방 수색 중대 유격 조교가 되었다. 그보다 더 어려운 조합으로 군대 가기는 쉽지 않을 것 같다. 그래서 아이가 고생을 참 많이 했다. 유격 조교 노릇을 하다가 몇 달 후에 나에게 편지를 보냈다. '아버지, 유격 재밌어요. 정면 돌파하고 덤벼드니까 처음엔 겁났지만, 점점 익숙해졌어요.'
아이가 담대해지고 강해지는 걸 느꼈다. 그때 '아, 저 정신이면 세상 어디다 내놔도 자기 구실 하면서 살 수 있겠구나' 하는 생각을 했었다.

12.

막내가 신학대학원을 졸업하고 전임 자리를 찾을 때 이런 얘기를 해주었다. "아버지 교회에는 못 온다. 아버지는 세습 안

해. 아버지는 친구들도 있고, 아는 목사들도 많으니 전화해서 부탁하면 아마 네 자리 하나 만드는 것 그다지 어렵지는 않을 것이다. 그러나 전화 안 할 거야. 하나님과 네가 정면 승부를 겨뤄서 정정당당하게 가라. 그렇지 않으면 아버지가 목사가 아닌 전도사 친구들은 어떻게 자리를 얻을 수 있겠니. 네가 하나님 앞에 전화하고 네 힘으로 찾아서 해 보거라."

그래서 정말 막내의 교회 자리 찾는 일에 누구에게도 전화 한 통 하지 않았다. 사람에게 의지하기 시작하면, 그게 별거 아닌 것 같아도 하나님 자리를 대신하는 불신앙이 되기 때문이었다.

13.

교회 자리를 찾는 게 참 어려웠다. 이력서를 열 장, 스무 장씩 써서 돌아다닌 것 같은데 끝내 자리를 얻지 못했다. 마지막 날에 준전임 자리 하나 겨우 얻어서 사역을 시작했다. 어느 날 나에게 오더니 "아버지 때문에 갈 데가 더 없어요" 하며 웃었다. 나를 힘들게 생각하고 싫어하는 교회들도 꽤 많았기 때문이다. 그래서 아이가 웃으면서 그랬던 기억이 난다.

14.

나도 아버진데, 아들이 편하게 사는 게 왜 싫겠는가. 도와주고 싶고 거들어주고 싶었지만, 그렇게 하고 싶지 않았다. 그게 아이에게 절대로 도움이 되지 않기 때문이다. 그래서 세

아이를 다 그렇게 키웠는데, 하나님 한 분 의지하며 살아가는 강한 아이들로 반듯하게 잘 자라주었다.

15.

막내가 자기 나름대로 어떤 소명감이 있어서 굴러다니는 교회 이야기를 하면서 '수박 빈티지'라는 옷가게를 냈다고 하지 않았는가? 가게를 시작해서 자리를 잡는 게 얼마나 어려운가? 그래서 "아버지가 생활비라도 좀 도와줄까?" 했더니 우리 막내아들이 그랬다.

"고맙습니다. 그런데 아버지, 받고 싶지 않습니다."

"왜 그러냐?" 그랬더니 답을 근사하게 했다.

"그러면 하나님 앞에 '일용할 양식을 주옵시고' 하는 기도가 나오지 않지 않습니까. 하나님께 일용할 양식을 달라며 정면승부를 걸어보겠습니다."

지금 가게 시작한 지 1년 반 정도 됐는데, 나에게 생활비를 받아 가지 않고도 잘 견디고 있다.

16.

이게 말하기는 쉬운데 실제 삶에 적용하면서 살려면 굉장한 용기가 필요하다. 그리고 작은 믿음일지언정, 믿음이 있어야만 하는 일이다. 이런 일을 하는 까닭은 하나님 외에는 다른 신을 내게 두지 않으려는 하나의 발버둥질이었다.

17.

하나님은 우리를 사랑하신다. 사랑하시기 때문에 질투하신다. 그래서 하나님은 스스로 '나는 질투하는 하나님이다'라고 말하며, '우상 섬기면 너 벌 받을 거야'라고 하신다. 난 하나님이 질투하신다는 말씀이 좋다. 왜? 그게 우리를 사랑하신다는 말씀이기 때문이다. 사랑하면 질투한다.

18.

말도 안 되는 소리지만, 아내가 '나 남자 친구 생겼어'라고 하는데, 남편이 '어, 잘됐네. 나한테도 소개해줘'라고 한다면 그게 근사한 남편이겠는가. 아내에게 관심이 없는, 아내를 사랑하지 않는 남편이겠는가. 물론, 이건 말도 되지 않는 소리다. 하지만 사랑은 질투하는 것이다.

19.

하나님은 우리를 사랑하시기 때문에 그 어떤 것보다도 하나님 외에 다른 신을 섬기거나 의지하는 것을 아주 싫어하신다. 그래선 하나님의 복을 받을 수 없다. 하나님의 복을 받을 수 없는 것뿐만 아니라 하나님의 벌을 받는다.

20.

이스라엘 백성들이 금 신상 만든 것은 그들이 하나님께 지은 죄 중 가장 큰 죄였다. 하나님보다 돈을 더 좋아하지 않도록,

하나님보다 힘 있고 권력 있는 사람들을 의지하지 않도록, 우리의 삶은 오로지 하나님께만 걸고, 하나님만 믿고 섬기는 사람이 될 수 있도록, 하나님만 사랑하는 사람이 될 수 있도록, 힘써 노력하고 기도하고 애쓰는 우리가 되기를 주의 이름으로 축원한다.

●

내 주 되신 주를 참 사랑하고
곧 그에게 죄를 다 고합니다
큰 은혜를 주신 내 예수시니
이전보다 더욱 사랑합니다

–

하나님 한 분만 하나님으로 섬기며 살게 하옵소서.
의식 속에서나 무의식 속에서라도
하나님보다 더 의지하고, 신뢰하고, 섬기는 우상을 두지 않게 하옵소서.
그러기 위하여 하나님만 사랑하며 살게 하여주시옵소서.

47

하나님과 친구처럼

출애굽기 33:9-11

9 모세가 회막에 들어갈 때에 구름 기둥이 내려 회막 문에 서며 여호와께서 모세와 말씀하시니 10 모든 백성이 회막 문에 구름 기둥이 서 있는 것을 보고 다 일어나 각기 장막 문에 서서 예배하며 11 사람이 자기의 친구와 이야기함 같이 여호와께서는 모세와 대면하여 말씀하시며 모세는 진으로 돌아오나 눈의 아들 젊은 수종자 여호수아는 회막을 떠나지 아니하니라

I.

창세기에 보면 하나님이 처음 아담을 창조하실 때 흙으로 그 모양을 하나님의 형상대로 빚으시고 코에 생기를 불어넣으셨다고 한다. 그 생기는 하나님의 영이었다. 그래서 사람이 '생령'(生靈)이 되었다. 왜 하나님은 사람에게 하나님의 영을 불어넣어주셨을까? 친구가 필요해서다. 대화할 수 있는 친구, 인격, 대상이 필요해서 그러신 게 아닐까 생각해보았다.

2.

나는 신학교 졸업반 때 결혼했다. 1977년이었다. 결혼 전에 결혼을 놓고 기도하지 않는가. 그런데 나는 뭐라고 기도해야 할지 잘 몰랐다. 그래서 기도로 하나님께 물었다. '하나님, 뭐라고 기도해야 할까요?'

그때 하나님이 내 마음에 주신 기도 제목은 이것이었다. "말 통하는 여자와 결혼하게 해주세요." 그때 나는 말이 통한다는 것이 참 중요하다고 생각했다. 가치관이나 사고방식이 다르다면 함께 살기 어렵다. 밤낮으로 충돌하기 때문이다. 그래서 하나님이 가르쳐주신 대로 말 통하는 여자와 살게 해달라고 하나님 앞에 기도했고 40여 년 동안 잘 살고 있다. 나는 그 기도가 지혜로운 기도였다고 생각한다.

3.

말이 통하는 친구가 있다는 건 참 행복한 일이다. 부부가 평생 살면서 말이 통하고 같은 가치관을 가진다는 건 정말 복된 일이다. 그리고 자식과 말이 통한다는 건 대단한 축복이라는 걸 아는가? 자식과 말이 통하고, 아내와 말이 통하고, 친구와 말이 통한다면 얼마나 행복하고 좋은 세상이 되겠는가.

4.

아담과 하와는 처음에 하나님과 그런 존재였다. 그래서 하나님이 늘 찾아오시고 대화하면서 서로 기뻐하는 생활이 에덴의 생활이었다. 그런데 선악과를 따먹고 죄를 범하면서 하나님의 영을 잃어버렸다. 하나님과 생각이 달랐다. 사고방식이 달랐다. 가치관이 달랐다. 그러니까 하나님과 말이 안 통하게 되었다. 하나님과 불통이 되었다. 그래서 하나님도 외로워지셨고, 인간은 더 말할 것도 없이 힘들어지고 어려워지고 불행해졌다.

5.

성경에 보면 정말 가뭄에 콩 나듯이 하나님의 마음에 합한 사람들이 있었다. 하나님과 대화하고 하나님이 좋아하시고 하나님과 동행했던 사람들이 있었다. 그중 하나가 본문의 모세다. "사람이 자기의 친구와 이야기함 같이 여호와께서는 모세와 대면하여 말씀하시며."
나는 이 말씀이 정말 부러웠다. 하나님이 모세를 친구처럼 대하셨다. 이보다 더 부러운 말씀이 없었다. 모세는 하나님의 마음에 합해서 하나님이 친구같이 생각하시고 회막에서 만나 대화하는 그런 존재였다.

6.

욥도 그만한 사람이었다. 사탄이 하나님 앞에 왔을 때, '너, 욥 봤냐. 세상에 그렇게 악에서 떠나고 나한테 잘하는 사람이 없지'라며 자랑하셨다. 그 바람에 욥이 사탄의 시기를 받아서 어려움도 당했지만, 욥, 참 부럽다. 사탄이 물어보지도 않았는데 하나님이 자랑하고 싶은 사람, '너, 욥 봤어? 진짜 내 친구야. 정말 의인이지' 이렇게 자랑할 만한 사람이 욥이 었다.

7.

또 있다. 에녹이다.

"에녹이 하나님과 동행하더니 하나님이 그를 데려가시므로 세상에 있지 아니하였더라"(창 5:24).

에녹은 하나님과 동행한 사람이다. 하나님의 친구였다.

8.

"폐하시고 다윗을 왕으로 세우시고 증언하여 이르시되 내가 이새의 아들 다윗을 만나니 내 마음에 맞는 사람이라 내 뜻 을 다 이루리라 하시더니"(행 13:22).

다윗에게도 참 좋은 표현을 쓰신다. '내 마음에 맞는 사람'이 다. 마음에 꼭 든다는 말이다. 다윗은 죄도 없고, 흠도 없고, 잘못이 없었나? 아니다. 그렇지 않다. 우리가 잘 알지 않는 가? 그러나 그럼에도 불구하고 하나님은 다윗을 마음에 들 어 하셨다. 다윗의 행적을 보면, 그리고 다윗의 시편을 보면 그의 삶에 죄도 있었지만, 하나님이 참 마음에 들어 하셨겠 다 싶다.

9.

그런 면에서 부러운 사람이 또 하나 있다. 바로 세례 요한이
다. 하나님이 세례 요한에 대해 이런 표현을 쓰신다. "광야에
외치는 자의 소리." '소리'라는 말을 쓰셨다.

10.

예전에 동안교회 건축할 때 건축비를 많이 쓰지 않으려고,
너무 화려한 예배당을 짓지 않으려고 굉장히 노력하고 애썼
다. 그런데 그러면서도 남한테 오해받고 심지어 욕을 먹을
수도 있을 만큼 돈을 많이 쓴 것이 있었는데, 그게 음향이었
다. 음향에는 돈을 많이 썼다. 그 당시에 보통 교회가 상상도
못 할 돈을 썼었다. 왜냐하면 내가 소리에 굉장히 민감하고
소리를 중히 여겼기 때문이다.
예배당을 지을 때 청년들을 생각해서, 청년들을 교회로 많이
불러 모으기 위해 본당에 좋은 음향시설을 설치해서 콘서트
도 하고 찬양집회도 하는 걸 꿈꿨다. 그래서 내가 바라고 욕
심내는 소리가 있었는데 그 소리를 내려고 하니까 돈이 엄청
나게 들었다. 그래서 동안교회가 좋은 음향시설을 갖추게 되
었다. 나중에 높은뜻숭의교회를 개척할 때도 다른 데는 돈을
안 썼는데 음향에는 돈을 참 많이 썼던 기억이 있다.

11.

좋은 스피커, 좋은 시스템을 만나면 찬양하기도 쉽고 설교하

기도 쉽다. 그게 참 좋다. 그런데 하나님이, 그리고 예수님이 세례 요한에 대해서 이야기하실 때 여러 가지 표현이 있는데 왜 '소리'라는 말을 쓰셨을까 생각했다. 세례 요한이 말씀은 아니다. 말씀은 하나님이시다. 예수님이 말씀이시다. 그런데 그 말씀이 세상에, 사람들에게 전달되려면 스피커, 소리가 있어야 한다.

그런데 이 소리가 쉽게 말하면 선지자일 수 있고 요즘으로 말하면 목사일 수도 있는데, 하나님 보시기에 이 음향이 마음에 들지 않는 것이다. 엉뚱한 소리 내고 찢어지는 소리가 나서 전달이 잘 안 되니까 갑갑했었는데, 세례 요한이 정말 좋은 소리를 내준 것이다. 그러니까 세례 요한은 하나님의 말씀을 그대로 전달할 수 있는 좋은 스피커였다. 그래서 예수님이 '저는 광야에서 외치는 소리'라고 하신 것이다. 참 마음에 든다는 소리다.

12.

내가 시를 쓰고 싶다는 소원을 두고 살았는데, 내 머리는 시 쓰는 구조가 아니어서 결국은 잘 못 썼다. 그래도 두서 편 정도 시를 쓰기는 썼는데, 그중 하나가 〈세례 요한〉이었다. 조금 황당한데, 그냥 한번 읽어보라.

세례 요한
그에게서는 소리가 난다.

이게 끝이다. 덧붙여보려고 애를 쓰다가 여기서 끝내는 게 좋겠다 싶었다. 그에게서는 소리가 난다. 나는 목사로 살지 않았는가. 나도 스피커다. 스피커가 좋아야 한다. 내가 좋은 스피커가 되었으면 좋겠다. 하나님이 '날마다 기막힌 새벽' 이라는 스피커를 마음에 들어 하셨으면 좋겠다. 그런 사람이 되면 참 좋겠다.

13.

우리가 왜 성경을 공부하는가? 왜 날마다 성경 붙들고 씨름하는가? 하나님과 말이 통하는 사람이 되려고 한다. 성경은 하나님의 영으로 기록됐다. 그래서 하나님의 말씀을 자꾸 공부하고 마음에 새기다 보면 하나님과 영이 통하는 관계가 된다. 그렇게 되면 얼마나 좋겠는가. 우리가 다 모세처럼, 하나님이 친구처럼 얘기하는 그런 대상이 되면 얼마나 좋을까!

14.

가끔 요즘 하나님이 외로우실 것 같다는 생각을 한다. 기대했던 사람들이 하나둘 무너지고, 엉뚱한 말 하고, 엉뚱한 일 하고. 그것을 하나님의 말씀이라고, 하나님의 뜻이라고 거짓말할 때, 하나님이 얼마나 답답하실까. '아, 말 통하는 사람이 하나도 없네'라고 하시지 않을까?
그럴 때 '하나님, 제가 여기 있습니다. 하나님 말씀대로 살아보려고 부족하지만 애를 쓰는데, 하나님의 친구가 되었으면 좋겠습니다' 하는 마음으로 하나님 앞에 나아갈 수 있는 우리가 되었으면 좋겠다.

15.
우리가 하나님과 말이 통하는 사람이 되어서 에녹처럼 하나님과 동행하고, 하나님의 친구가 되는 그런 삶을 살았으면 좋겠다.

●

주님의 뜻을 이루소서 고요한 중에 기다리니
진흙과 같은 날 빚으사 주님의 형상 만드소서

주님의 뜻을 이루소서 온전히 나를 주장하사
주님과 함께 동행함을 만민이 알게 하옵소서

-

하나님의 말씀을 통하여 우리가 하나님의 영을 회복할 수 있게 도와주시고
우리의 생각과 마음과 행동과 삶이 하나님을 닮고
주님과 동행하고, 하나님의 친구가 되게 하여주옵소서.

48

하나님의 질투

출애굽기 34:10-17

10 여호와께서 이르시되 보라 내가 언약을 세우나니 곧 내가 아직 온 땅 아무 국민에게도 행하지 아니한 이적을 너희 전체 백성 앞에 행할 것이라 네가 머무는 나라 백성이 다 여호와의 행하심을 보리니 내가 너를 위하여 행할 일이 두려운 것임이니라 11 너는 내가 오늘 네게 명령하는 것을 삼가 지키라 보라 내가 네 앞에서 아모리 사람과 가나안 사람과 헷 사람과 브리스 사람과 히위 사람과 여부스 사람을 쫓아내리니 12 너는 스스로 삼가 네가 들어가는 땅의 주민과 언약을 세우지 말라 그것이 너희에게 올무가 될까 하노라 13 너희는 도리어 그들의 제단들을 헐고 그들의 주상을 깨뜨리고 그들의 아세라 상을 찍을지어다 14 너는 다른 신에게 절하지 말라 여호와는 질투라 이름하는 질투의 하나님임이니라 15 너는 삼가 그 땅의 주민과 언약을 세우지 말지니 이는 그들이 모든 신을 음란하게 섬기며 그들의 신들에게 제물을 드리고 너를 청하면 네가 그 제물을 먹을까 함이며 16 또 네가 그들의 딸들을 네 아들들의 아내로 삼음으로 그들의 딸들이 그들의 신들을 음란하게 섬기며 네 아들에게 그들의 신들을 음란하게 섬기게 할까 함이니라 17 너는 신상들을 부어 만들지 말지니라

I.

나는 무녀독남 외아들로 컸다. 부모님 얘기를 해서 죄송하지만, 부모님은 나이 차이도 좀 있으셨고 옛날 분들이 대개 다 그렇듯이 사이가 썩 좋지 않으셨다. 그래서 어머니가 특별히 나에게 집착하시는 부분이 많았다. 어머니에게 나는 아들인 동시에 딸이기도 하고, 친구이기도 하고, 애인이기도 하고, 조금 과장하면 거의 하나님이기도 했다. 집착이 좀 강하니까 아무래도 아내와는 사이가 좋지 않았다. 그래서 가정에 어려운 일도 가끔 생겼다. 어느 날 생각하다가 내가 어머니에게 "어머니, 혼자 사세요"라고 얘기했다. 이젠 더이상 모시지 않겠다는 뜻은 아니었고, 하나님을 믿는 믿음으로 홀로 사실 수 있어야 아들, 며느리와 함께 살 수 있다고 그때 어머니에게 말씀드렸다.

2.

하나님보다 자식을 더 의지하고 집착하면 그 자식이 우상이 된다. 그렇게 되면 자식하고 함께 살 수 없다. 왜? 우상은 파하여야 하는 것이기 때문이다. 어머니가 머리로는 이해하셨지만, 마음으로 다 이해하셨는지는 잘 모르겠다.

3.

그때 나도 깨달았다. 나도 그렇게 살아야 하겠구나. 아내가 없으면 못 사는 사람, 그만큼 내가 아내를 소중히 여겼는데,

너무 아내를 소중히 여기고 의지하다가 아내가 없으면 못 사는 남자가 되면 안 되겠다고 생각했다. 그때 하나님이 아이들을 주셨는데 내가 아이들에 대한 집착이 좀 있었다. 너무 귀해서. 버스에서 내려서 집까지 걸으면 3분인데, 내가 큰아이 낳고 거의 일 년 동안을 걸어 다니지 못했다. 뛰어다녔다. 그게 위험한 것이었다. 그때 깨달았다. 내가 자식을 사랑하지만, 자식이 없어도 하나님을 믿는 믿음으로 살 수 있어야 자식하고 행복하게, 원만하게 잘 살 수 있겠다고 그때 생각했었다.

4.

첫 손녀를 낳았을 때도 집착 병이 도졌었다. 그때 우리 아들이 계룡대 군인이어서 계룡대에 살았다. 여기서 계룡대가 어딘가. 길이 막히지 않아도 3시간은 운전해야만 도착하는 곳인데, 하루에 7,8시간만 비면 차 몰고 무조건 내려갔다. 우리 손녀 보려고. 그때도 또 깨달았다. 손녀를 사랑하지만 집착하면 안 되겠다. 손녀가 없으면 못 살 것 같았는데 그게 참 위험한 일이라고 생각했다. 그래서 '손녀가 없어도 살 수 있는 믿음을 주세요'라고 기도했던 적이 있다.

5.

이것은 꼭 부모나 아내나 자손뿐만 아니라 돈도 마찬가지고, 세상의 지위나 권력도 마찬가지라고 생각했다. 그래서 그것에 집착하지 않고, 없어도 살 수 있어야 함께 살 수 있겠다는 깨달음을 예수님을 믿으면서 가졌다.

6.

소유에 집착하는 것이 우리를 어리석게 만들고 우리의 삶을 황폐하게 만들기 때문에 소유에 대한 욕심을 버리는 사람들이 나타났다. 대단한 사람들이다. 어떻게 사람이 소유에 대한 욕심을 버리고 무소유의 삶을 살 수 있겠는가. 그런데 무소유로 들어간다고 소유에서 자유로운 게 아니다.

7.

기독교는 무소유를 가르치는 종교가 아니라 한 단계 더 뛰어넘는다. 기독교는 '소유에 대한 자유로움'을 가르치는 종교다. 소유하면 하는 대로 없으면 없는 대로, 무화과나무의 열매가 있으면 있는 대로 없으면 없는 대로. 이게 '자유함'이다. 소유에 대해서 '있고, 없고'를 관여하지 않는다. '있으면 있는 대로 잘 살 수 있어. 없어도 하나님, 괜찮아요'라며 소유의 지배를 받지 않는 것이다.

8.

나는 그러한 기독교적인 삶이 옳다고 생각한다. 내가 아내 없이도 하나님을 믿는 믿음으로 홀로 살 수 있기 때문에 아내와 행복하게 잘 살 수 있는 것이다. 내가 자식을 집착하리

만큼 사랑했지만, 하나님보다 더 사랑하지 않으려고 거리를
두며 집착하지 않으려고 했다. 그랬기 때문에 지금 아이들이
다 마흔이 넘어서 자기 가정을 이루고 살지만, 함께 잘 살 수
있는 것이다.

9.

돈도 마찬가지라고 생각했고, 세상의 지위나 권력도 마찬가
지라고 생각했다. 하나님보다 그것을 더 사랑하지 아니하면
오히려 그것을 하나님이 더하여주시고 함께해도 아무런 문
제가 없다. 함께할 때 원만한 관계와 질서를 유지할 수 있게
된다는 것, 나는 이게 기독교의 가르침이라 생각했다.

10.

다만 이와 같은 생각이 말은 쉽고 생각은 정리가 되는데, 오
히려 무소유보다 더 힘들다는 것이다. 그래서 때로는 무소유
보다 위험하다. 생각은 그렇게 하면서 결국은 돈에 사로잡
히고, 사람에게 사로잡히고, 하나님보다 그것들을 더 섬기게
되는 위험성이 높아진다는 것이다.

11.

하나님은 질투하는 하나님이시다. 하나님이 말씀을 통해서
직접 우리에게 말씀해주셨다. "너는 다른 신에게 절하지 말
라 여호와는 질투라 이름하는 질투의 하나님임이니라"(출

34:14). 하나님의 질투는 무섭다. 왜냐하면 우리를 향하신 하나님의 사랑이 무섭기 때문이다. 하나님이 우리를 무섭게 사랑하시기 때문에 우리가 하나님보다 우상을 더 사랑하고 섬기는 것을 절대로 용납하지 않으신다.

12.

그래서 하나님이 계명을 주면서 '너, 나만 섬겨. 우상 섬기지 마라'라고 하셨는데 금 신상을 만들지 않았는가. 그래서 결국 모세가 십계명 판을 다 깨지 않았는가. 이스라엘 백성들이 언약을 어김으로 언약이 파기되었다. 그런데 자비의 하나님이 다시 언약을 세우셨다. 조건은 하나다. 우상 섬기지 말아라. 내 계명을 좇아 살아라. 그게 단 하나의 조건이다. 그렇게 하면 내가 너희를 축복하고 인도해 줄 것이다.

13.

그 언약을 하나님께 맺으면 하나님이 어떻게 하시나. 이제 성막을 다 지었는데, 성막은 하나님의 임재가 아닌가. 그리고 이스라엘 백성이 하나님과 동행함 아닌가. 성막이 움직이면 따라 움직이고 성막이 멈추면 따라 멈추는 삶이 성막 생활이었는데, 본문 말씀 끝에 아주 귀한 말씀이 있다. 낮에는 구름 기둥으로 밤에는 불 기둥으로 그들을 인도해주셨다는 것이다. 그게 하나님만 섬기고 사는 사람들이 받는 하나님의 축복인 것 같다.

14.

홀로 살 수 있어야 함께 살 수 있다. 그게 사람이든 물질이든 세상이든 권력이든 무엇이든지, 함께할 수 있으려면 그것에 집착하지 말고 오직 하나님만 섬기고 살아야 한다는 교훈을 하나님이 우리에게 주셨다.

15.

나는 본문 말씀이 참 좋다. 평생 붙잡고 살아도 힘든 말씀인데 천 번, 만 번을 반복해서라도 닮고 싶고 따르고 싶은 말씀이다. '하나님만 하나님이시다. 하나님을 네 삶의 주인으로 삼아라. 하나님의 말씀으로 네 삶에 길을 삼거라. 그렇게 하면 형통하리라. 어디를 가든지 내가 너희를 축복하여 인도해 주리라.' 그게 살아 계신 하나님의 말씀인 줄을 믿는다.

16.

본문에 귀한 말씀이 또 있다. 성막을 짓고 계명을 주시고 '나만 섬겨라, 그렇지 않으면 내가 질투한다'라고 말씀하시면서 하신 이 말씀이 와닿았다. '그러면 가나안 땅에 있던 아모리 족속, 헷 족속, 쫓아내야 할 것들 내가 다 쫓아내주마.' 우리 삶엔 쫓아내고 싶어도 쫓아낼 수 없는 것들이 참 많이 있지 않은가. 나에겐 지금 암이 그런 존재다. 세상에 암적인 것들이 얼마나 많은가. 내 힘으로 쫓아낼 수 없는데 그렇게 살면 내가 쫓아내주마. 젖과 꿀이 흐르는 땅, 가나안 땅의 삶을 축복으로 허락해준다는 말씀, 그게 마음에 떠올랐다. 하나님이 꼭 그렇게 해주실 줄을 믿는다. 하나님만 섬겨서 하나님이 우리의 삶의 대장이 되시므로 우리가 쫓아낼 수 없는 모든 것들을 쫓아내며 승리하는 삶을 살아가기를 바란다.

●

주 예수보다 더 귀한 것은 없네 이 세상 부귀와 바꿀 수 없네
영 죽은 내 대신 돌아가신 그 놀라운 사랑 잊지 못해
세상 즐거움 다 버리고 세상 자랑 다 버렸네
주 예수보다 더 귀한 것은 없네 예수 밖에는 없네
-

하나님보다 더 사랑하는 사람이 없게 하시고,
하나님보다 더 의지하는 것들이 세상에 없게 하여주옵소서.
소유에 대하여 사람에 대하여 자유하게 하옵소서.
하나님에게만 묶일 수 있게 해주셔서 자유하는 삶을 살게 하옵소서.

49

어디를 가든지 겁낼 것이 없다

출애굽기 40:34-38

34 구름이 회막에 덮이고 여호와의 영광이 성막에 충만하매 35 모세가 회막에 들어갈 수 없었으니 이는 구름이 회막 위에 덮이고 여호와의 영광이 성막에 충만함이었으며 36 구름이 성막 위에서 떠오를 때에는 이스라엘 자손이 그 모든 행진하는 길에 앞으로 나아갔고 37 구름이 떠오르지 않을 때에는 떠오르는 날까지 나아가지 아니하였으며 38 낮에는 여호와의 구름이 성막 위에 있고 밤에는 불이 그 구름 가운데에 있음을 이스라엘의 온 족속이 그 모든 행진하는 길에서 그들의 눈으로 보았더라

I.

출애굽기를 보니 25장부터 하나님이 이스라엘 백성들에게 성막을 지으라고 말씀하기 시작하신다. 그리고 기구 하나까지, 불똥을 담아두는 쓰레기통과 같은 것까지도 아주 세세하게 규격과 사양을 말씀하시고 또 그것을 만드는 재료까지 일러주시는 말씀이 기록되어 있다.

2.

35장부터는 말씀이 반복되는 것 같다. 똑같은 말씀이 반복되는데 다른 게 무엇인가 하면, 35장 이전에는 성막을 '만들라'는 내용이고 35장부터는 이스라엘 백성들이 말씀하신 그대로 '만들다'에 대해 기록되어 있다. 이것이 중요하다.

3.

이스라엘 백성들은 치수 하나도 어기지 않고 사양 하나도 바꾸지 않고, 말씀하신 대로 정성껏 최선을 다하여 성막과 기구와 그 물건들을 만들었다. 말씀하신 꼭 그대로 언약궤를 만들고, 등잔대를 만들고, 제단을 만들고, 제사장의 옷도 만들었다. 그렇게 쭉 읽다 보면 매우 중요한 말씀이 나온다. 39장 7절이다. "여호와께서 모세에게 명령하신 대로 하였더라." 39장 21절도 같은 말씀이다. "여호와께서 모세에게 명령하신 대로 하였더라." 39장 31절도 똑같다. "여호와께서 모세에게 명령하신 대로 하였더라." 39장 43절에는 아주 귀한 말씀이 있다. "모세가 그 마친 모든 것을 본즉 여호와께서 명령하신 대로 되었으므로 모세가 그들에게 축복하였더라." 하나님이 하신 말씀을 그대로 준행하였더니 모세가 그걸 보고 좋아서 그들을 축복하였다는 것이다.

4.

성막을 지을 때 중요한 것은 '말씀대로'다. 하나님이 말씀하신 대로 순종한다는 게 그렇게 쉽지 않다. 왜냐하면 우리의 생각이 있고, 상식이 있기 때문이다. 그래서 자꾸 고치고 싶다. 타협하고 싶다. 어떤 것으로든지 조금씩 변화를 시키려 한다. 그런데 하나님의 말씀은 완벽하다. 한 점 보탤 것도 없고 뺄 것도 없는 말씀이지 않은가. 그런데 우리의 섣부른 생각으로 한 점 보태거나 빼면, 하나님의 말씀이 불완전해진다. 그렇게 되면 말씀의 능력이 우리에게서 사라지게 된다.

5.

출애굽기 말씀에서 배워야 할 것은 말씀한 대로, 치수 하나도 어기지 않고 그대로 말씀에 순종하여, 이스라엘 백성들이 성막을 지었다는 것이다. 보이지 않는 믿음의 성막은 그렇게 짓는 것이다. 이해되면 이해가 되는 대로, 이해가 되지 않으면 되지 않는 그대로 하나님을 믿어드리는 것이다. 그리고 '하나님, 말씀하세요. 주의 종이 듣겠습니다'라고 할 때, 완벽한 하나님의 성막이 우리 삶에도 지어지는 줄을 믿는다.

6.

그런데 성막을 지을 때 '말씀하신 그대로'만큼이나 중요한 게 또 있다. 그것은 이스라엘 백성들이 성막을 지을 때 가졌던 마음인데, '자원하는 마음'이다. 그런 면에서 그들이 우리보다 낫다고 할 수 있다. 이스라엘 백성들이 말씀을 안 듣고 벌 받는 것을 보면서 '뭐, 저렇게 하나님을 믿나' 하고 함부로 판단할 때도 있지만, 자원하는 마음, 기쁜 마음은 우리보다 낫다.

7.

성막이 귀한 줄 알게 하시려고 하나님이 본래 그렇게 욕심부리지 않으시는데 은, 금, 보화들을 가져오라고 하시지 않으셨는가. 이스라엘 백성들이 참 아끼는 것들이다. 자기 생명보다 더 귀히 여길 수도 있는 것들인데, 하나님은 일부러 그것을 더 요구하셨다. 사람이면 하나님이 달라고 하시니 드리기는 하는데, 아까운 마음이 있었을 것이다. 그런데 이스라엘 백성들은 자원하는 마음으로 드렸다. 자기도 원했다고, 하나님만 원하신 게 아니라 나도 그렇게 하고 싶었다고. 자원하는 마음으로 드렸고 기쁜 마음으로 드렸다.

8.

그다음에 중요한 것은 '넘치게 드렸다'라는 것이다. 너무 많이 가져왔기 때문에 모세가 이제는 됐다고 얘기하지 않았는가. 그럴 만큼 그들이 기쁜 마음으로 자원해서 드렸다.

9.

목회를 하면서 예배당도 지어보고 이런저런 일을 위해서 헌금도 많이 해봤다. 내가 헌금 얘기 잘하는 목사 중 하나다. 그런데 잊히지 않는 헌금이 있다. 하나님께 드리는 걸 정말 기뻐하는 마음으로 드린 헌금이다.

폐암 선고를 받은 후에 "내 백성을 위로하라"라는 하나님의 소명을 받고 'CMP'(Comfort My People) 집회를 시작하게 되었다. 암에 걸려서 위축되고 외로워하는 암 친구들을 위로하기 위한 집회이다. 그래서 뭘 하나 하더라도 좋은 것으로, 옥합을 깨뜨리는 심정으로 하고 싶었다. 그러다 보니 적지 않은 비용이 들었다. 그래서 모금을 했는데, 자원하는 마음으로 넘치게 보내주셨다. 그래서 세 번째 집회를 할 때는 "이제 그만 보내주세요. 이번에는 안 주셔도 돼요"라고 말하기도 했다. 평생 목회하면서 처음으로 그런 공고를 내보았다. 이렇게 자원하는 마음으로 드리는 것이 목사인 나도 기뻤는데 하나님은 얼마나 기쁘셨을까 하는 생각을 해본다.

10.

하나님의 성막을 짓는 것은 크게 두 가지다. 하나는 '말씀대로'이고, 또 하나는 '자원하는 마음으로'이다. '하나님께 드리는 것을 나도 원한다, 그게 내 기쁨이다' 하는 마음이 모여질 때, 완벽한 하나님의 성막이 지어지는 줄 믿는다.

11.

성막이 완성되자 하나님의 임재가 성막에 임했다. 낮에는 구름 기둥으로, 구름이 성막 위에 떠올랐다. 머물러 있으면 이스라엘 백성들도 움직이지 않았다. 구름이 떠서 움직이면 그

방향대로 이스라엘 백성들이 행진했다. 밤에는 불 기둥으로, 불이 그 위에 있었다. 낮에는 구름 기둥으로 밤에는 불 기둥으로 그들의 갈 길을 인도하여주셨다.

아, 이게 얼마나 부러운지 모르겠다. 어디로 가야 할지, 무엇을 어떻게 해야 할지 방황하는 우리 인생에 하나님이 임재하셔서 하나님이 움직이시면 따라 움직이고 하나님이 머무시면 따라 머물면 되는 삶, 그런 삶을 살 수 있다면 얼마나 큰 축복일까.

12.

우리 삶에 성막이 부재하기 때문에, 하나님의 임재를 경험하지 못하기 때문에 불안하고 실수하고 아픔을 당하고 고난을 겪는 것 아닐까. 나도 성막을 지었으면 좋겠다. 하나님의 임재가 늘 함께하셔서 어디를 가든지 무엇을 하든지 하나님 여호와가 함께하는 그 축복을 누리고 싶다.

13.

그러기 위하여 두 가지를 기억해야 한다. 첫 번째로 말씀대로 살아보는 것이다. 그렇게 하지 못하면 회개하고 울고 붙잡고 또 도전해야 한다. 치수 하나도 어기지 말고, 이해되면 이해가 되는 대로 안 되면 안 되는 대로 순종하는 것이다. 두 번째는 하나님께 인색한 마음을 갖지 말아야 한다는 것이다. 자원하는 마음을 갖고 하나님의 성막을 하나하나 지어보는 것이다.

언제 하나님 앞에 갈지는 모르지만, 하나님 앞에 가는 마지막 순간까지 하나님의 성막, 하나님의 임재, 하나님의 구름, 하나님의 불 기둥을 체험하면서 살아가는 복을 받아보고 싶다. 우리도 그런 복을 함께 누릴 수 있기를 축원한다.

14.

어디를 가든지 문제없이 잘 되면 감사하고, 혹시 내가 원치는 않지만 문제가 좀 생겨도, '그 길도 예수님과 함께 가면 겁 없네'라는 고백처럼 된다면, 범사가 감사하고 항상 기뻐할 수 있는 삶을 살아낼 수 있지 않을까 생각해본다.

고민되고 두렵고 불안할 수 있는 상황이지만, 믿음을 가지니 하나님이 단잠도 주시고 평안도 주신다. 그렇게 우리 모두가 삶의 중심에 하나님의 성막을 짓고 순간순간 하나님의 임재를 경험하며 그 임재만 따라가는 삶을 살 수 있기를 바란다.

●

어디든지 예수 나를 이끌면 어디든지 예수 함께 가려네
예수 함께 아니 가면 낙 없고 예수님과 동행하면 겁 없네
어디를 가든지 겁낼 것 없네 어디든지 예수 함께 가려네

－

하나님, 이스라엘 백성들이 성막을 짓듯이
우리도 그와 같은 마음과 믿음으로 성막을 짓게 하옵소서.

말씀 그대로 순종하여 성막 짓는 삶을 살게 하옵소서.

이스라엘 백성들은 하나님이 요구하신 귀한 것들을

아끼지 않고 자원하는 마음으로 넘치게 가져왔던 것을 기억합니다.

하나님, 우리의 삶도 그리될 수 있게 하여주시옵소서.

그리하여 하나님의 임재를 순간순간 경험함으로

어디를 가든지 겁내지 않고 승리하는 삶을 살아내게 하옵소서.

날기새 2 : 엑소더스, 엑소더스, 엑소더스

초판 1쇄 발행	2021년 1월 29일
초판 2쇄 발행	2021년 2월 5일
지은이	김동호
펴낸이	여진구
책임편집	이영주 정선경
편집	최현수 안수경 최은정 김아진 정아혜
책임디자인	노지현 조은혜 │ 마영애 조아라
기획 · 홍보	김영하
마케팅	김상순 강성민 허병용
제작	조영석 정도봉

해외저작권 기은혜
마케팅지원 최영배 정나영
경영지원 김혜경 김경희

303비전성경암송학교 유니게과정 박정숙 최경식
이슬비전도학교 / 303비전성경암송학교 / 303비전꿈나무장학회 여운학

펴낸곳   규장

주소 06770 서울시 서초구 매헌로 16길 20(양재2동) 규장선교센터
전화 02)578-0003   팩스 02)578-7332
이메일 kyujang0691@gmail.com   홈페이지 www.kyujang.com
페이스북 facebook.com/kyujangbook   인스타그램 instagram.com/kyujang_com
카카오스토리 story.kakao.com/kyujangbook
등록일 1978.8.14. 제1-22

책값 뒤표지에 있습니다.
ISBN 979-11-6504-179-3 03230

규 │ 장 │ 수 │ 칙

1. 기도로 기획하고 기도로 제작한다.
2. 오직 그리스도의 성품을 사모하는 독자가 원하고 필요로 하는 책만을 출판한다.
3. 한 활자 한 문장에 온 정성을 쏟는다.
4. 성실과 정확을 생명으로 삼고 일한다.
5. 긍정적이며 적극적인 신앙과 신행일치에의 안내자의 사명을 다한다.
6. 충고와 조언을 항상 감사로 경청한다.
7. 지상목표는 문서선교에 있다.

하나님을 사랑하는 자 곧 그의 뜻대로 부르심을 입은 자들에게는 모든 것이 슴力하여 善을 이루느니라(롬 8:28)

규장은 문서를 통해 복음전파와 신앙교육에 주력하는 국제적 출판사들의
협의체인 복음주의출판협회(E.C.P.A:Evangelical Christian Publishers
Association)의 출판정신에 동참하는 회원(Associate Member)입니다.